백제의 정신세계

김두진

도서
출판 주류성

백제의 정신세계

저　　　　자 : 김두진
저 작 권 자 : (재) 백제문화개발연구원
발　　　행 : 도서출판 주류성
발　행　인 : 최병식
인　쇄　일 : 2006년 6월 23일
발　행　일 : 2006년 6월 30일
등　록　일 : 1992년 3월 19일 제 21-325호
주　　　소 : 서울특별시 서초구 서초동 1305-5 창람(蒼藍)빌딩

T E L : 02-3481-1024(대표전화)
F A X : 02-3482-0656
HOMEPAGE : www.juluesung.co.kr
E - M A I L : juluesung@yahoo.co.kr

값 9,000원

잘못된 책은 교환해 드립니다.
ISBN 89-87096-61-0

본 역사문고는 국사편찬위원회를 통한 국고보조금으로 진행되는
3개년 계획 출판사업입니다.

▶ 부여 금동용봉봉래산향로. 백제의 도교와 신선사상을
　나타내주고 있다(국립부여박물관 소장).

▼ 백제의 금동미륵반가사유상(국립중앙박물관 소장).

◀ 부여의 석조(석연지). 아담
　하고 우아한 백제문화의
　특성을 보여준다.

▼ 공주 신원사 중악단의 산신도. 우측에 호랑이가 그려져 있다. 조상숭배나 산악숭배 신앙이 곁들여져 있다.

▲ 공주 공산성의 북쪽 성벽.

▶ 공주 웅진사. 곰나루의 지신인 곰에게 제사를 드리는 사당이다.

▶ 공주 상신리
에 있는 장
승. 나무에
앉힌 장식이
소도를 연상
하게 한다.

▶ 공주 하신리에 있는 장승.
소도신앙과 연관된 모습
을 보여준다.

▼ 공주 공산성의 서문인 금서루.

◀ 부여 장하리 삼층석탑. 백제의 목탑형식의 석탑이 간략하게 된 모습을 보여준다.

▶ 익산 왕궁리 오층석탑. 부여 정림사지오층탑과 함께 목탑형식을 계승한 전형적인 백제의 석탑이다.

▼ 용화산 아래에 무왕이 창건했다는 미륵사 터 전경.

◀ 익산 미륵사지탑. 선화공주와 무왕
이 연못에서 미륵삼존이 출현하는
것을 보고 건립하였다.

▼ 부여 정림사지 오층석탑. 전형적인
백제의 목탑형식을 계승하였다.

▼ 부여 백마강과 낙화암. 백제 멸망시에 궁녀들이 몸을 던져
죽었다는 전설이 삼국유사 등에 기록되었다.

▼ 신선사상을 나타내 주는 산수봉황무늬 전돌(국립부여박물관 소장).

▲ 계유명삼존천불비상. 뒷면에는 삼존천불비상을 건립하는 사유가 기록되어 있다(국립공주박물관 소장).

▲ 무위자연의 도가사상을 나타내 주는 산수산경무늬 전돌(국립부여박물관 소장).

◀ 사택지적비. 사택지적은 왜에 사신으로 갔으며, 법화신앙과 연결된 인물이다(국립부여박물관 소장).

백제의 정신세계

차 례

차 례

머리말

　한국의 민족문화가 처음으로 정립되는 시기는 통일신라시대이다. 그후 후삼국 사회를 통합한 고려시대에 접어들어 다시 정립되었다. 이러한 과정에서 백제문화는 심하게 인멸되었다. 왜냐하면 민족문화를 정립하는 과정에서 통일신라는 고구려와 백제문화를 취사선택했거니와, 고구려와 신라를 계승했다고 자처한 고려는 백제문화를 일단 방임(放任)한 가운데 민족문화를 손질했기 때문이다. 이렇듯 두 번의 인멸과정을 겪으면서 백제문화는 온당한 모습을 유지하지 못하였다.

　민족문화는 어디까지나 고구려와 백제·신라문화를 근간으로 형성되었다. 삼국문화가 완전한 모습으로 자연스럽게 제자리를 잡을 때 민족문화의 진면목을 볼 수 있다. 백제문화가 공백으로 남는 한 민족문화상은 일그러질 수밖에 없다. 백제문화를 밝히는 작업이 중요한 이유는 바로 이런 데 있다. 백제문화개발원이 백제사에 대한 역사문고를 30권으로 방대하게 기획한 것도 늦었지만, 민족문화를 밝히기 위해 다행한 일이다.

역사문고 중 내가 받은 『백제의 정신세계』라는 집필 과제는 퍽 막연한 느낌을 준다. 일상생활 속에서 백제 사람들이 느끼고 생각한 사유(思惟)의 도출을 의뢰한 것이 아닌가 한다. 이에 대한 해답은 백제 사람들이 지녔던 토착신앙이 뒷날 도교·유교·불교 신앙과 맞물려 이룩한 사상체계를 들추는 작업으로 요약될 수 있을 것이다. 백제 사람들은 투박하면서 토착적인 무교신앙을 수용하였으며, 차츰 심오한 종교사상을 수용하여 철학체계를 수립하여 나갔다.

근초고왕 때에 정복국가로 강성해지면서, 백제의 영토는 넓어질 대로 확장되었다. 이후 침류왕 때에 불교가 공인되면서 국가체제를 정비하기에 이른다. 이는 넓은 판도를 유지하려는 통치차원의 성격을 지닌 것이었다. 신라나 고구려처럼 영토의 팽창 야욕을 드러내는 방향으로 국가 체제를 정비한 것은 아니었다. 백제는 귀족문화가 세련되는 방향으로 먼저 제도를 정비하였다. 이에 따라 백제문화는 내실을 거두는 가운데 우아하게 발전하였다.

그렇다고 백제문화 속에서 패기가 빠져나간 것은 아니다. 한성시대의 백제는 고구려와 한강 유역의 지배권을 놓고 패권을 겨루기도 하였다. 서해로 뻗어나가려는 웅혼한 기상이 그 문화 속에 도사리고 있으며, 대륙으로부터 들어 온 선진의 개방된 문화는 한강 유역을 거쳐 호남 벌을 타고 뻗어 내려오면서도 도도한 패기를 갖추었다.

백제의 문화적 특징으로는 개방적이고 진취적인 기상을 떠올릴 수 있다. 백제사회에 유행한 미륵신앙이나 유학사상을 통해 이상을 추구하는 개혁정신과 실천 또는 절의 정신을 찾을 수 있다. 물론 이 외에도 피부로 느껴지는 정감스런 정신세계가 존재하였다.

백제의 정신세계를 알려줄 자료는 극히 영세하지만, 문헌 사료에 나오는 백제의 사회상은 대단히 중요하다. 이를 고구려나 신라 사회는 물론 같은 시기 중국 사회와 비교·검토하면서, 백제의 신앙이나 종교사상을 풍부하게 끌어내야 한다. 문헌 사료의 한계를 극복하기 위해 유물 자료에 너무 치우치거나, 인접 학문 내지 종교사상 일반의 이론을 앞세우는 연구는 사회의 실제 모습과는 다른 허상을 설정할 수도 있다. 적어도 종교신앙이나 사상은 백제 사회의 문화풍토 속에서 이해되어야 한다. 그래서 백제문화를 복원하려는 것은 매우 중요하면서도 대단히 어려운 작업이다. 얼마 되지 않은 역사적 개별 사실 사이의 행간을 채우면서 그 사이에 인과관계를 찾는 기초 연구가 실증적으로 이뤄져야 한다.

저자는 백제의 미륵신앙이나 종교사상·건국신화·조상숭배신앙 등을 이미 밝힌 바 있다. 이 책에는 기왕의 발표된 글들을 쉬운 문체로 서술한 부분도 있으나, 대부분의 내용은 새롭게 서술한 것이다. 백제의 토착신앙이나 종교사상을 가능한 백제 사회의 전개 과정 속에서 이해하는 데 중점을 두었다. 그런 의미에서 이 책은 백제의 사상과 신앙을 사회 속에서 분석한 사회사상사로 채웠다. 이 책의 내용은 신라사 연구에서와는 달리, 백제 사회의 구체적인 사회현실과 연결시켜 서술하기에는 한계성을 가졌다. 이유는 백제 사회사에 대한 연구나 이해의 수준이 깊지 않기 때문이다.

이 책을 쓰면서 학술적 가치가 다소 떨어질 지도 모른다는 생각을 하였다. 그럼에도 이 책을 출판하게끔 기획해 준 백제문화개발원에 감사한 마음을 전한다. 또한 사진 자료를 제공한 역사공간의 주혜숙 사장과 국민대학교 국사학과의 장일규 선생에게 고마움을 표한다. 아울러 교정을 보면서 이 책을 아담하게 꾸며준 주류성 편집진에게도 감사한다.

정릉(貞陵)계속에서

김두진 識

백제의 토착신앙과 건국신화

1. 소도신앙과 조상숭배신앙

1) 소도신앙

(1) 별읍의 성립

삼한 사회에서 보편적으로 이루어진 주민들의 조직 단위는 읍락(邑落)이다. 그리고 국읍(國邑)은 이보다 규모가 큰 읍락을 지칭한다. 읍락은 주로 동북아시아의 사회 단위를 가리키는 용어이다. 『한서(漢書)』나 『삼국지(三國志)』에 특별히 나타나므로 기원을 전후한 시기에서 AD 3세기경까지 존속한 촌락을 의미하지만, 책화(責禍)를 행하는 가운데 종교적 제의를 빌려 공동체생활을 영위한 촌락공동체였다. 전쟁이나 사민 등으로 공동체적 성격을 상실한 읍락 중의 어떤 것은 분화·발전하여 성읍국가로까지 성장하였다. 삼한 사회는 78개의 크고 작은 성읍국가로 이루어졌지만, 이 외에도 국가는 더 존재하였다. 기록으로 남은 성읍국가와 그렇지 못한 소국가와의 사이는 물론, 수많은 성읍국가 간에도 사회상이나 발전단계에는 상당한 차이가 났다.

삼한 사회에는 1만여 가에 이르는 대국에서부터 겨우 6백 가에 불과한 소국이 함께 존재하였다. 일반적으로 초기 삼한 사회는 성읍국가의 단계로 이해되는데, 최근에는 추장이 지배하는 군장사회(chiefdom)의 단계였다는 주장도 제기되었다. 이러한 국가의 인구는 약 1만 명 정도였고, 영역은 대략 반경 50리 내외로 이루어졌다. 성읍국가의 단계를 일률적으로 적용하여 파악하기 어렵다. 적어도 1만여 가에 이르는 대국을 성읍국가 내지 군장사회로 간주할 수는 없다. 6백여 가에 불과한 소국이 성읍국가였다면, 대국과의 사이에 엄청난 규모의 차이를 인정할 수밖에 없다.

삼한과 같은 시대 고구려의 호수는 3만이었다. 동옥저는 5천, 가장 많은 부여가 8만 정도의 호수를 거느렸다. 현재 호와 가의 차이를 정확하게 설정하기는 어렵다. 그러나 1만여 가에 이르는 대국은 결코 고구려나 동옥저와 비교하여 규모 면에서 작지 않다. 고구려는 확실한 연맹왕국 체제를 갖추었다. 이에 비해 삼한이나 백제 초기 사회에는 연맹체를 형성하였지만, 강력한 연맹왕권이 성립되지 않아 성읍국가 사이의 결속력이 약하였다. 이 사회는 성읍국가 단위로 영위되었으며, 국가간 연맹체의 결성은 정치적이라기보다는 교역을 매개로 한 경제적인 관계에서 출발하였다.

고구려나 부여에 비견할 정도의 강력한 연맹왕국이 성립되어 있지는 않았으나, 이미 백제 초기 사회에는 성읍국가의 단계를 넘어 주위의 읍락이나 소국을 다소 흡수한 소연맹국(小聯盟國)이 존재하였다. 소연맹국이 만여 가나 되는 대국이었다. 소연맹국과 관련하여 별읍(別邑)의 존재를 떠올리게 된다. 변한이나 진한에는 소별읍이 존재하였다. 이들은 6백 가 정도에 지나지 않는 소국의 범주에도 들기 힘든 정치 집단이었다.

옥저에서는 읍락의 지배자를 거수(渠帥)나 장수(長帥)로 불렀다. 백제 초기 사회의 거수는 소별읍의 지배자였다. 이러한 사실로 비록 삼한과 옥저의 사회 상황이 다르다 하더라도 본래의 읍락이 소별읍으로 변모하였음을 추정할 수 있다. 마한 54개국의 각 지배자는 장수로 나타난다. 이 가운데 큰 자는 스스로 신지를 지칭했고, 그 다음 자는 읍차라고 불렀다. 국가의 지배자인 장수나 소별읍의 지배자인 거수를 다 같이 신지 · 읍차 등으로 불렀다. 이들은 모두 같은 사회기반인 읍락에서 출발하였다. 부락공동체인 읍락은 소별읍으로 등장하거나, 더 발전하여 성읍국가를 이루었다. 그러나 개중의 몇몇은 전혀 발전하지 못하였다.

어떠한 상태로 별읍이 존재하였는지가 궁금하다. 별읍은 삼한 78개의 국가와는 별개로 독립된 영역을 거느렸다. 여러 국가나 별읍의 지배자는 본래 독립된 읍락을 다스렸다. 마한에서 별읍은 소도인데, 국가 내에 존재하였다. 모든 국가가 다 그런 것은 아니었지만, 대부분 별읍을 가졌다. 별읍은 읍락에서 출발하여 독립된 국가로 성장하지 못하고, 다른 국가 내에 편입되었다.

백제 초기 사회는 성읍국가의 단계를 지나 그 안에 다른 읍락을 편입하였다. 국읍에는 비록 주수(主帥)가 존재했지만, 읍락에 섞여 거주하므로 쉽게 서로를 제어하지는 못하였다. 주수는 장수와 같은 국가의 지배자였는데, 읍락에서 하호와 함께 거주하였다. 강력한 연맹왕권이 일찍 형성되었다면, 주수는 본래 거느렸던 읍락을 떠나 연맹왕국의 왕경에 거주하면서 귀족이 되었다.

백제 초기 사회에 소연맹국이 형성되기는 했지만, 그 안에 편입된 국가나 읍락은 서로 제어하기가 어려울 정도로 결속력이 미약하였다. AD 44년에 한의 염사(廉斯) 사람인 소마시(蘇馬諟) 등이 낙랑에 이르러 공물을 바쳤다. 광무제(光武帝)가 그를 봉하여 염사 읍군(邑君)으로 삼아 낙랑군에 속하게 하였다는 내용이 『후한서』 한전에 나온다. 또 『삼국지』에도 염사치(廉斯鑡)가 낙랑으로 내항한 기사를 전한다. 소마시는 염사치일 가능성이 있고, 염사 읍락의 지배자였다.[1] 소마시는 낙랑으로부터 읍군의 관직을 받았으며, 내항하기 전에는 진한에 속해 있었다.

진한에서 염사 읍락은 성읍국가의 단계인 염사국을 형성하지는 않았다. 우거수였으므로 염사치는 진한연맹국 내에서 관직을 받았으나, 진한 12국 속에 염사국이 존재하지 않는다. 12국 속에 들지 못했던 소국의 지배자가 진한 연맹국의 중요 관직을 제수받았는지도 문제이거니와, 진한 연맹왕국이 실제 어느 정도 공고하게 결성되었는지도 의심이 든다. 염사 읍락은 진한 12국 중의 어느 한 나라에 복속되었다고 보는 것이 타당하다. AD 1 · 2 세기경 백제는 그 안에 염사 읍락과 같은 내속해 온 읍락을 편제하면서 소연맹국을 형성하였다.

대국에 내속된 염사 읍락이 별읍으로 성립되었다. 별읍은 소연맹국과 같은 정치정세 속에서 나타났다. 이는 대국 속에 편입된 읍락이거나 작은 성읍국가였다. 그리고 대국은 비록 소연맹국을 형성하였지만 연맹체로의 결속력은 미약하였다. 별읍은 소연맹국 지배자의 통치권 속에 완전히 융합되었다기보다는 독립적인 영역을 보다 많이 소유하고 있었다. 이 때문에 진한의 어느 국가에 속한 염사 별읍이 쉽게 연맹체에서 이반하여 낙랑으로 귀속되었다.

백제 초기 사회에서와는 달리 고구려나 부여의 상가(相加)는 본래 거느렸던 소연맹국 체제를 확고하게 지배하였다. 그들이 별도로 사출도를 다스렸던 모습은 이를 알려준다. 고구려에서는 상가에 직속된 관직이 설정되었다. 상가는 직속의 사자 · 조의(皂衣) · 선인(先人)을 통해 본래 거느렸던 영역을 다스렸다. 부여의 제가는 읍락에 호민(豪民)을 두어 하호를 지배하였다. 호민은 고구려의 경우 상가에 직속된 사자 · 조의 · 선인으로 분화된 계층이다.

일기가 고르지 못하면 살해되거나 왕위에서 물러날 수밖에 없을 정도로, 부여 사회는 아직 강력한 연맹왕권을 형성하지 못하였다. 그래서 비교적 안정된 연맹왕권을 성립시킨 고구려 사회와 차이가 난다. 이 같은 차이는 제가가 본래 거느린 국가영역 내에서 얼마나 확고한 지배 체계를 수립했느냐에 따라 나타난다. 소연맹국으로의 튼튼한 자기 기반을 가진 제가 중에서 가장 세력이 강한 자가 힘을 배경으로 연맹왕국을 성립시켰다.

백제 초기 사회에는 강력한 연맹왕권이 형성되지 않았다. 제가로 연결되는 계층은 대국의 지배자인 장수나 거수들이었다. 그러나 이들은 직접 읍락에 거주하였기 때문에 달리 읍락을 지배할 관직이나 호민층이 뚜렷하게 설정되지는 않았다. 대국 내에 편입된 소국가나 읍락의 지배자들은 별읍을 형성하여 거의 독립적인 지배영역을 유지시켰다. 대국의 지배자라 할지라도 그 안에 편입된 여러 성읍국가나 읍락을 확고하게 지배한 것이 아니라, 본래 거느렸던 읍락이나 성읍국가의 영역을 통치하는데 그쳤다. 이러한 대국이 소연맹국이다. 소연맹국은 그 안에 편입되었으나, 완전히 복속되지 않은 독립된 별읍을 포함하였다. 소도신앙은 이러한 사회 체제 속에서 성립되었다.

(2) 소도신앙의 형성

백제의 읍락에서는 부락제의가 행해졌다. 읍락공동체가 분화되면서 성읍국가 내지 연맹왕국으로 발전되는 과정에서 부락제의는 점점 국가제의로 발전하여 제천의례로 정립되었다. 백제 초기의 소도신앙을 제천의례로 불러야 할지는 분명하지 않으나, 부락제의에서 발전되었다. 국읍에서는 귀신을 믿어 각기 한 사람을 세워 천신에게 드리는 제사를 주관했는 데, 이를 천군이라 불렀다. 이들 여러 나라가 각각 나름대로 두었던 별읍이 바로 소도(蘇塗)였다. 여기다 큰 나무를 세워 방울과 북을 걸고 귀신을 섬긴다고 하였다.

소도신앙 속에는 부락제의 유습이 많이 남아있다. 5월과 10월에 파종과 추수가 끝나면 술을 마시면서 노래를 부르고 춤을 추었다. 이러한 가무는 읍락 공동체원들의 결속을 위한 것이다. 노래와 춤을 빌려 읍락 공동체로의 일체감을 추구했다. 읍락의 생활권에는 거주지와 농경지는 물론 어로·수렵 및 목축의 대상인 주위의 하천이나 산골짜기에 이르기까지 광범한 지역이 포함되었다. 평소 읍

공주 하신리에 있는 장승. 소도신앙과 연관된 모습을 보여준다.

락 공동체 사람들은 일상사를 영위하기 위하여 읍락 내의 여러 영역으로 흩어져 살았다. 그래서 읍락 공동체의 결속을 다지기 위한 부락제의는 중요한 역할을 담당하였다.[2] 부락제의의 유풍은 백제에서는 물론 고구려나 부여 사회에도 보인다. 고구려에서는 저녁에 모여 노래부르고 춤을 추는 놀이판이 읍락 단위로 베풀어졌다. 동예나 부여의 경우 제천의례인 무천(舞天)이나 영고(迎鼓)가 베풀어지는 동안 하루 종일 술을 마시며 노래하고 춤추었다. 이러한 노래와 춤은 제의의 한 과정으로 이

해된다.[3]

그러나 AD 2·3세기가 되면서, 고구려나 부여 사회는 물론 이미 백제 사회에서도 읍락의 부락공동체적 성격이 무너진다. 이 때문에 이전 시대의 유습은 제의 속에 남게 되었다. 저녁에 베풀어졌던 고구려 읍락의 부락제는 생업활동으로 이완되기 쉬운 사람들은 공동체로 끌어들여 결속시키는 역할을 하였다.

부락제의가 저녁마다 베풀어졌는지는 알 수 없으나, 상당히 빈번하게 행해졌던 듯하다. 어떻든 이것은 일정기간을 거치는 동안 정기적인 의례로 발전되었다. 백제 초기 사회에서는 부족제의가 5월과 10월에 행해지는 정기적 제의로 치러지는 동안 귀신을 제사하는 성격을 지니게 되었다. 고구려나 부여·동예 사회의 제의도 자세히 검토해 보면, 제천 외에 귀신을 제사하는 측면이 혼재되었음을 보여준다. 이는 동굴신이나 호랑이신의 존재에서 증명된다.

고구려의 제천의례였던 동맹제의는 원칙적으로 천신을 제사하였다. 고구려에서는 초부족적인 연맹왕권이 그 만큼 신장되었음을 의미한다. 제천의례를 베풀었던 부여의 경우도 연맹왕권이 성립되었다는 면에서 같이 이해된다. 부여의 제천은 우선 거국적으로 이루어졌다. 이에 따라 정기적으로 치렀던 제천의례에서는 형옥(刑獄)이 단행되었다. 이는 전쟁과 같은 국가 중대사가 일어났을 때도 이루어졌다. 전쟁이 나면 제가가 스스로 전쟁에 참여했고, 하호는 모두 식량을 날라 이들을 먹였다. 이때 천신에 올린 제사는 단순히 길흉을 예측하려는 의도 이상의 의미를 지닌 것이었다.

제천의례는 연맹왕권의 성장을 배경으로 형성되었다. 이는 연맹왕국인 삼국 각각의 시조신에 올리는 제사로 이어졌다. 개국신화가 형성되면서 왕족의 시조신은 가부장적인 천신으로 연결되었다. 우수한 기술문화를 가지고 유이한 부족이 먼저 거주한 토착부족을 정복하거나 흡수 동화하면서 새로운 국가 체계를 수립할 때는 정치적 지배자 중심의 개국신화가 형성된다. 이때 정치적 지배자가 통치 영역 내에 연합하여 들어온 여타의 다른 부족 세력과 구별하려는 의도에서 선민(選民)사상 중심의 개국신화를 형성시키면서 스스로 천신의 자손임을 표방하였다. 이리하여 천신의 아들은 곧 개국신으로 자리를 굳히게 된다. 제천의례는 가부장적인 왕권을 배경으로 한 연맹왕국에서 이루어졌다.

강력한 연맹왕권이 성립되지 못한 동예에서는 무천의례가 행해졌다. 다만 동예는 대군장이 없었지만, 고구려와 같은 종족이라 일컬을 정도로 주위의 옥저나 읍루보다는 강력한 연맹국을 형성하였다. 이 가운데 불내예국(不耐濊國)이 특히 강성하여 245년에 비록 낙랑에 복속되었지만, 그 지배자는 위나라로부터 불내예왕으로 배임되었다. 동예의 불내예국이 10월에 치른 제의는 중국인의 눈으로 볼 때 제천으로 기록될 가능성을 지녔다. 그러나 동예에서 10월에 행해진 의례는 고구려나 부여의 제천과는 일단 구별된다.

백제 초기의 소도신앙을 제천이라 부를 수 있는지가 궁금하다. 삼한사회에서 5월과 10월에 치른 의례는 제천으로 나타나지는 않았다. 천군이 소도신앙을 주관하였다면, 이는 일단 제천의례와 연결된다. 백제 초기 사회에서는 강력한 왕권을 지닌 연맹왕국이 형성되지 않았다. 천군이 제사한 천신도 초부족적인 연맹왕국을 배경으로 성립된 것이라기보다는 동예의 무천의례에서 받들었던 신에 비교되고, 소연맹국의 범위를 벗어나 생각할 수는 없다.

천군이 비록 천신을 제사지낸다고 하더라도 소도신앙을 제천의례로 규정할 수도 없다. 천군의 존재 이유를 설명하면서 '귀신을 믿기'때문이라 한 기록이 더 중요하다.[4] 소도신앙은 귀신을 제사지내는 단계의 제의이지만, 곧 제천의례로 나타날 소지를 지녔다. 귀신에 대한 제사는 조상신을 받든 의례로 이해된다. 왜냐하면 제천의 단계를 완전히 넘어선 중국인들의 신관에서 볼 때 AD 2·3세기경 동이족이 믿던 신들은 잡신으로 파악될 소지를 가졌기 때문이다.

소도신앙에 나타나는 신관을 구체적으로 지적하기는 힘들다. 주변의 동예나 고구려의 경우 제사의 대상이 되었던 신의 모습을 살펴 볼 수 있다. 우선 동예의 경우 제천을 행하면서 호랑이를 신으로 삼아 제사했다. 이때의 호랑이는 단순히 동물숭배의 범위를 넘어서 신으로 경배되었기 때문에 분명히 토템(totem)신앙으로 이해된다. 호랑이가 토템 대상이 될 경우 이를 경배하는 씨족 집단이 반드시 존재한다. 동예 사회에서는 동성끼리 혼인할 수 없다. 동예는 혈연을 바탕으로 한 동족의식을 지닌 사회였다. 이는 토템신앙을 기반으로 한 신석기시대 이래의 혈연공동체에서 유래되었다. 그래서 연맹왕국 시대에 이르면 토템적 혈연의식은 약해지기 마련이다.[5] 무천의례에서 토템만이 제사되었다고는 생각하지 않지만, 동예 사회에는 토템신앙의 유습이 잔존하였을 것이다. 왜냐하면 토템은 연맹왕국을 형성한 사회에서는 인간신(euhemerism)으로 대치되어 주위를 정복해 가는 영웅신화를 만들었을 뿐 아니라, 이전 단계의 애니미즘이나 주술에 의한 정령신앙이 행해지는 것보다는 훨씬 발전된 사회를 기반으로 성립하였기 때문이다.[6]

고구려는 10월에 제천의례를 치르면서 나라 동쪽의 큰 동굴로부터 수신(隧神)을 맞아들여 신좌에 앉히고 제사지냈다. 얼핏 동맹의례는 신좌에 나무로 만든 동굴신을 앉히고 제사지내는 것으로 보인다. 고구려의 동맹의례와 수신에 대한 제사는 이원적으로 기록되었음을 주의할 필요가 있다. 우선 천신과 동굴신은 일치될 수가 없다.

고구려에서는 제천의례 외에 많은 음사가 있었다. 이를 『삼국지』는 귀신에 대한 제사로 기록하였다. 이 가운데 2개의 신묘는 부여신(扶餘神)과 고등신(高登神)이다. 고등신은 주몽에 대한 신사(神祠)로 천신인 해모수와 연결하여 제사를 지냈다. 고구려의 제천의례는 고등신에 대한 제사였다. 그런데 지신에 대한 제사는 장소가 달랐지만, 동시에 행해졌다. 부여신은 수신이었을 법한데, 동굴신인 수신에 대한 제사는 10월의 제천의례가 진행되는 기간에 치러졌다.

동맹의례는 천신에 대한 제사이지만, 천신 외에도 음사 즉 귀신을 섬겼다. 이들 신 가운데 하나가 수신인 부여신이다. 부여신은 하백녀(河伯女)로서 한 부족의 시조신이다. 제천신앙 이전에 나타나는 조상신으

공주 상신리에 있는 장승. 나무에 앉힌 장식이 소도를 연상하게 한다.

로 토템신이 처음 등장하지만, 점차 구체화된 씨족의 시조신이 등장하였다. 이러한 신들은 성읍국가의 성립과 더불어 신앙되었다. 천신도 조상신임에는 틀림없으나, 연맹왕국 형성에 따른 부족 통합 과정에서 초부족적인 신으로 등장하였다. 소도신앙에서 제사된 신도 이와 비슷한 분화과정을 겪었다.

소도 내에 큰 나무를 세워 북과 방울을 매달고 귀신을 받든다. 이때 신을 받든 자가 누구인지가 궁금하다. 지금까지 소도에 관한 연구는 대체로 천군을 주재자로 파악하였으나,[7] 천군과 소도를 별개로 생각하는 견해도 없지 않다.[8] 천군이 국읍에 거주한다면, 소도의 주재자에 대해 의문이 생긴다. 그러나 당시의 일반적인 신앙 형태인 소도와 분리하여 생각될 수도 없다. 천군은 별읍에서 귀신을 받드는 자와 꼭 일치된 인물일 수 없기 때문에 비록 소도신앙을 베푸는 사회구조 속에서 제사를 담당하지만, 반드시 소도에서 행하는 제사를 주관했다고는 생각되지 않는다.

소도신앙의 주재자는 거기에서 받드는 신과 연관하여 파악되어야 한다. 동예와는 달리 백제 초기 사회에는 토템이 거의 나타나지 않는다. 그러나 진한 지역 특히 사로국을 중심으로 한 소연맹국에서는 토템의 흔적을 찾을 수 있다. 박씨족의 말이나, 김씨족의 닭이 본래 토템으로 신화 체계 속에 모습을 남기고 있다. 변한이나 마한 지역에서는 토템이 나타나지 않는 듯하다. 이러한 이질성이 진한과 변한에서 신을 제사하는 차이 중의 하나였다. 사로국을 중심한 진한 사회에서는 토착한 이주민을 중심으로 강한 부족적 전통이 유지되었고, 이러한 사회적 배경은 일찍부터 토템을 성립시켰다. 거꾸로 변한이나 백제 초기 사회에서는 토템신앙이 뚜렷하지 않아 토착민들의 강한 부족적 전통이 약했을 것으로 추측된다.

백제 초기 사회에서는 토템신앙 단계가 아니라, 더 나아가 조상숭배와 얽힌 성읍국가의 시조신앙을 믿었다.[9] 이때의 제사는 정치와 밀접하게 연결되어, 제정일치에서 크게 벗어나지 않는다. 소연맹국이 성립되면서 성읍국가 단위의 제사가 소도신앙으로 형성되었다. 정치와 종교는 점점 분리되는 추세에 접어들었고, 소연맹국의 국읍은 연맹왕국의 제천의례보다는 규모가 작지만 천신을 제사하는 천군의 존재를 필요로 하였다. 소연맹국 내에 편입된 성읍국가의 장은 비록 정치적 간섭을 받았을지라도, 제정이 분리되는 추세 속에서 성읍국가 단위의 독자적인 제사를 행하였다. 이와 같이 별읍이나 천군이 있는 국읍에서 행해지는 모든 제사 행위는 소연맹국이라는 정치·사회 상황 속에서 배태된 것이며, 이들은 모두 소도신앙이라는 범주로 묶어 이해되어야 한다.

비록 천군이 제천에 가까운 제의를 주관하였을지라도, 소도신앙은 성읍국가의 시조신을 제사하는 범위를 넘어서지 않았다. 소도 내에는 큰 나무을 세워 거기에 북과 방울을 매달고 신을 섬긴다. 이러한 제사 행위는 무교신앙과 대단히 비슷하다. 큰 나무는 만주의 신간(神竿)이나 몽고의 오보[鄂博, obo]와[10] 같은 계통으로 이어진다. 신간은 신의 강림과 연결되기 때문에 시조신이 태어난 신라의 시림은 소도와 연결이 가능하다. 이것은 제의를 행하는 성역이었다. 방울·거울·북 등도 모두 제의에 쓰는 신령스런 물건이다.[11] 무당은 제사를 주관하면서 정치적 지배자가 되었다.[12] 신라에서는 왕을 차차웅(次次雄)이라 불렀다. 김대문(金大問)의 해석에 따르면, 차차웅은 자충(慈充)으로 〈중〉 즉 제사장을 뜻한다. 무당이 귀신을 섬기고 제사를 받듦으로써 세상 사람들이 그를 경외한다. 그리하여 제사장 즉 차차웅이 드디어 존장의 칭호가 되었다.

무당은 부락제의의 주제자였지만, 신라 초기 국가의 통치자로 나타난다. 소도의 주제자 역시 무당으로 파악된다는 점에서 신라의 차차웅과 통한다. 그러나 신라의 차차웅은 제사를 수행하면서도 정치적 지배자였다. 이에 비해 소도의 주제자는 소연맹국 속에 편입되면서 점차로 정치적인 통치권을 제약받는 과정에서 제사를 담당하는 기능을 고수하였다. 소연맹국에서의 제의는 제천의례에까지 이르지 않았으나, 천신을 제사하는 단계에 접어들었다. 이때의 천신에 대한 제사도 소도신앙 내에서 파악된다. 소연맹국 사회에서 천군이 행하는 제사나, 별읍에서 행하는 의례가 모두 소도신앙으로 이해된다. 소도신앙은 소연맹국 사회를 배경으로 형성되었다. 별읍이나 국읍 단위로 독립하여 행해지던 모든 소도신앙이 천군 중심으로 통합하여 함께 행해지면서, 명실상부한 제천의례로 나타났다.

(3) 소도신앙의 사회적 성격

소도신앙은 소연맹국 사회에서 형성되었다. 그리고 연맹왕국이 성립되는 과정에서 강화된 왕권을 중심으로 행해지는 제천의례로 통합되었다. 성읍국가가 소연맹국을 거쳐 연맹왕국으로 확대되는 사회변화 과정을 염두에 두지 않고 소도신앙을 파악하기 어렵다. 백제 초기 사회의 이러한 발전과정 속에서 소도신앙이 지녔던 기능을 추출해 보고자 한다. 다음의 기록을 유념해 보기로 하자.

> 여러 도망자가 소도에 들어가면 모두 잡아내지 못하므로 도적질하기를 좋아하게 되었다. 소도를 세운 뜻은 浮屠를 세운 뜻과 유사하나, 그것으로 인해 행해지는 善惡에는 차이가 있다(『삼국지』, 한전).

소도인 별읍에는 도망자가 들어가면 잡아내지 못할 정도로 정치적 권력이 미치지 못하였다. 소도는 신성지역이라 하여 현재 대마도(對馬島)의 민속자료에서 모형을 찾기도 한다.[13] 종교적 신앙의 측면에서 행해진 소도의 성격에 관한 이러한 막연한 해석이 만족스러운 것은 아니다. 소도신앙이 정립되는 구체적인 과정을 이해하는 가운데, 이것의 사회적 성격에 접근하고자 한다. 백제 초기 사회에서 지금까지 언급한 더 이상의 소도에 관한 직접적인 기록을 찾을 수는 없다. 그러나 이미 소연맹국 단계를 경험한 고구려 사회가 종교 신앙을 갖추는 과정은 소도를 이해하는 데 도움을 준다.

고구려의 풍속에는 음식을 적게 먹으면서 궁실을 짓기 좋아하고, 거주지 좌우에 큰 집을 지어 귀신을 제사지낸다. 또 영성(靈星)과 사직에 제사를 드린다. 고구려 연맹왕국 내에 편입되기 이전의 성읍국가는 궁실을 짓고, 그 좌우의 어느 곳에 큰 집을 지어 거기서 귀신을 제사지냈다. 큰 집에서 베푼 제사는 영성과 사직에 드린 것이다. 사실 영성과 사직에 대한 제사는 국가 단위로 이루어졌다. 고구려 연맹왕국이 성립되기 이전에 존재한 성읍국가들은 궁실을 짓고, 그 좌우에 영성과 사직을 제사지내는 큰 집을 지어 제정을 함께 관장하였다.

고구려에서 종묘를 세우고, 영성과 사직을 제사한 부족은 왕족인 계루부와 전왕족인 연노부이다. 다만 절노부가 고구려 연맹왕국 내에서 종묘를 세우고, 영성과 사직을 제사하였는지는 분명하지 않다. 그러나 그 적통의 대인(大人)은 계루부나 연노부에서와 마찬가지로 고추가로 칭하였다. 이 점은 절노부가 성읍국가로 성립되었던 시기에 종묘를 세우고, 영성과 사직을 제사하였을 것으로 추측할 수 있는 대목이다. 고구려 연맹왕국이 성립된 후 다른 두 부인 순노부와 관노부는 종묘를 갖지 못하였다. 아울러 영성과 사직에 대해 제사하지도 못했을 법도하다. 그러나 이들이 본래 성읍국가였던 시기에는 모두 궁실과 큰 집 혹은 종묘를 가지고 영성과 사직을 제사했다.

연노부는 애초에 독립된 소연맹국을 형성하였다. 일단 고구려 연맹왕국 속에 완전히 편입되면서 연노부는 본래 지녔던 국가 영역내의 통치력을 상실하였다. 그러나 여전히 종묘를 세우고, 영성과 사직에 대한 제사를 계속하였다. 반면 고구려 연맹왕국이 성립되어 왕권이 점차 강화되는 과정에서 여타의 부나 이전 성읍국가들은 정치적 통치력은 물론 독자의 종교신앙이나 의례 체계마저 잃었다. 고구려 연노부가 지녔던 종묘나 제사에 대한 기록은 백제 초기의 소도를 이해하는 데 시사하는바 크다. 물론 고구려에서는 연맹왕국이 완전히 성립된 사회 상황 속에서 나타났고, 백제 초기의 소도신앙은 소연맹국이 성립된 사회 상황 속에서 영위되었다는 차이는 있다.

초기의 백제는 소연맹국으로 그 안에 조그만 성읍국가를 편입하였다. 편입된 성읍국가는 백제 왕실로부터 어느 정도 정치적 간섭을 받았지만, 자치적인 별읍을 만들어 생활하였다.[14] 그러면서 그들은 종래의 조상신에 대한 제사·의례를 계속 베풀었다. 소도 내에 도망자가 들어 왔을 경우 잡아내지 못하는 이유는 바로 이러한 데서 찾아진다. 별읍은 소연맹국 내에서 거의 독자적인 통치 질서를 누렸다. 별읍 내에 소연맹국의 행정 질서가 거의 미치지 못하였다. 이럴 경우 별읍 내에 들어간 도망자는 별읍의 관할 아래에 놓였다. 도망자를 돌려주지 않았다는 점으로 미루어 소도를 막연하게 "철기문화를 성립시킨 새로운 사회질서에 대항하는 재래적 전통의 반발적인 성격"으로 파악하기도[15] 한다. 철기문화 기반을 가진 사회 질서에 반항하는 소도를 청동기시대의 산물로 보았다.

소도신앙이 정치적 지배 질서에 대한 반항이었는지는 분명하지 않다. 왜냐하면 새로운 문화가 들어올 경우 구문화전통이 이에 대해 항상 반발하지 만은 않기 때문이다. 백제 초기 사회의 정치적 지배 집단은 새로 들어온 유이민이고, 별읍을 성립시킨 자들은 먼저 자리를 잡은 토착민이다. 그런데 후자가 전자에 대해 항상 반항적일 수 없다. 이런 문제는 소도 이후에 성립되는 신앙·의례를 통하여 이해된다. 소연맹국의 지배자들이 정치적 권력을 강화하면서 연맹왕국으로 발돋움하는 과정에서 그 안에 편입된 성읍국가의 종교신앙이나 제례를 흡수·통합하였다. 제천의례는 이렇게 해서 이루어지고, 이러한 틀을 다잡는데 주도적 역할을 한 자는 천군이다.

천군이 제사하는 대상은 천신에 그쳤다. 이 점이 제천의례와의 차이를 갖는다. 고구려의 동맹제의에서는 천신과 아울러 부여신인 지모신에[16] 대한 제사를 곁들였다. 『삼국지』부여전에는 고리국(高離國)신화가 기록되었는데, 이는 뒤의 주몽신화와 연결이 가능한 부여·고구려 계통의 신화이다. 고구려 개국신화는 천신족인 고등신[解慕漱]과 지신족인 부여신의 결합으로 이루어졌다. 본래 고등신과 부여신은 각각 따로 제사되었지만, 제천의례를 베풀 때 같이 제사되었다. 그리하여 모두 개국신화 체계 내에 흡수되었던 것이다.

지신족 관념을 형성시킨 유화부족은 고구려 연맹왕국 내에 편입된 토착세력으로 본래는 성읍국가의 기반을 가졌다. 부여신이 처음으로 편입된 초기의 제사 체계는 백제 초기 사회의 소도신앙과 크게 다른 모습이 아니었다. 일단 유화부족은 소도신앙 단계에서 더 나아가 지신족으로서의 관념 체계를 형성시켰다. 고등신을 모시는 왕족과 함께 그보다는 못하지만 고구려 연맹왕국의 지배자로 등장하였다. 그렇다고 해서 유화부족이 고구려 왕족에 대해 항상 협조적이지는 않았다. 오히려 지신족으로서의 관념 체계를 형성시키느냐 그렇지 않느냐의 문제는 연맹왕국 내에 편입된 토착 정치집단이 어느 정도의 세력 기반을 형성시켰느냐에서 살펴야 한다.

백제 초기 사회에서 토착 선주민들이 세운 성읍국가들의 성장을 일률적으로 논하기는 어렵다. 그들은 고구려나 부여 사회에 비추어 더 큰 정치적 연맹체로 성장하지 못하였다. 삼한 사회는 한군현의 식민지적 수탈에 시달렸다. 염사치설화에서 이를 짐작할 수 있다. 호래(戶來)와 같이 나무를 도벌하기 위해 삼한지역으로 들어와 붙잡혀 노예가 된 낙랑 사람 1,500명 중 500명이 3년이 경과하는 동안에 죽게 된다. 낙랑은 삼한에 대해 이미 죽은 이들 500명의 보상을 요구했다. 그 대가로 낙랑이 취해 간 것은 진한 사람 15,000명·변한 포(布) 15,000필이다. 삼한 사회에서 범법 행위를 하다가 붙잡힌 후 죽은 낙랑 사람 500명에 대한 변상이 이 정도이고 보면, 삼한 사회는 한군현으로부터 심한 경제적 수탈을 강요당했던 것이 분명하다.

낙랑은 삼한 토착사회가 정치적으로 분리되도록 부추겼다. 삼한의 신지나 읍차 등에게 읍군이나 읍장 등의 관작을 내리고, 하호라 하더라도 조알(朝謁)한 자에게 벼슬을 내렸다. 하호로서 낙랑으로부터 벼슬을 받은 자가 무려 천여 명에 이르렀다. 이는 삼한 사회의 지배자와 피지배자를 대립시키고, 지배자들 사이에 낙랑에 대한 이해를 달리하게 유도한 술책이었다. 토착사회가 단합하여 한군현에 대항하는 길을 아예 막았던 것이다. 이에 따라 삼한 사회에 선주 토착부족이 세운 성읍국가는 튼튼한 자기 세력 기반을 갖추지 못했다. 이런 점은 별읍을 형성시킨 토착사회가 그 다음 단계로 발전해 가는 데 많은 어려움을 안겨 주었다.

선주 토착한 성읍국가의 세력 기반이 비록 미약했지만, 삼한 사회 전체를 모두 일률적으로 파악할 수는 없다. 진한 사회의 경우 사로국을 중심으로 한 선주 토착의 성읍국가가 형성되었다. 신라 개국신화는 사로국 지배자들의 이데올로기이다. 지신족인 알영(閼英)은 김씨부족으로 이해되는 선주 토착민이다.[17] 그 뒤에 이주해 온 박씨족은 천신족으로 파악된다. 사로국에서는 선주 토착부족이 지신족 관념을 형성시켰다. 사로 소연맹국이 성립되었을 당시만 해도 김씨부족은 별읍을 형성하여 소도신앙 단계에 들어 있었다. 김씨 부족이 지신족 관념을 형성시켰던 것은 그 세력 기반이 오히려 당시 정치적 지배세력인 박씨족보다 강인한데서 찾아진다.

삼한 사회는 선주 토착한 성읍국가의 세력 기반이 전반적으로 약하였다. 그러나 진한의 경우 우수한 기술문화를 가지고 들어온 이주민이 강인한 자기 세력 기반을 떨치지 못하고, 오히려 선주한 토착부족이 이들을 끝내 흡수하면서 사회의 주도 세력으로 성장하였다. 마한 54국 중에 신소도국(臣蘇塗國)이 있다. 이 세력은 정치적 총 맹주인 진왕의 목지국(目支國)과 비견되는 종교적인 대소도로 이해된다.[18] 신소도국은 큰 별읍이었다. 신소도국이 별읍의 종교적 맹주였는지는 분명하지 않으나, 본래는 소도였다. 신라의 김씨 부족과 같이 선주 토착한 성읍국가로서의 세력 기반이 튼튼하였기 때문에 소속되었던 소연맹국의 정치적 통제에서 벗어났다. 이렇게 하여 성립된 신소도국은 그 안에 소국이나 읍락을 편입시켜 소연맹국으로 발전하였다.

다만 서산 지역에 자리잡았던 것으로 추정되는 신소도국이[19] 다음에 개국신화 체계를 갖추었는지는 분명하지 않다. 신라 초기 사회에서와는 달리 변한이나 백제 초기 사회에서 선주 토착한 성읍국가는 대부분 개국신화 체계, 특히 지신족 관념을 성립시키지 못하였다. 그 이유는 진한 사회에 비해 이들 사회의 선주 토착민이 세운 성읍국가의 세력 기반이 약했던 데에서 찾아지겠으나, 새로 이주한 부족세력의 기술문화가 너무 높았기 때문일 수도 있다.

다음으로 백제 초기 사회의 문화적 성격을 살펴봄으로써 소도신앙이 영위되는 풍토를 이해하기로 하자. 삼한시대의 유물로 보이는 다음 〈도 1〉의 농경문청동기(農耕文靑銅器)가 있다.

농경문청동기가 바로 소도신앙을 나타내 주는지에 대해서는 논란의

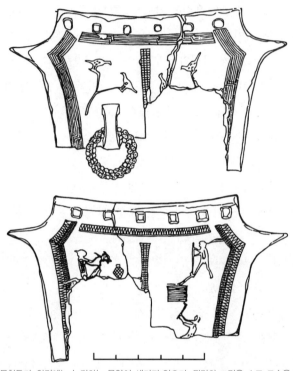

도 1. 농경문청동기. 앞면에는 농경하는 문양이 새겨져 있으며, 뒷면의 그림은 소도 모습을 알려준다.

여지가 없는 것은 아니지만, 백제 초기의 소도신앙을 포함하여 당시의 문화나 사회를 이해하는 데 도움이 된다.[20] 우선 소도신앙이 영위되는 백제 초기 사회에는 농경이 보편화되어 있었다. 소도의 제의가 농경과 밀접하게 결부되어 5월과 10월 즉 파종과 추수가 끝난 직후에 베풀어졌다. 〈도 1〉 후면의 문양은 농경 양상을 비교적 사실적으로 표현하였다.

후면 우측의 그림은 남자가 농경하는 모습이고, 후면 좌측의 그림은 여자가 추수하는 모양을 표현한다.[21] 농경하는 그림에는 따비와 괭이가 등장한다. 이는 당시 삼한 사회가 상당히 발달된 농경 기술을 가진 본격적인 농경 단계에 들어섰음을 의미해 준다.

2) 조상숭배신앙

(1) 부여계 천신신앙의 재정립

백제 건국신화 속에 온조와 비류는 신성을 갖지 못한 것으로 비춰졌다. 그들은 신의 아들이 아니며, 주몽을 통해 신의 가계로 이어졌다. 다만 시조 도모는 일신(日神)이 강령한 것으로 신앙되었다. 백제 건국신화는 동명형의 영웅전승적 성격을 지닌 가운데 내용상으로는 주몽신화와 연결되었다.

백제 건국신화 중 온조 시조전승은 다음 내용으로 끝을 맺는다.

국호를 백제라 했다. 그 세계는 고구려와 마찬가지로 扶餘에서 나왔기 때문에 부여로 성씨를 삼았다(『삼국사기』 권21, 시조 온조왕 즉위년조).

백제는 수도를 사비로 옮겨 국호를 남부여라 했고, 국도는 뒤에 부여군으로 불렸다. 백제왕의 성씨를 부여씨로 삼은 것은 세계가 고구려와 마찬가지로 부여에서 나왔기 때문이다. 이렇듯 백제에는 부여를 계승하려는 의식이 강하게 지속되었고, 백제 왕실이 받든 조상신도 부여족과 마찬가지로 천신으로 이어졌다. 백제 건국신화 속에는 부여계의 천신족 신앙이 직접 나타나지는 않았으나, 부여계 신화 속의 여러 신앙 양상이 내포되었다.

백제 초기에 나타나는 사슴 관련 기사도 이와 연관한 것으로 이해된다. 다음 기록을 참고해 보자.

① 온조왕 10년 9월에 사냥을 가서 神鹿을 잡아 마한으로 보냈다.
② 다루왕 4년 가을 9월에 왕이 橫岳의 아래로 사냥을 가서 두 마리의 사슴을 맞히니, 여러 사람이 이를 찬미하였다.
③ 기루왕 27년에 왕이 漢山으로 사냥을 가서 신록을 잡았다.
④ 초고왕 48년 가을 7월에 西部 사람 茴會가 흰 사슴을 잡아 바치니, 왕이 상서롭게 여겨 곡식 100석을 내렸다(『삼국사기』권23, 백제본기).

신라와는 달리 사슴에 대한 기사가 백제 초기에 많이 나타난다. 그런데 사슴은 부여에서 토템신앙의 숭배 대상이었다. 상고대에 만주나 북방 지역 부족들의 생활과 사슴, 특히 순록의 사육은 밀접하게 연결되었다. 또한 퉁구스족의 방언에 사슴[鹿]을 부여(Buyo)라고 부른다. 사슴에 대한 신앙은 부여족에게 매우 광범하게 퍼져 있었다.

동명왕이 이웃의 송양국(松讓國)을 항복시키는 과정에도 사슴 신앙이 등장한다. 동명왕은 서쪽으로 순주할 때에 큰 사슴을 얻었다. 그는 해원(蟹原)에 사슴을 거꾸로 매달고 하늘이 비를 내려 송양국을 물에 잠기게 하지 않으면 풀어주지 않을 것이라 하였다. 사슴의 슬픈 울음소리가 천제의 귀에 사무쳐 장대 같은 비가 내려 송양왕이 항복하였다.[22] 백제 초기에 등장하는 흰 사슴 특히 신록 등은 「동명왕편」에 나오는 흰눈색의 사슴을 바로 떠올리게 한다. 백제 초기의 역사 기록으로 분산하여 정리된 사슴 신앙은 본래 백제 건국신화 속에 나오는 것이었고, 백제가 부여계의 천신족 신앙을 수용하였음을 은유적으로 알려준다.

백제에서 시조묘로 동명묘가 건립되었다. 동명은 백제 건국신화에서 시조로 표방되었다는 점에서 정치적 상징뿐만 아니라 중요한 종교적 의미를 가졌다.[23] 백제 초기 건국신화 전승 과정에 나타난 혼란을 생각할 때 온조왕 원년에 건립된 동명묘는 상징적인 의미를 가진데 불과하다. 실제로는 다루왕 2년 춘정월에 구체적으로 건립되었다. 그리고 시조묘라는 명칭도 다루왕 2년에 비로소 명명되었다.

주몽 시조전승과 동명 시조전승은 각각 고구려계와 부여계의 시조신화를 이루었다. 백제의 동명묘는 부여계 신앙에 속하므로 백제 건국신화는 부여계 신화가 재구성되었던 것으로 이해된다. 다만 주몽과 동명이 각각 고구려와 부여의 시조로 기록되었던 이전 사서와는 달리, 이미 『삼국사기』에서는 혼칭되어[24] 이를 명백히 가르기는 어렵다.

백제 건국신화 중 주몽과의 관계를 돈독하게 내세운 대목은 온조 시조전승이다. 주몽신화와 비교할 때 여기에 나오는 주몽에 대한 기록은 퍽 격하된 느낌을 준다. 그는 졸본왕의 딸 또는 소서노(召西奴)와 결혼하여 부인이 지닌 기반을 바탕으로 성장하는 것으로 묘사되었다. 백제 건국신화에서 온조와 비류는 주몽과 연결되었다는 점에서 고구려 또는 부여계의 부족세력을 이끌었던 것이 분명하다. 그렇지만 이 과정에서 주몽은 신격화되지 않고, 그 행적에는 새로운 천지를 찾아 개척하는 가운데 국가 기반을 마련했다는 부분 등 가장 중요한 사실이 빠져나갔다. 이 점은 백제 건국신화가 주몽신화 범주에서 이끌어 낸 것이라 하더라도 주몽신화와는 이질적인 데가 있음을 알려준다.

백제와 고구려는 범부여계에 속한 부족집단이 건국하였다. 주몽신화와 이어진 백제 건국신화는 범부여계 신화와 연결된다. 천제의 아들과 하백의 딸이 결혼하여 낳은 아들이 국가를 건설하는 신화는 범부여계 부족에게 공통으로 나타난다. 이 중 주몽신화가 가장 풍부한 내용을 간직한 가운데 전승되었다. 이 때문에 범부여계에 속한 백제 건국신화가 주몽신화와 연결되었다. 그러나 주몽보다는 범부여계 신화의 전통에 좀 더 가깝다. 온조 시조전승에서 비류 형제는 해부루(解夫婁)의 자손이라거나, 또는 해부루의 외손으로 기록되어 이를 짐작하게 한다.

부여족의 지배자들은 해씨였는데, 이들은 태양숭배 신앙을 가진 부족이었다. 백제 왕실을 구성하는 지배세력 집단 중 비류계도 해씨였다.[25] 백제 건국신화에서 천신계 신앙은 태양숭배로 이어진 것이 분명하다. 온조왕 20년에 큰 단을 설치하여 천지에 대한 제사를 지낼 때 신이한 새 5마리가 날았다고 한다. 제의와 연관하여 나타난 새는 일단 천신계, 곧 천상의 메시지를 전달하는 신의 사자로 생각된다. 부여족의 태양숭배에는 까마귀가 등장한다. 이때에 백제의 제의에 나타난 새가 까마귀인지는 분명하지 않다. 온조를 따라 내려온 10신하 중의 오간(烏干)은 태양신 혹은 까마귀의 숭배신앙 내지 그 제의에 깊이 관여한 인물이 아닐까 생각된다.

온조왕이 제의를 관할할 때 나타난 새는 주몽신화의 비둘기를 연상시키는 가운데 신령을 전해준다. 백제 건국신화 중 천신족 신앙은 부여족의 태양숭배 신앙과 연관되었다. 이 부분은 뒤에 변질되면서 온조의 신성이 많이 누락되어 설화 형태로만 남았고, 그 나머지 부분은 정치적 공적으로 기록되었다. 그러나 처음 백제 시조는 태양신의 아들이라는 신의 계보를 가졌다.

(2) 지신계의 조상숭배

백제 건국신화는 뒤에 문자로 정착되는 과정에 그 내용이 역사적 사실로 분산하여 기록되었다. 천신족 신앙은 변질되었으나, 건국 시조와 천신이 계보상으로 연결되었던 것은 분명하다. 백제 건국신화 속에 지신족 신앙은 누락되어 잘 보이지는 않는다. 온조 시조전승에서 온조와 비류의 어머니인 월군녀나 비류 시조전승에서 연타발(延陀勃)의 딸인 소서노는 지모신앙을 가진 것으로 짐작되지만, 신의 계보로 바로 연결되지는 않는다. 백제 건국신화 속에서 지모신 신앙의 양상을 보다 강하게 드러내는 것은 비류 시조전승의 소서노이다.

온조와 비류가 모시고 남쪽으로 내려온 소서노는 월군녀와 비교하여

대우혼을 치르는 등 모계제적 유풍을 많이 지녔다. 온조 시조전승의 월
군녀에게도 소서노와 비슷한 지모신 신앙이 보인다. 온조와 비류의 어
머니는 백제 건국신화 속에서 빠져나간 지모신 신앙의 잔영을 쉽게 떠
올리게 한다. 백제 초기의 국모묘(國母廟)에서는 백제 건국신화 속의
지모신 신앙이 간접적으로 드러난다.

　백제 건국신화 속에 지모신은 어떤 모습으로 나타났는지가 궁금하다.
온조와 비류 시조전승 속에는 지모신 양태를 알려줄 내용이 보이지 않
는다. 백제 건국신화에 포함된 지모신은 부여계 신화를 빌려 유추할 수
밖에 없다. 부여계 신화에서 지신은 하천과 관계되는 수신이었다. 유화
는 하백(河伯)의 딸이고, 우발수(優渤水)와 연관되었다. 유화는 부여신
으로서 동굴신으로 이해된다. 백제 건국신화 중의 지신도 이러한 범위
를 크게 벗어나지 않는다.

　백제 무왕은 홀로된 어머니가 남쪽 못에 살고 있는 용과 사통하여 낳
은 아들이라고 한다. 무왕이 태어나는 설화는 백제 왕실의 신화로 추정
되며, 오늘날 구전되는 야래자(夜來者) 설화로 보인다.[26] 특히 야래자 설
화는 백제왕과 관련되어 있으면서, 내용에 따라서 성씨나 마을 또는 국
가의 시조 등 시조전설 내지 시조신화의 성격을 띠었다.[27] 백제 왕실은
아니지만, 후백제를 건국한 견훤의 탄생 설화가 야래자 설화에 속한다.
견훤은 광주 북촌에 살았던 부자의 딸과 밤에 몰래 왔다가는 담장 밑의
지렁이와의 사이에서 태어났다고 한다.

　견훤의 탄생 설화는 백제 왕실의 전통과 연결되는 상징적 의미를 가

졌기 때문에, 후백제 건국의 시조전승으로 수용되었다. 서동설화나 견훤의 탄생 설화에서 토템적 조상신은 용 또는 큰 지렁이였다. 또한 우리나라의 설화에서 나타난 야래자의 정체는 수달·용·뱀·거북·지렁이 등으로 물과 관련된 동물이다. 이는 수신으로 신성시되었던 생명체이기도 하다. 백제 왕실과 연관된 시조신화 속에 수신의 존재를 상정할 수 있다.

견훤의 탄생 설화에 나온 야래자인 큰 지렁이는 수신을 상징한 것이 분명하지만, 담장 밑에 살았다는 데에서 동굴신을 떠올리게 한다. 백제 건국신화의 수신도 동굴신과 인연이 닿았던 것 같다. 공주의 웅진사(熊津祠)는[28] 백제의 건국신화 속의 동굴신 존재를 추측할 수 있게 한다. 곰

공주 웅진사. 곰나루의 지신인 곰에게 제사를 드리는 사당이다.

에 대한 신앙은 동굴과 연관되었다. 공주의 고마나루 제의에 얽힌 전설에는 곰과 그 배우자인 나무꾼이 동굴에 거주한 내용이 담겨 있다.[29]

웅진사에서 거국적인 제의를 행하였는지는 분명하지 않으나, 웅진시대 백제의 중요한 사당이었다. 그것은 백제 시조전승의 지신계 신앙으로 연결된다. 백제 건국신화에서 지신은 수신이었고, 동굴과도 연관을 갖는다. 이는 고구려 건국신화 속의 지신의 모습을 연상시켜 주지만, 두 신화의 성격은 현격하게 다르다. 고구려의 지신은 신모의 성격을 가졌으나, 무왕이나 견훤과 연관된 지신은 부계적 성격을 가졌다.

백제 건국신화 속에 포함되지는 않았으나, 토착부족은 각각 시조전승을 지닌다. 그들의 시조신앙이 백제 사회에 광범하게 퍼진 지신족 신앙으로 형성되었다. 이러한 백제 사회의 여러 지신은 국가 체제가 정비되는 과정에서 오제(五帝)나 산악신으로 구체화되었다. 백제는 매번 사중(四仲)의 달에 왕이 하늘과 오제신에게 제사를 드렸다. 5제는 중국인들이 전설상으로 받들었던 황제나 요・순 등을 가리키는 것은 아니다. 그것은 사방을 주제하는 다섯 신으로 중앙(황제)・동방(蒼帝)・서방(白帝)・남방(赤帝)・북방(黑帝)의 신을 가리키는데, 사비시대의 여러 산악에서 행해졌던 신에 대한 제사로 이해된다.[30]

중국인들에게까지 알려진 백제의 일산(日山)・오산(吳山)・부산(浮山) 등은 모두 영산이다. 이들 산은 사비 주위의 계람산(鷄藍山)이나 조조산(祖粗山)・영오산(靈五山)・산차산(山且山)・예모산(禮母山) 처럼 신의 거주처로 여겨 제의의 대상이 되었다. 5제나 3산은 모두 백제 지역에 퍼진 지신족 신앙의 변형된 모습이다. 백제 초기에 산악숭배 신앙이나 신선사상의 양태는 각 부족의 조상신인 지신에 대한 신앙이 변형되어 나타난 것이다. 백제 국가에서 지신족 계통의 신앙 흔적은 보이지만, 백제의 건국신화 속에는 지신족 신앙이 막연하여 뒤에 탈락하거나 변질되어 기록으로 남았다.

(3) 주변 국가의 조상숭배 신앙과의 차이

초기 백제의 왕실은 천신족 시조신앙을 지녔다면, 토착의 여러 부족은 각각 다양한 모습의 지신족 시조신앙을 소유하였다. 한강 유역의 성읍국가인 백제나 미추홀의 개국신화가 형성되면서, 왕실의 조상신인 천신과 토착민 중 유력한 부족의 조상신인 지신이 결합하여 백제 건국신화의 초기 모습을 갖추었다. 처음 백제 건국신화 속에는 온조와 비류 시조전승 외에도 유력한 토착부족의 조상신이 지신족 시조전승으로 포함되었다. 백제 건국신화 속에 포함되지 못한 토착부족의 시조전승도 별도로 전하였지만, 구체적인 양태를 기록으로 남기지는 못하였다.

천신과 지신으로 나타난 여러 부족의 조상신은 건국신화로 체계화되면서, 국가적인 제천의례 속으로 들어갔다. 그러니까 중앙집권적인 귀족국가 체제의 성립과 더불어 국가적인 제례의 대상이었던 천신 속에서 다양한 모습의 지신을 모셨던 것이다. 한국상고대의 국가는 모두 연맹왕국을 형성하여 강력한 왕권을 성립시킨 것은 아니었다. 때문에 국가에 따라 천신을 제사지내는 과정은 반드시 제천의례로 연결되지는 않았다. 백제 초기 사회에서 소도신앙과 연관하여 천신을 제사한 것은 바로 그런 경우이다. 소도신앙은 천군이 소도에서 제사를 담당한 것으로 이해되지 않는다. 오히려 국읍에서 한 사람의 천군을 세웠다. 그래서 천군은 국읍에 살면서 천신을 제사지냈다.[31]

소도신앙은 강력한 왕권의 연맹왕국을 형성시키지 못한 소연맹국 사회에서 제의나 신앙의 이중적 구조를 보여준다. 소연맹국의 왕실이 국읍에서 천군으로 하여금 천신에게 제사를 드렸다면, 그 내에 복속되었으나 거의 독립적인 신앙과 제의를 주관한 별읍은 소도신앙을 고수하면서 토착의 조상신을 제사지냈다.[32] 별읍에서는 지신이 숭배되었다. 지배 왕실의 천신과 여러 부족 집단이 섬긴 조상신이 각각의 신앙 영역을 가지고, 독자적인 신앙 체계를 형성하였다.

소도신앙이 영위되던 백제 초기 사회에서 받든 조상신은 천신 외에 여러 부족의 지신으로 나타났다. 파종을 끝낸 5월과 가을걷이가 끝난 10월에 각각 제의를 치르면서 귀신에게 제사를 드렸다. 이때에 제사의 대상은 분명 조상신이었을 터인데, 그것이 귀신으로 나와 있다. 다만 믿고 숭배하는 귀신 속에는 천신까지 포함되어 흥미롭다. 귀신에게 드리는 제사는 국읍과 소도인 별읍에서 따로 치렀다.

귀신을 잡귀로 이해한 것은 고려 후기 이후이다. 적어도 삼국시대 초기까지에 귀신은 천신과 지신을 모두 포함한 조상신을 가리킨다. 동맹 제의는 제천의례를 치른 것이지만, 동굴신을 함께 제사하였다. 수신은 바로 지신인데, 목각의 신상을 만들어 받들었다. 그런데 목각은 부인상으로 모신 부여신이었다. 여러 지신 중 가장 유력한 하백신은 부여신 내지 동굴신이었다. 반면 고등신은 천신이었다.

고구려에서 귀신이나 영성 또는 사직에 드리는 제사는 조상신을 섬긴 것이다. 10월의 동명제의에서 모시는 천신이나 동굴신도 엄격히 말해 왕실이나 유화부족의 조상신임이 분명하다. 거주하는 좌우에 세운 큰 집은 조상신을 모시는 제당이다. 이를 부족 혹은 가문 단위로 설치했는 는지는 잘 알 수 없다. 큰 집에서 섬기는 귀신과 같은 비중으로 영성과 사직에게 제사를 드렸다. 그것은 성읍국가나 부족 단위로 모셨고, 연노 부나 절노부 등에서 받들었던 조상신이었을 법하다.

백제 연맹왕국 속에 포함된 여러 성읍국가의 풍속이나 법속이 같았음 은 물론이다. 진한과 변한은 의복이나 거주하는 지역뿐만 아니라 언어 나 풍속이 비슷했고, 그 내의 여러 성읍국가 모두가 성곽을 축조한 것 도 유사하다. 그러나 진한과 변한에서 귀신에게 드린 제사에는 차이가 났다. 조상신에게 드리는 제사에 차이를 설정한 셈이다. 이는 백제 초 기 사회에서 부족별로 드리는 조상신에 대한 제사가 각각 달랐음을 의 미한다.

제사를 드리는 차이는 제의의 절차나 형식이 달랐다기보다 모시는 신 격의 이질성으로 말미암아 나타났다. 백제 사회의 각 부족들이 모시는 조상신의 양태는 구체적으로 달랐다. 동예의 무천은 10월에 행한 제천 의례인데, 이와 연관하여 시사성을 준다. 무천은 천신에게 제사를 드리 면서 일부의 지신을 함께 제사하였다. 무천을 베푸는 동안에는 특별히

공주 신원사 중악단의 산신도. 우측에 호랑이가 그려져 있다. 조상숭배나 산악숭배
신앙이 곁들여져 있다.

호랑이를 신으로 여겨 제사지냈다.

　동예에서 호랑이는 조상신으로 여긴 지신이다. 제천의례 때 별도로
제사를 하는 호랑이는 마치 동명제에서 따로 모시는 동굴신과 다를 바
가 없다. 이는 소도신앙의 모습이 강인하게 전해진 사실을 보여준다.[35]
백제 초기 사회에는 동예의 호랑이나 고구려의 동굴신과 같은 구체적

인 모습을 갖추지는 않았으나, 별읍 단위로 각각 수많은 조상신에게 제사를 지냈다. 백제 건국신화 속에 지신신앙이 분명하게 나타나지 않는 이유는 왕실에서 받드는 천신에 대응할 뚜렷한 지신을 설정하기가 어려웠기 때문이다. 실제로 백제 초기에 온조부족과 연합한 왕비족의 실체가 구체적으로 전하지 않는다. 역설적이기는 하지만, 이는 백제 초기에 토착부족의 조상신인 여러 지신의 존재를 떠올리게 한다.

백제 건국신화 속에 지신신앙은 잘 들어나 있지 않다. 이는 왕족과 연합한 유력 부족의 세력 기반이 미비했기 때문에 자신들의 조상신을 부각시키지 못한 데서 비롯되었다고 짐작한다. 반면 별읍사회에서 각 부족이 제사했던 조상신은 여러 양태로 존재하였다. 무왕이나 견훤의 아버지인 용과 지렁이는 물론, 공주 웅신사의 곰 등은 모두 다양한 모습의 조상신이다. 백제 초기의 조상신인 지신의 양태는 다음 기록에서 구체적으로 묘시 되었다.

① 泗沘 강변에 한 바위가 있는데, 蘇定方이 일찍이 그 위에 앉아서 낚시로 魚龍을 낚았다. 그러므로 바위 위에 용이 꿇어앉았던 흔적이 있으며 인하여 龍嵒이라 이름하였다(『삼국유사』 권2, 남부여 전백제 北扶餘已見上조).

② 사비의 낭떠러지에 또한 한 바위가 있는데 10여 명이 앉을 만하다. 백제왕이 왕흥사에 행차하여 예불하고자 할 때에는 먼저 이 바위에서 부처를 바라보고 예배하는데, 그 돌이 스스로 따뜻해졌다. 이로 말미암아 㷓石이라 부른다(위와 같음).

백제에서 용신은 크게 부각되었다. 소정방이 처음 백제 공략에 실패하자, 결국은 용을 낚고는 백제를 멸망시켰다. 사비의 강변에 살았던 용은 하백신임이 분명한데, 백제의 운명을 걸머진 신이었기 때문에 국가적으로 받드는 존재였다. 일찍부터 농경이 발달한 초기 백제 지역에 농업신적 존재는 수신이다. 그래서 중요한 신앙의 대상이었으나, 지신으로서의 수신은 백제 건국신화에서 빠지고 말았다.

웅진의 곰나루에서 받들었던 웅신은 사비의 용신과 연결이 가능한 토템이다. 사비의 돌석도 제의를 베풀었던 제장이었고, 거기서는 지신을 받들었다. 스스로 따뜻해진다는 내용의 돌석에서는 지모신이 떠오른다. 돌석은 고구려의 대무신왕에게 바쳤다는 솥을 연상시킨다. 비류수 위에서 솥을 들고 유희하는 여인의 자태는 여사제가 제의를 주관하는 모습으로 이해된다.[30] 저절로 더워지는 솥으로 밥을 해서 온 군사를 배부르게 먹이는 대목은 대지모신의 생육 능력을 보여준다. 그것은 여사제와 지모신 신앙으로 이어진 후대 부정씨(負鼎氏)의 시조전승이다. 돌석에서 받든 지모신도 사비지역에 토착한 부족의 조상신이었다.

온조가 내려올 때 동행한 오간(烏干)과 마려(馬黎) 등 10신하도 모두 부족장으로서 시조전승을 지녔다. 백제 초기 사회에는 왕실에서 받든 천신 외에 수많은 지신이 존재하였다. 고구려 초기 사회에서도 천신 외에 다수의 지신이 발견되지만, 토착부족의 조상신은 대체로 제천의례 속에 체계화되었다. 이와는 달리 백제 사회에는 건국신화 속에 지신의 실체를 분명히 드러내지 않으면서도, 광범하게 존재한 조상신의 존재를 설정할 수 있다.

소연맹국의 지배세력은 천신족 신앙을 지녔다. 소도를 형성한 토착사회가 다음 단계로 발전하는 과정에서 천신족 신앙과 혼합된 지신족 신앙을 형성하였지만, 이와는 반대로 지신족 관념을 스스로 형성하지 못한 경우도 있다. 먼저 이주한 토착민의 기반이 약한 한강 유역의 백제 초기 사회에서 별읍을 이룬 부족세력이 지배 왕실의 천신과 결합한 지신신앙을 확고하게 세웠을 것 같지 않다. 그래서 백제 건국신화나 국가적 제의에 여러 지신이 체계적으로 정립되지 못하였다. 신라도 토착 부족세력의 수많은 조상신을 가졌으나, 백제와는 달리 산천신을 대사 · 중사 · 소사로 체계화한 제사 조직을 성립시켰다.

백제 건국신화 중 지신족 계통의 설화가 구체성을 띠지 못하면서 변질되거나 탈락될 수밖에 없었다. 이는 한강 유역을 중심으로 한 백제 초기 사회에 토착 부족세력의 존재 양상과 밀접한 관련이 있다. 강이 많은 데다 문화의 교류가 잦았던 이 지역에는 확고한 지역적 기반을 갖춘 토착세력의 뿌리가 약하거나, 상징적인 토착 부족세력의 설정이 어려웠다. 그래서 백제 건국신화에 지신족 신앙의 존재를 뚜렷하게 반영시키지 못하였다.

2. 제천의례와 무교신앙

1) 제천의례의 정립

(1) 천군과 천신에 대한 제사

성읍국가로서의 백제 개국신화 속에는 천신인 조상신에 대한 숭배가 나타났다. 이는 청동기시대 이래 성읍국가나 읍락의 지배자가 각각 받들던 조상신의 범주에 들어간다. 제천의례가 성립된 사회에서 받든 천신도 왕실의 조상신이고, 기본적으로는 청동기시대에서부터 성읍국가의 지배자들이 받들었던 조상신과 같은 성격을 가졌다.

성읍국가시대에 여러 부족은 읍락 단위로 각각의 조상신에게 제사를 지냈다. 소연맹국이 성립되는 과정에서 그 속에 흡수된 성읍국가와 읍락의 지배자들은 정치적으로 왕실에 종속되었을 지라도, 독자의 종교적 제사권 만큼은 그대로 관할하였다. 왕실이 천신에 대한 제사를 주관할 당시에 복속된 성읍국가나 읍락의 지배자들은 별읍에서 독자의 조상신에게 제사를 드렸다.

백제가 연맹왕국을 이루면서 그 안에 크고 작은 소연맹국이나 성읍국가가 흡수되었다. 본래 성읍국가의 지배자들은 자기의 조상신에게 제사를 드렸는데, 점차 연맹왕국 체제가 정립되면서 제사는 보다 조직화되어 부족과 부족을 잇는 국가적 제의로 발전하였다. 이리하여 성립된 것이 제천의례이다. 일찍이 부여에서는 영고라는 제천의례가 베풀어졌고, 동예의 무천이나 고구려의 동맹제의도 제천의례로 이해된다.

고구려 초기에 동맹제의를 치렀던 기간에 왕실은 자기 부족의 천신에 대해 한동안 독자적으로 제사를 올렸다. 고구려는 10월에 제천하는데, 나라에서 대회를 열고 이를 동맹이라 한다. 나라의 동쪽에 큰 굴이 있어 수혈(隧穴)이라 불렀다. 제천을 베푸는 동안에 수신을 맞아 나라의 동쪽으로 모셔다 제사를 지냈다. 신좌에는 수신상을 두었는데, 이는 나무로 조각한 부인상이었다. 또한 동예에서도 무천의례를 치렀지만, 호랑이를 신성시하여 호신(虎神)에게 따로 제사를 드렸다.

제천의례가 성립되었다 하더라도 연맹왕국시대 초기에는 소도신앙적

산경치 도깨비 무늬전돌. 토착신앙과 신선사상이 가미되었다(국립부여박물관 소장).

요소가 남아 왕실이 천신에 제사를 드렸다면, 복속된 여러 성읍국가나 읍락의 지배자도 자신의 조상신인 지신을 제사하였다. 백제 왕실도 제천의례를 지내면서 초기에는 조상신인 천신에게 독자적으로 제사를 드렸다. 이는 소도신앙에서 받들었던 천신에 대한 제사를 계승한 셈이다.

귀신인 조상신은 천신과 여러 지신의 모습으로 등장하였다. 귀신을 믿는 가운데 국읍에서는 한 사람을 세워 천신을 제사지냈는데, 이를 천군이라 불렀다. 이로 미루어 천군이 받던 귀신은 천신임이 분명하다. 국읍에서 세운 천군이 천신에게 올리는 제사를 관할했다면, 별읍인 소도에서는 큰 나무를 세운 뒤 방울과 북을 달고는 지신 모습의 여러 조상신을 섬겼다. 이렇듯 성읍국가의 지배자들이 받들었던 조상신 속에는 천신과 지신이 모두 존재하였다. 그러다가 성읍국가가 통합되어 소연맹국을 성립하면서, 그 주체인 왕실과 복속된 별읍의 지배자들의 조상신이 각각 천신과 지신의 모습으로 구체화되었다.

소연맹국 왕실의 조상신은 천신이긴 하지만, 소도신앙의 단계에 있었기 때문에 왕실은 물론 별읍 지배자들의 조상신은 모두 귀신을 받드는 것으로 이해되었다. 연맹왕국이 성립하면서 연맹왕실이 점차 왕권을 강화하는 과정에서, 이들의 조상신이 천신이라는 신앙은 보다 강화되었다. 그것은 제천의례에 앞서 나타난 이른바 천신을 섬겼던 제사로 이해된다. 백제 연맹왕국이 성립되었지만, 초기에는 왕실이 천신의 제사를 주관하였다.

백제 왕실만이 천신에게 제사를 드렸던 것은 아니다. 백제 초기에는 연맹권 내에 복속된 소연맹국이 다소 존재하였고, 그들의 지배자들도 역시 천신에 대해 제사를 드렸다. 그럴 경우 왕실은 천신을 제사지내는 천군을 따로 설정하였고, 따라서 여러 명의 천군이 존재하였다. 백제 연맹왕국 내에서 왕권이 강화되자, 그것은 숭천사상을 가미한 제천의 례로 서서히 자리하였다. 자연 연맹왕국에 복속된 소연맹국의 지배자들이 지녔던 조상신인 천신의 개념은 희박해졌다.

소연맹국 지배자들의 조상신은 백제 연맹왕국의 제의 속에 흡수된 이후 천신신앙으로서의 성격을 그대로 유지하였는지는 의문이다. 백제 5부의 지배자는 본래 소연맹국을 이루었고, 천신에 제사를 드렸을 듯하다. 그러나 현재 전하는 사료의 분위기는 고구려의 5부와는 달리, 부족 공동체적인 성격을 거의 상실한 채 방위를 나타내게 되었다는 인상을 준다. 5부 외에도 다소의 천신신앙이 존재하였겠지만, 그들은 소도신앙 이래의 귀신신앙 속에 포함되었다. 숭천사상이 가미되어 나타난 제천 신앙은 연맹왕권이 강화되는 사회 체제와 연관시켜 이해되어야 한다.

(2) 제천사지 의례의 등장

백제 초기에는 천군이 국읍에서 천신을 제사하였으나, 제천의례가 성립되었는지는 잘 알 수 없다. 원래 『예기(禮記)』에 천자는 천지에 대해 제사하였고, 제후는 사직에 대해 제사지낸다(王制篇)라고 하였다. 이 뜻은 천자가 천신은 물론 천하의 명산대천신(名山大川神)을 함께 제사하는 반면, 제후는 분봉된 국가의 조상신이나 그 안의 명산대천신에게 제사를 드리는 것이다.

천신은 물론 성읍국가나 읍락의 범위를 넘어서 천하의 명산대천신을
함께 제사한 제천의례는 연맹왕국 이후 중앙집권적인 귀족국가 체제가
정비되는 과정에서 완비되었다. 삼한 사회에서 비교적 강력한 왕권을
가진 연맹국가를 이룬 것은 백제가 성장하면서부터이다. 그런데 백제
에서는 〈제천사지(祭天祀地)〉의 의례를 치렀다.[35] 온조왕 20년 2월에 단
을 설치하여 천지에 제사하였는데, 온조왕 38년 10월·다루왕 2년 2
월·고이왕 5년 정월·고이왕 10년 정월·고이왕 14년 정월·근초고왕
2년 정월·아신왕 2년 정월·전지왕 2년 정월·모대왕 11년 10월에도
치렀다는 기록이 나온다(『삼국사기』 권32, 제사조).

사실 『삼국사기』 제사조에는 신라나 고구려와 달리 백제는 〈천지〉를
제사한다는 특이한 표현이 나타난다. 제사조에서보다는 백제본기에 〈
제천사지〉의 기록이 더 자세하게 나온다. 이를 다음 기록에서 확인하기
로 하자.

① 온조왕 20년 춘2월에 왕이 큰 壇을 設하고 친히 天地에 대해 제사하니, 異鳥 5마
   리가 와서 날았다.
② 온조왕 38년 동10월에 왕이 큰 단을 築하여 천지에 대해 제사하였다.
③ 多婁王 2년 2월에 왕이 南壇에서 천지에 대해 제사하였다.
④ 古爾王 5년 춘정월에 천지에 대해 제사하면서 鼓吹를 사용하였다.
⑤ 고이왕 10년 춘정월에 큰 단을 설하여 天子와 山川에 제사하였다.

⑥ 고이왕 14년 춘정월에 남단에서 천지에 제사하였다.

⑦ 比流王 10년 춘정월에 南郊에서 천지에 대해 제사하였으며, 왕이 친히 犧牲을 잘 랐다.

⑧ 近肖古王 2년 춘정월에 천지의 神祇에 대해 제사하였다.

⑨ 阿莘王 2년 춘정월에 남단에서 천지에 대해 제사하였다.

⑩ 腆支王 2년 춘정월에 왕이 남단에서 천지에 대해 제사하였다.

⑪ 東城王 11년 동10월에 왕이 壇을 설하고 천지에 대해 제사하였다.

　백제의 제례가 〈제천사지〉로 나타나 흥미를 끈다. 〈제천사지〉 의례는 중국 천자의 교사(郊祀)를 그대로 모방한 것처럼 보이지만, 천자의 교사도 제천의례를 체계화한 것이다. 곧 〈제천사지〉의 의례는 토착적인 제천의례와 연결된다.[30] 백제의 의례가 〈제천〉으로 표현되지 않고, 〈제천사지〉로 표현되었다는 데서 그 특수한 면을 드러낸다.

　제천의례와 〈제천사지〉 의례의 관계를 생각할 필요가 있다. 우선 제천의례는 이전의 소도신앙에서 치렀던 여러 토착신의 제의를 연맹왕실이 중심이 되어 통합한 것인데, 〈제천사지〉 의례는 연맹왕실이 천신을 주재하는 가운데 지신도 함께 제사한 사실을 의도적으로 드러낸 인상을 준다. 말하자면 제천의례의 내용도 역시 〈제천사지〉인데, 백제에서는 이를 굳이 〈제천〉이라고 표시하지 않고 〈제천사지〉로 기록하였다.

　소도신앙이 더욱 조직적인 제천의례로 체계화되었는데, 삼한의 특수한 사회 체제와 부합되어 백제에서처럼 〈제천사지〉로 나타났다. 백제의 〈제천사지〉 의례도 고구려나 부여에서와 마찬가지로 천신과 지신에 대한 제사를 한데 묶으면서 성립되었던 것이다.[37] 백제에 〈제천사지〉 의례를 위한 제단이 처음 설립된 것은 온조왕 20년이다. 이와 연관하여 온조왕 원년의 동명왕묘 설립과 더불어 같은 왕 17년에 국모묘를 세운 사실을 상기할 필요가 있다.

백제에서는 국모묘로 알려진 지신계 신앙과 제의가 하백이나 동굴신처럼 구체적인 모습으로 드러나지 않는다. 뿐만 아니라 천신계인 동명묘와의 관계도 애매하게 나타나 있다. 천신과 오제신(五帝神)을 같이 제사하고, 또한 백제의 제의가 〈제천사지〉였다 하더라도, 이때의 천신과 지신 내지 천신과 오제신에 대한 제사가 바로 동명과 국모에 대한 제의인지도 분명하지 않다. 다만 백제에서 국모를 모신 것이 동명묘보다 후기의 일로 적혔으나, 사실은 이전부터 받들었던 토착 신모였다.

국모묘를 세운 사정을 "하물며 지금 요상함이 자주 보여 국모가 돌아가고, 형세가 스스로 안정되지 못하여 장차 반드시 나라를 옮겨야 한다"(『삼국사기』 권23, 온조왕 13년조)라고 하였다. 요상한 기운이 일어나는 것과 국모가 돌아가는 사정 및 국내 정세의 불안, 이로 말미암은 국모묘의 설치 등 일련의 사건은 이러한 추측을 뒷받침 한다. 제천과 같은 국가적인 제의를 주관하는 신사에는 천신과 지신이 함께 모셔졌는데, 백제에서는 시기를 달리하여 이를 각각 세워 어느 정도 독립적으로 받든 것 같다.

〈제천〉 외에 〈사지〉를 넣어 국가적 제의를 명명한 이유는 지신에 대

공주 공산성의 북쪽 성벽.

한 제의의 대상이 막연한 데서 찾아진다. 국모묘가 지신에 대한 제의로 이어지지만, 그것이 하신인지 동굴신인지는 확인할 수가 없다. 그리하여 지신의 개념이 많이 상실된 5제신으로 나타났다. 토착신을 모신 5제신에 대한 제사는 방위 관념을 포함하면서 중국의 5행사상과 얽혔다. 막연한 방위 내지 지역신으로서의 동굴신의 실체도 잘 드러나지 않는다.

백제의 국가적 제의에서 지신의 실체가 분명히 드러나지 않은 것은 소도신앙의 전통에서 이끌어 내어야 한다. 높은 기술 문명인 철기문화를 가지고 들어 온 세력이 소연맹국의 지배자였다면, 이에 복속되거나 연합해 들어온 자들은 별읍, 즉 소도를 이루었다. 이때에 물론 소연맹국의 지배세력은 천신족으로 파악되지만, 소도를 형성한 토착사회가 그 다음 단계로 발전하는 과정에서 천신족 신앙과 혼합된 지신족 관념을 형성시킬 수도 있다. 그러나 반대로 지신족 관념을 스스로 형성시키지 못했을 경우도 없지는 않다.

선주 토착민의 기반이 약한 한강 유역의 백제 사회에서 소도를 이룬 세력 집단이 지배세력의 천신족 신앙과 혼합된 지신족 신앙을 확고하게 세웠을 것 같지는 않다. 별읍 중심의 토착신앙 중 가강 유력한 부족의 조상신이 지신족 관념으로 형성되었다. 백제 건국신화 속에 지신족 신앙이 빠져나간 것은 건국신화가 형성되고 난 훨씬 뒤의 일이다. 이같은 이유는 지신족 신앙이 확실한 토착적 기반을 가지면서 뿌리 깊게 형성되지 않았기 때문이다.

백제 건국신화 중 지신족 계통의 설화가 구체성을 띠지 못한 가운데 변질되거나 탈락될 수밖에 없었던 것은 한강 유역을 중심으로 마한·백제로 이어진 토착 세력집단의 존재 양상과 밀접한 관련이 있다. 강이 많고 문화의 교류가 잦은 이 지역에는 확고한 지역적 기반을 갖춘 토착 세력의 뿌리가 약하였다. 이는 백제의 전시대를 대변할 수 있는 상징적인 토착세력의 설정을 어렵게 한 요인이 되었다. 그리고 백제 건국신화 중 지신족 신앙의 존재가 뚜렷하지 못했던 이유도 여기서 찾을 수 있다.

오제신에 대한 제의는 토착신앙으로 이어졌다. 그런데 이 가운데 어느 것도 대표로서의 성격을 명확하게 보여주지 못한다. 이 점과 연관하여 뚜렷하지 못한 백제 왕비족의 존재는 시사하는 바 크다. 왕비족으로는 해씨(解氏)·진씨(眞氏) 등이 거론된다. 그러나 이들 성씨와 왕비가 구체적으로 이어진 양상은 좀처럼 나타나지 않는다. 백제사에서 왕비의 존재도 잘 찾아볼 수 없을 만큼 기록이 적은 편이다. 백제사의 이런 면은 지신족 신앙의 존재 양상과 분명히 연결된다.

온조왕 때에 만든 시조 동명묘와 국모묘는 백제 성읍국가의 시조신을 모시는 사당이다. 동명묘는 왕실의 조상신인 천신을 제사하였다면, 국모묘는 복속된 별읍의 조상신인 지신을 제사하던 장소였다. 시조 동맹묘와 국모묘는 백제 왕실의 조상신을 제사하는 장소로 체계화되지만, 그 본래의 모습은 성읍국가나 읍락에서 치른 소도신앙의 전통에서 찾을 수 있다.

온조왕은 두 번에 걸쳐 큰 단을 쌓고, 천지에 제사를 올렸다. 그 다음 대의 다루왕 때에는 남단에서 천지에 제사하였다. 이때에 치른 천신과 지신에 대한 제사는 소도신앙의 모습을 보다 많이 간직하였다. 온조왕이나 다루왕 때의 천지에 대한 제사는 10월이나 봄 2월에 베풀었다. 10월에 치렀던 천지에 대한 제사는 물론 농경의례로 부락공동체가 중심이 되어 행한 것이지만, 봄 2월에 치른 천지에 대한 제사도 농경과 연관되었던 것은 분명하다. 때문에 온조왕이나 다루왕이 천지에 드린 제사는 아직도 백제가 소연맹국에 머물렀던 사회 체제 속에서 베풀었던 것이다. 이때의 천신과 지신은 각각 국읍과 별읍에서 따로 제사되었고, 백제왕은 국읍에서 천신을 제사지냈다. 온조왕이 천지에 제사지낼 때에 나타난 신이한 새 5마리는 천신족 신앙의 상징성을 지닌 것으로 이해된다.

백제 연맹왕국이 정립하면서 제천의례가 성립되었다. 3세기 중엽 백제가 한강 유역의 여러 성읍국가나 별읍의 맹주적 지위를 차지하면서 서서히 제천의례가 베풀어졌다, 고이왕대 이후 백제 왕실이 천지에 제사를 드리는 시기는 정월로 바뀌었다. 이는 농경의례의 성격에서 점차 탈피하였을 것으로 짐작되는 대목이다. 정월에 왕이 천지에 제사를 드리는 것은 부락공동체에서 벗어나 국가적 제의로 성립하였음을 의미한다. 그러나 백제 왕실이 천지에 대해 제사를 드리는 것은 이전 시조묘와 국모묘 곧 성읍국가시대의 전통에서 크게 벗어나지 않았으며, 아직도 연맹왕국 속에 흡수된 성읍국가나 읍락의 조상신인 여러 지신을 함께 제사하지는 않았다.

(3) 제천의례의 성립

백제가 중앙집권적인 귀족국가로서의 체제를 정비한 시기는 근초고왕 이후 침류왕 때이다. 제천의례는 연맹왕국 성립 이후에 나타나지만, 중앙집권적인 귀족국가 체제 속에서 비로소 완비되었다. 이때가 되면 백제 왕실은 복속된 영역에 군대를 파견하여 통치하였다. 이에 따라 흡수된 성읍국가나 읍락의 지배자들은 귀족으로 등장하였다. 이전 왕실은 자신의 조상신인 천신을 제사하는 범위를 넘어서 복속된 여러 성읍국가나 읍락의 지배자들의 조상신인 지신을 함께 제사하였다.

근초고왕 이후에 왕실이 천지를 제사한 양태는 진정한 의미의 제천의례에 가깝다. 다만 이전에 비류왕이 남교에서 천지를 제사하면서, 친히 희생물을 베었다. 고이왕의 등극은 백제 왕실의 지배세력이 교체되었음을 알려준다. 고이왕은 시조묘인 구대묘에 모신 인물이다. 그래서 실질적인 백제국가의 시조로 이해된다. 그의 등장으로 온조계를 대신하여 비류계 왕실이 성립되었다. 책계왕 2년이나 분서왕 2년 또는 같은 왕 9년에 시조 동명묘를 배알하였다. 이는 온조-초고왕계를 대신한 비류-고이왕계의 조상신 신앙을 강화하려는 의도를 지녔다 할 것이다.

책계왕은 전쟁터에서 고구려병에게 살해되었고, 분서왕은 낙랑에서 보낸 자객에게 피살되었다. 분서왕을 이어 왕위에 오른 비류왕은 비류-고이왕계를 대신하여 다시 온조-초고왕계에 속한 인물이다. 비류왕 다음에 왕위는 비류-고이왕계인 계왕에게 넘어갔지만, 그의 통치는 3년을 넘기지 못하였다. 근초고왕의 등장으로 온조-초고왕계 왕실의 통치 기반이 보다 굳건해졌다. 이런 분위기 속에 분서왕 사후 비류왕의 등장은 온조-초고계 왕실 의식을 크게 내세웠다. 그는 천지에 대해 제사를 드리면서 몸소 희생물을 벰으로써 한강 유역의 패자로서 백제 왕실이 제천의례를 행하는 웅지를 드러내었다.[38]

근초왕 때에는 앞에서와는 달리 천지의 신지(神祇)에게 제사를 드렸다. 이는 천신과 함께 지신을 제사한다는 의미를 강하게 포함한 셈이다. 근초고왕대 정복왕조로서의 등장과 왕권의 안정은 왕실의 제천의례가 보다 권위를 갖게 하였다. 이후 아신왕과 전지왕 때에는 정월에 시조인 동명묘를 배알하고는 남단에서 천지를 제사하였다. 이때가 되면 시조묘와 천신 및 지신에 대한 제사를 묶어서 함께 지냈다. 이것은 다루왕이 정월에 동명묘를 배알하고 2월에 천지를 제사하는 형식과는

김제 벽골제. 이 제방을 완성함으로써 백제는 중앙집권적인 귀족국가 체제를 정비하였다.

분명히 달랐다.

아신왕과 전지왕 때에는 백제가 중앙집권적인 귀족국가 체제를 확립하였다. 이는 침류왕 때에 불교를 공인함으로써, 국가불교 체계를 정립하는 면과 표리가 되어 나타났다. 백제 제천의례는 근초고왕 때에 갖추어지기 시작하여 침류왕을 지나 아신왕과 전지왕 때에 이르러 확립되었다. 백제 왕실이 천지에 대해 제사를 드리는 것은 동성왕을 끝으로 다시 나타나지 않는다. 이는 뒷날 제천의례의 확립과 연결시켜 생각되어야 한다. 제천의례가 정기적인 국가의 의례로 확립되었기 때문에, 정례화가 이루어져 유독 기록으로 남길 필요가 없었다.

동성왕 때의 천지에 대한 제사는 10월에 베풀어졌다. 이것은 온조왕이나 다루왕 때의 천지에 대한 제사가 농경의례의 전통과 연결되었던 점을 상기시킨다. 10월에 치른 제천의례는 농경의례의 전통과 연결된다. 그러나 고이왕 이후 백제가 천지에 올린 제사는 모두 정월에 베풀어졌다. 정월의 제천의례는 소도신앙에서 영위되었던 농경의례와는 거리가 있다. 이와 연관하여 다음 기록을 살펴보기로 하자.

册府元龜에 말하기를 백제는 매번 四仲의 달에 왕이 天 및 五帝神에게 제사를 드리고, 國城에 그 시조 仇台廟를 세워 일 년에 4번 제사를 지냈다(『삼국사기』 권32, 제사조).

백제가 천신 및 오제신에게 제사를 드리고, 또한 일 년에 4번 시조묘인 구대묘에 제사했다는 이 기록은 『주서(周書)』나 『수서(隋書)』·『북사(北史)』·『통전(通典)』의 백제전에도 비슷한 모습으로 나온다.

왕이 일 년에 4번, 4중의 달인 2·5·8·11월에 제천의례와 함께 시조묘에 제사하였다. 이것은 아신왕이나 전지왕 때에 시조묘와 함께 천신과 지신에게 제사를 드렸던 정황을 떠 올리게 한다. 아신왕이나 전지왕 때에는 정월에만 베풀었다면, 여기서는 매해 4번에 걸쳐 시행하였다. 일 년에 4번에 걸쳐 치른 제천의례는 웅진시대에 이르면서 더욱 발전되어 정례화한 모습을 보여준다. 이는 국가의 정기적인 사전(祀典)으로 자리 잡았다는 사실을 의미한다. 동성왕 때 백제의 제천의례가 완비된 모습을 보여주는 것이라면, 유독 10월에만 베풀었다고 생각되지는 않는다. 이는 일 년에 4번씩이나 치렀던 제천의례의 모습을 상기시켜준다.

　제천의례가 완비되면서 백제 왕실은 천신은 물론 오제신을 묶어 함께 제사하였다. 이때 같이 제사한 시조묘에 모신 조상신도 천신으로 연결된다. 오제신은 백제(白帝)·적제(赤帝)·황제(黃帝)·흑제(黑帝)·청제(靑帝)를 가리키지만, 오방(五方)과 연결되어 서·남·중·북·동방의 방위신을 지칭한다. 이럴 경우 백제 왕실은 자신의 조상신인 천신과 함께 여러 지신을 묶어 제사하였다. 이러한 제천의례의 양태는 고구려가 매년 3월 3일에 낙랑의 언덕에서 사냥하여 돼지나 사슴을 잡고는 천신과 함께 여러 산천신을 묶어 제사지내는 것과 동일하다(『삼국사기』 권32, 제사조).

　웅진시대 이후 백제에서는 전국에 오방제(五方制)가 실시되고, 도성에는 오부(五部)가 정비되면서 그 안에 항(巷)과 리(里)가 설치되었다. 이렇듯 전국의 지방 조직이 잘 짜이면서 제천의례도 정비되어 천신과 함께 오제신 등 여러 지신에게 제사를 드렸다. 오제신은 실제로 오방의 지배자들이 본래 지녔던 조상신인 지신이었다. 천신과 오제신의 관계는 백제 왕실이 실질적으로 도성이나 오방을 장악하고, 도성 내에 오부제를 실시하여 군림한 모습을 상징적으로 전해준다.

　제천의례는 국가적 사전으로 정비되었다. 이에 따라 성읍국가나 읍락 당시의 여러 지배자들의 조상신을 지신 곧 산천신으로 편제하였다. 비록 제천의례는 국가적인 제례로 정례화되지만, 본래에는 전쟁 등 국가의 중대사가 일어났을 때에도 치렀다. 부여의 경우 전쟁이 일어나면, 제천의례를 베풀었다. 제천의례에는 부락공동체의 제의에서 유래하였기 때문에, 고각(鼓角)이 따르고 가무를 베풀었다. 다음 내용이 이를 알려준다.

括地志에서 말하기를 백제는 四仲의 달에 천신 및 五帝神에게 제사를 드리는데, 가을과 여름에는 鼓角을 사용하여 가무를 연주하고, 봄과 가을에는 노래를 부른다고 하였다(『翰苑』 백제전).

웅진시대 이후 잘 정비된 제천의례는 계절에 따라 베푸는 양태가 달랐다. 겨울과 여름에는 고각을 연주하면서 노래하고 춤추었으나, 봄과 가을에는 노래만을 불렀다. 이는 백제 초기 사회에서 5월과 10월에 파종과 농사가 끝난 후에 치렀던 농경제의를 계승하여 체계화한 것이다. 이때 사람들은 무리지어 가무하고 술을 마시면서 밤낮으로 쉬지 않았다. 수십 명이 함께 춤추는데 일어나고 따르면서 땅을 밟고 뛰는데, 수족이 상응하여 그 절차가 탁무(鐸舞)와 유사하였다.

제천의례가 완비되면서 절차 역시 정비되었다. 제천의례에서 베푼 고각의 연주와 가무는 본래 부락공동체 의식을 고취하려는 것이었기 때문에 국가공동체 의식을 내세우는데는 무엇보다 필요하였다. 제천의례가 정비되면서 국가적 제의를 주관할 일관(日官) 등이 등장했지만, 국왕은 이를 주관하는데 능동적으로 개입하였다. 이는 비류왕이 직접 희생을 자르는 모습에서 잘 드러난다. 백제가 멸망한 후 복신(福信) 등이 왕자 풍(豐)을 모시고 부흥운동을 일으켰다. 이 운동은 내분으로 인해 실패로 끝났다. 복신이 도침(道琛)을 죽인 다음 그의 군대를 합하였으나, 풍은 이를 제어하지 못하고 제사만을 주관하였다. 이로 미루어 백제 말에 이르기까지 왕실은 제천의례를 주관하였다.

2) 무교신앙

(1) 무당의 기능

백제의 토착신앙으로서 무교신앙을 밝히는 작업은 여간 막연한 것이 아니다. 조상숭배나 제천의례·건국신화 등이 모두 토착신앙 속에서 파악된다. 그 외에도 산악이나 하천숭배 신앙 등을 설정할 수 있다. 무교신앙과 이들 신앙을 서로 뚜렷하게 구별할 수는 없다. 토착신앙으로 분류된 모든 것이 무교신앙과 연관한 맥락에서 이해되어야 한다. 이 글에서는 불교가 전래되기 이전 사회의 종교신앙을 대체로 무교신앙의 범주로 연결시켜 서술할 것이다.

한국상고대 사회의 제천의례나 조상신의 제사를 주관한 사제자는 원래 부족장이었다. 고대사회에서 권력층으로 부각하였던 직종은 사제자인 무당이거나 철을 제련하는 야장(冶匠)이었다. 신라 왕호인 차차웅(次次雄)은 사제자 곧 무당이라는 의미이다. 차차웅 이후에 사용된 니사금(尼師今)도 연장의 의미가 가미되었지만, 기본적으로는 사제자를 의미하였다. 니사금은 고대 종교사회의 지배자인 〈축(祝)〉의 전통을 이은 왕호이다. 이후에도 왕의 누이가 제의를 주관하였을 뿐만 아니라 왕 자신은 사제자의 성격을 지녔다.

제정이 분리되면서는 사제자가 따로 임명되었다. 소도신앙을 영위했던 소연맹국 사회의 국읍에서는 천신을 제사할 천군(天君)을 따로 세웠다. 이후 연맹왕국을 거쳐 중앙집권적 귀족국가가 성립되면서 제천의례가 베풀어졌고, 사제자는 일관(日官)으로 임명되었다. 이와는 별개로 당시에 흔히 나타나는 노구(老軀)도 사제자로서의 성격을 지녔다. 백제 초기 사회의 무당은 예지자(豫知者) 내지 예언자로서 기능하였다.

예언자인 무당은 미지의 세계를 미리 내다보는 점복적(占卜的)인 기능을 가졌다.[30] 무당은 국가 사회가 위기에 처했을 때 이를 해결하는 방도를 제시하였고, 천변지이 등 자연적 징후로써 길흉을 점치면서 다음에 나타날 사태에 대처할 능력을 발휘하였다. 온조왕 25년(AD 7)에 왕궁의 물이 갑자기 불어 올랐고, 한성(漢城) 인가의 말이 한 머리에 두 몸을 가진 소를 낳았다. 이에 대해 일관이 설명하기를 우물물이 분 것은 대왕이 발흥할 징조요, 한 머리에 두 몸을 가진 소는 대왕이 이웃 나라를 병합할 징조라고 하였다. 과연 온조왕은 마한을 병합하였다.

온조왕 때의 마한 병합 기사는 그대로 믿을 수 없다고 하더라도, 마한의 중심세력이 백제에 밀려 남쪽으로 이동하는 사실을 가리킨 것으로 이해된다. 온조가 한강 유역 주변의 마한 성읍국가의 병합을 도모했다면, 이 일은 사전에 충분한 협의가 필요하였다. 곧 협의 과정이 〈한 머리에 두 몸을 가진 소〉로 해석되었던 것으로 보인다. 그렇다면 무당은 국사에 깊이 관여하여 이를 처리하는데 중요한 역할을 담당하였던 것이다.

무당은 자연의 징후로 일어날 장래의 일을 알아 대처하였기 때문에 정사에 깊이 참여하거나 또는 국가적 재난을 방지하는 역할을 담당한 것이 분명하다. 한 머리에 두 몸을 가진 소를 해석한 일관의 의견은 바로 온조왕의 정책 결정에 영향을 주었다. 이를 마한 병합의 징조로 받아들인 온조는 겉으로 사냥하는 체 위장하면서, 군사를 내어 몰래 마한으로 쳐들어가 국읍을 병합하였다. 국가의 중요한 정책 결정에 무당이 영향을 주었음은 다음 자료에서도 나타난다.

王都에서 老軀가 남자로 변하였고, 다섯 마리의 범이 성 안으로 들어왔다. 왕의 어머니가 죽었는데 나이가 61세였다(『삼국사기』 권23, 백제 온조왕 13년 춘정월조).

노구가 남자로 변하거나 범이 도성 안으로 들어오는 것은 분명히 요망한 징조이다. 이는 왕의 어머니가 죽는 사실을 은유적으로 나타낸 것이다. 이러한 사실은 모두 요망한 것으로 처리되어 수도를 옮기는 정책 결정에 영향을 주었다. 온조왕은 "우리나라의 동쪽에 낙랑이 자리했고, 북쪽에는 말갈이 있어 영토를 침략하므로 편안한 날이 적다. 하물며 요망한 징조가 자주 나타나고 국모가 돌아가시니 형세가 편안하지 못하다. 장차 도읍을 꼭 옮겨야 하겠다. 내가 어제 순행하여 한수 남쪽을 보니 땅이 기름지므로 마땅히 그 곳에 도읍을 정하여 길이 편안할 수 있는 계책을 도모하고자 한다(『삼국사기』 권23, 온조왕 13년조)"라고 하였다. 그리고는 이로부터 6개월 내에 한산 아래로 도읍을 옮겼다.

이 요망한 징조를 해석하여 온조왕의 정책에 영향을 준 일관이나 무당은 등장하지 않는다. 그러나 남자로 변한 노구는 무당으로서의 성격을 가진 인물이다. 무당은 천변지이나 자연의 징조를 요망한 사실로 해석하였다. 그것은 온조로 하여금 위례성을 수도로 삼아서는 국가가 편안할 수 없다는 판단을 내리게 하였다. 그리고 한산 아래로 서울을 옮기는 정책 결정에 영향을 주었다. 국도 이전과 같은 국가의 정책 결정에 무당이 중요한 자문 역할을 담당하였다. 고구려는 유리왕 22년(AD 3)에 국내성으로의 천도를 단행하였는데, 이러한 정책 결정에 왕은 무당의 자문을 구하였다.

제사에 사용할 돼지가 달아났으므로 왕이 희생을 주관하는 설지(薛支)에게 명령하여 이를 쫓아가 잡도록 하였다. 설지는 국내성(國內城) 위나암(尉那巖)에서 돼지를 잡았다. 돌아와서 왕에게 말하기를 "신이 돼지를 따라 국내성 위나암에 이르렀는데, 그 산수가 깊고 험하여, 땅은 오곡을 키우기에 알맞았거니와 순록과 사슴·물고기·자라가 많이 나는 것을 보았습니다. 만약 이 지역으로 수도를 옮기시면 백성의 이익이 끝없을 뿐만 아니라 전쟁의 걱정에서 벗어날 수도 있을 것입니다"라고 하였다(『삼국사기』 권13, 유리명왕 21년).

희생 제의를 주관하는 설지는 무당임에 틀림없다. 유리왕의 국내성으

로의 천도에는 설지의 의견이 강하게 작용하였다. 산상왕 12년(208)에
도 제사에 사용할 돼지가 달아나자 제의를 주관한 사람이 이를 잡으러
갔다. 그는 주통촌(酒桶村)에 이르러 돼지를 잡지 못하고 머뭇거렸는데,
20세쯤 되는 아름다운 여자가 앞으로 가서 잡았다. 이 여인은 곧 소후
(小后)가 되었다. 왕비의 간택에도 무당이 깊이 관여하였음을 알려준다.
  무당은 국가 중대사의 결정뿐만 아니라 재난을 방지하거나 제거하는
기능을 지녔다. 다음 기록을 참고해 보기로 하자.

> 서울의 노구가 여우로 되어 사라졌다. 두 마리의 호랑이가 남산에서 싸웠는데 잡으
> 려 하였으나 잡지 못했다(『삼국사기』 권26, 동성왕 25년 춘정월조).

  동성왕 때의 노구가 여우로 되었다거나 두 마리의 호랑이가 남산에서
싸웠다는 요상한 징조는 분명 재앙을 암시하는 것이다. 전 달에 나타난
징조에 이어 3월에 서리가 내려 보리를 해쳤다거나, 5월에 비가 오지 않
아 가뭄이 가을까지 계속되었다는 자연 재앙으로 연결되었다.
  동성왕은 요상한 기운과 자연 재앙을 계기로 7월에는 탄현(炭峴)에 목
책(木柵)을 설치하여 신라의 공격에 대비하였다. 8월에는 가림성(加林
城)을 쌓고, 위사좌평 백가(苩加)로 하여금 지키게 하였다. 동성왕이 탄
현에 목책을 쌓는 등 일련의 조치는 요상한 징조나 재앙에 대한 대비책
이었지만, 이는 성공적으로 수행되지는 않았다. 왜냐하면 그러한 징조
는 동성왕이 백가에게 피살되는 사실을 미리 경고한 인상을 주기 때문

이다. 백가는 병을 핑계 삼아 가림성으로 나아가지 않으려 했는데, 동성왕이 이를 허락하지 않았다. 이로 말미암아 그는 오히려 왕을 시해하였다.

다만 동성왕이 요상한 징조를 대처하기 위해 일관과 상의하였는지는 분명하지 않다. 다음 기록에서 이를 알 수 있다.

기러기 100마리가 왕궁에 모였다. 일관이 말하기를 "기러기는 백성의 상징입니다. 장차 먼데 있는 사람이 투항해 오는 자가 있을 것입니다"라고 하였다(『삼국사기』 권23, 온조왕 43년 9월조).

일관은 기러기가 왕궁에 모인 사실을 백성이 투항해 올 징조라고 해석하였다. 한 달쯤 후에 과연 남옥저의 구파해(仇頗解) 등이 귀순하자, 온조왕은 이들을 한산의 서쪽 땅에 살게 하였다.

온조왕이 투항해 온 남옥저 백성들을 받아들여 한산의 서쪽 땅에 살게 한 것은 일관의 조언으로 결정되었던 것이 분명하다. 백제에서는 국가의 정책 결정에 무당이 깊이 개입하였다. 이 같은 유풍이 정사암(政事巖) 신앙을 낳았다. 부여의 천정대(天政臺) 아래에는 정사암이라는 바위가 있었다. 국가에서 장차 재상을 뽑을 때에는 3·4명의 후보자 이름을 써서 상자에 넣고는 봉하여 여기에 놓아둔다. 얼마 후에 갖다 보고는 이름 위에 도장이 찍힌 사람을 재상으로 삼았다(『삼국유사』 권2, 남부여 전백제 북부여조).

정사암 위에 둔 이름에 도장이 찍혀서 재상으로 선택되는 과정은 무교신앙의 신이한 모습을 떠올리게 한다. 그것은 제정이 미분화되었던 상태에서 재상을 뽑을 때 무당이 깊이 관여한 풍속에서 유래되었다고 생각한다. 무당은 재난을 물리치는데 관여하였을 뿐만 아니라 재상의 임명이나 전쟁의 수행 등 국가의 중요 정책을 결정하는데 참여하였다. 이같은 기능으로 말미암아 무당은 뒤에 일관으로 정비되어 국가의 정책자문에 응하면서 앞으로 일어날 사태에 미리 능동적으로 대비하였다.

(2) 무교신앙의 내용

무당은 자연의 징조나 재난 등을 해석하여 이에 대처하는 기능을 가졌다. 이렇듯 자연의 징조를 해석하는 데에 주저하지 않았던 무당의 역할에서 무교신앙의 내용을 이끌어 낼 수 있다. 이는 당시 사람들의 정신세계의 한 단면을 적나라하게 보여주는 현상이기도 하다. 왕궁에 모여드는 기러기를 이웃 나라의 백성이 몰려올 징조로 해석하였다. 기러기는 아니지만 새의 등장을 백성이 모여드는 것으로 본 또 다른 내용이 보인다. 온조왕 20년 2월에 왕이 큰 단을 설치하고 친히 천지에 제사를 지냈는데, 이때 이상한 새 다섯 마리가 와서 날았다.

왕이 천지와 사직에 제사드리는 것은 국가의 중대사이다. 제사에 모여든 새에서는 앞의 기러기가 연상된다. 기러기가 이주해 온 백성의 상징이라면, 여기에 등장한 5마리의 새는 온조왕이 석두성(石頭城)이나 고목성(高木城) 또는 웅천책(熊川柵)을 세우고 일시적으로 백성을 초집

한 사실이 은유적으로 나타난다. 온조왕은 석두성과 고목성을 쌓은 다음, 말갈을 쳐서 백성들을 사로잡아 장수와 군사들에게 나눠주었다. 또한 웅진책을 세운 뒤 나라가 왕성하여 백성들이 모여들자, 마한왕은 영역을 침범한다면서 온조왕을 나무랐다.

우물이 불어나거나 큰물이 넘치는 것은 흥성할 징조로 생각되었다. 이는 특히 궁정이나 왕실과 연관되었을 경우 왕조의 흥왕으로 이어졌다. 김유신의 누이인 보희(寶姬)가 꿈에 서악(西岳)에 올라가 오줌을 누었더니, 서울에 가득 찼다. 아침에 언니로부터 꿈 이야기를 들은 문희(文姬)는 비단치마를 주고 그 꿈을 샀다. 태종 김춘추의 부인이 된 문희는 태자 법민(法敏)과 각간 인문(仁文)·문왕(文王)·노차(老且)·지경(智鏡)·개원(愷元) 등을 낳았다. 꿈을 산 징조가 이처럼 현실로 나타난 것이다. 문희의 소생이 삼국통일의 위업을 달성하면서 신라중대 사회를 활짝 열었다.

이외 비슷한 신앙은 고려왕조에까지 전승되었다. 왕건의 증조할머니인 진희(辰羲) 역시 언니가 꾼 꿈을 샀다. 그 내용은 오관산에 올라 오줌을 누니 천하가 잠기었다는 것이었다. 꿈을 산 진희는 왕위에 오르기 전에 천하를 유람하던 당나라 숙종(肅宗)을 만나 인연을 맺고, 그 사이에 작제건(作帝建)이 태어났다. 그가 왕건의 할아버지였다. 진희가 산 꿈의 징조는 고려국가의 출현을 암시한 것이다. 우물이 넘치거나 서울의 산하가 물에 잠기는 모습이 왕실이나 왕조의 흥왕을 알리는 신앙은 백제에서는 물론 신라나 고려에서까지 일반화되어 있었다.

머리 하나에 몸이 둘 달린 소는 온조왕이 진한과 마한을 병합할 징조로 믿었다. 이때의 소는 말이 낳은 것으로 기록되었다. 그러한 영이성 때문에 소가 숭배되었을 터이지만, 농업을 기반으로 한 마한이나 백제 초기 사회에서 소가 토템으로 숭배되었을 듯하다. 몸이 둘이면서 머리가 하나인 동물의 출현은 두 나라가 합병될 징조로 신앙되었다.

고구려에서도 비슷한 신앙이 나타난다. 대무신왕 3년에 부여왕 대소(帶素)가 머리는 하나인데 몸이 둘 달린 붉은 까마귀를 얻어 고구려로 보내왔다. 이때 붉은 까마귀는 상서로운 동물이고, 머리 하나에 몸이 둘 달린 것은 두 나라를 병합할 징조라고 해석하였다. 또한 북방의 색인 검은 색이 변하여 남방의 붉은 색이 되었기 때문에, 이러한 징조는 남쪽의 고구려가 북쪽의 부여를 병합할 것이라고 믿었다. 여기의 까마귀는 부여와 고구려의 시조신인 태양신을 상징한 토템 동물이다. 이는 백제 온조왕 때에 몸이 둘이면서 머리가 하나인 소와 같은 성격으로 이해된다.

무교신앙은 자연의 징조를 능동적으로 해석하여 장래의 국가정책을 수립하는데 기여하였다. 반면 요상한 기운이나 일상이 아닌 징조로 나타나기 때문에 이는 앞으로 밀어닥칠 재앙을 대비하려는 성격을 지녔다. 왕궁의 우물이나 왕도에 밀려오는 물결은 상서로운 징조로 이해되었다. 그러나 왕도의 우물이 핏빛이 되었거나, 왕흥사의 승려들이 큰 물결을 따라 배의 돛이 절문으로 들어오는 것을 보았다는 일 따위는 길사(吉事)가 아님을 예고해 준다.

핏빛으로 변한 물은 재앙을 암시하는 것이다. 의자왕 때에는 왕도의 우물뿐만 아니라 사비하(泗沘河)의 물도 핏빛처럼 변하였다. 다만 왕흥사로 밀려들어온 것은 큰 물결이라기보다는 편승하여 들어온 배의 돛에 의미를 두어 재앙을 몰고 올 것이라는 인상을 준다. 이는 적군의 침입을 연상시키는 가운데 소정방이 이끄는 수군의 내침과 관계된 듯하다. 백제가 망하기 직전인 의자왕 19년(659)과 20년에 나타난 일련의 징후는 모두 흉사와 연관한 것이다. 그러한 사례는 다음과 같다.

① 烏會寺(혹은 烏合寺)에 붉은 말이 밤낮으로 여섯 번이나 절을 돌아다녔다(『삼국유사』 권1, 태종춘추공조).

② 여러 마리의 여우가 궁궐 안으로 들어왔는데, 흰 여우 한 마리가 上佐平의 책상 위에 앉았다.

③ 태자궁의 암탉이 참새와 교미하였다.

④ 왕도 서남쪽의 사비하에 큰 물고기가 나와 죽었는데, 길이가 3丈이었다.

⑤ 여자의 시체가 生草津에 떠올랐는데 길이가 18자였다.

⑥ 궁중의 홰나무가 울었는데 사람이 곡하는 소리와 같았다. 밤에는 귀신이 궁궐 남쪽 길에서 울었다(이상 『삼국사기』 권28, 의자왕 19년조).

⑦ 서해 바닷가에서 조그만 물고기들이 나와 죽었는데, 백성이 다 먹을 수가 없었다.

⑧ 두꺼비와 개구리 수 만 마리가 나무 위에 모였다.

⑨ 王都의 저자 사람들이 까닭 없이 놀라 달아났는데, 마치 붙잡으려는 사람이 있는 것처럼 보였다. 넘어져 죽은 자가 100명이나 되었고, 재물을 잃은 것은 헤아릴

수 없었다.

⑩ 天王寺와 道讓寺 두 절의 탑에 벼락이 쳤으며, 白石寺 강단에도 벼락이 쳤다.

⑪ 검은 구름이 용과 같이 공중에서 동과 서로 나뉘어 서로 싸웠다.

⑫ 야생의 사슴과 같은 모양의 개 한 마리가 서쪽으로부터 사비하의 언덕에 이르러 왕궁을 향해 짓더니, 잠깐 사이에 간 곳을 알 수 없다.

⑬ 왕도의 여러 개들이 길가에 모여 혹은 짓고 혹은 물고 하다가 얼마 후에 흩어졌 다(『삼국사기』 권28, 의자왕 20년조).

백제에서 이상한 형상으로 등장하는 동물은 대체로 흉사를 예고하였 다. 붉은 말이나 흰 여우, 사슴 같은 모양을 한 개 등이 곧 그것이다. 길 이가 3장이나 되는 여자의 시체가 떠오르거나, 왕도에 여러 개가 모여 짖어댔다는 것도 같은 맥락으로 이해된다. 『삼국유사』에 오회사의 붉 은 말이 등장하는 시기는 의자왕 19년(659)이다. 그러나 『삼국사기』에 는 붉은 말이 오합사에 들어가 울면서 법당을 돌다가 며칠만에 죽었는 데, 그 시기가 의자왕 15년(655)으로 나온다. 어떻든 법당과 같은 종교 적인 상징성을 가진 장소에서 말이 죽는 것은 패전의 징후로 생각된다. 암탉이 참새와 교미하거나 두꺼비와 개구리 수 만 마리가 나무 위에 모 이는 등의 비정상적인 사건도 재난을 예고해 준다. 이 역시 전쟁을 암 시하는데, 특히 두꺼비나 개구리는 노한 상을 하고 있어서 그 상징성이 군사들의 출동과 연관된다.

백제에서 강이나 바다의 물고기가 죽어 나오는 것은 재난의 징조로 보이지만, 일반화되었던 것은 아니다. 통일신라시대이긴 하지만 백제 문화의 전통을 되살리려고 노력한 진표(眞表)는 강릉 지역에 흉년이 들어 굶주리는 백성을 구제하기 위해 계법을 강설하였다. 그리하여 고성(高城) 바닷가에 수많은 물고기가 저절로 죽어나오니, 사람들이 이것을 먹고 죽음을 면하였다. 벼락이 치고 홰나무가 울거나, 또는 용의 출현도 재난을 예고한다.

홰나무는 무교신앙 사회에서 숭배되었던 나무로 보인다. 다루왕 21년(48)에 궁중의 홰나무가 저절로 말라 죽었는데, 그로부터 한 달이 못되어 좌보 흘우(屹于)가 죽으므로 왕이 슬피 곡하였다. 홰나무가 말라 죽는 것이 대신의 죽음을 예고한 징조였다. 무교신앙 사회에서 용에 대한 신앙은 다양하게 나타난다. 이는 일반적으로 구름과 비를 몰아오는 농경 신앙과 연결된다. 용이 사는 개천에 오물을 버리면, 이를 씻기 위해 비를 내린다. 또 용이 사는 강물에 호랑이의 머리를 던져도 비를 내린다. 호랑이와 다투는 과정에서 용이 비를 내린다고 믿었던 것이다.

용은 제왕을 상징했기 때

부여 금동용봉봉래산 향로의 용모습 조각(국립부여박물관 소장).

반룡무늬 전돌. 용은 토착신앙에서 뿐만 아니라 신
선사상에서 숭배되었다(국립부여박물관 소장).

문에 비정상적인 출현은 제왕
의 죽음을 예고한다. 비유왕
이 죽기 직전에 한강에 검은
용이 나타났는데, 잠깐 동안
에 구름과 안개가 끼어 캄캄
해지더니 이내 날아가 버렸
다. 이로 말미암아 비유왕이
돌아갔다. 구름과 함께 출현
한 검은 용은 왕의 죽음을 예
시한다. 그 외에도 궁중의 큰
나무가 저절로 뽑히는 것은 왕이 돌아가는 징조였다. 실제로 근구수왕
은 해무리가 세 겹으로 둘러싼 가운데 큰 나무가 뽑히고 얼마 되지 않
아 죽었다.

　벼락이 치는 등 비정상적인 자연 재해는 재앙을 알리는 징조로 여겼
지만, 무교신앙 사회에서는 비교적 합리적인 사고로서 이를 예방하였
다. 기루왕 때에는 황새가 도성의 문 위에 집을 지었다. 이 역시 비정상
적인 현상으로 재앙을 예고한다. 과연 두 달도 못되어 큰 비가 열흘간
이나 내리는 통에 한강의 물이 넘쳐 민가들이 떠내려갔다. 황새가 도성
의 문에 둥지를 튼 것은 홍수를 예고하였다. 그런데 이 대목은 매우 합
리적인 사고를 깔고 있다. 홍수를 감지한 동물 특유의 감각에 따라 황
새는 둥지를 도성의 높은 곳에 틀었다. 이렇듯 백제 무교신앙은 비정상

적인 징후로써 자연의 재앙을 예고했지만, 그 밑바닥에 깔린 합리적인 사고를 내세웠던 것이다.

(3) 독자의 신앙권 설정

무당은 자연 징후를 빌려 앞으로 일어날 일을 예견했고, 이에 따라 들이닥칠 재난에 대비하였다. 이들 무당이 자연 재해에 대처하는 방식이나 제의를 주관하는 형식 등은 부족이나 읍락 단위로 이루어졌다. 그러니까 무교신앙은 읍락공동체 단위로 영위되었던 것이다. 별읍인 소도가 읍락 단위로 달리 운영되었음을 알려준다. 무교신앙은 합리적인 사고를 바탕으로 형성되었고, 저변에는 오랫동안 축적된 일상생활의 습속이나 경험이 깔려있었다. 이 때문에 무교신앙은 일탈의 특수한 것이라기보다는 보편적인 사고로 이루어졌다.

무교신앙에서 자연의 재해나 그 징후는 부족이나 읍락 단위의 신앙권별로 각기 달리 해석되었다. 다음 기록이 이를 알려준다.

귀신 하나가 궁궐 안으로 들어와 "백제가 망한다. 백제가 망한다"라고 크게 외치고는 곧 땅으로 들어갔다. 왕이 괴이히 여겨 사람을 시켜 땅을 파보게 했더니, 세 자가량의 깊이에서 한 마리의 거북이 나왔다. 그 등에 글이 씌어 있는데 "백제는 보름달과 같고 신라는 초승달과 같다"라고 하였다. 왕이 이를 물으니 무당이 말하기를 "보름달과 같은 것은 가득 찼다는 뜻입니다. 가득 차면 기울 것입니다. 초승달과 같다는 것은 아직 차지 않은 의미입니다. 차지 않으면 점점 가득 차게 될 것입니다"라

고 하였다. 왕이 노하여 그를 죽였다. 어느 사람이 말하기를 "보름달과 같다는 것은
왕성하다는 의미요, 초승달과 같다는 것은 미약하다는 의미입니다. 생각건대 우리
나라는 왕성하게 되고 신라는 점점 미약해진다는 뜻인가 합니다"라고 하였다. 이에
왕이 기뻐하였다(『삼국사기』권28, 의자왕 19년 5월조).

백제는 망한다는 말을 외쳤던 귀신이 땅 속으로 들어갔을 때 파서 출
현한 거북과 그 등에 보인 글씨는 무교신앙의 징후로 중시되었다. 백제
는 보름달과 같고 신라는 초승달과 같다는 문구의 내용을 달리 해석한
것이 흥미롭다. 처음 이 글을 본 무당은 백제가 망하고 신라가 새로 일
어날 징조로 해석하였다. 의자왕은 이 해석에 불만을 품고는 무당을 살
해하였다. 이에 비해 백제는 왕성하고 신라는 미약할 징조라고 해석한
다른 사람도 또한 무당이었음이 분명하다. 거북의 등에 쓴 글의 내용을
서로 달리 해석한 이들은 무당 곧 제사장이었고, 그 중 한 제사장은 왕
실과 입장을 달리하였다.
국왕과 부족장은 모두 족적 기반을 가졌거니와, 제사장적 성격을 가
진 무당으로서의 전통도 지녔다. 국왕과 부족장은 모두 무교신앙집단
속에 포함되었다. 다음 기록에서 이런 면을 추측할 수 있다.

가을 8월에 犧牲에 사용할 돼지가 도망가니, 왕은 託利와 斯卑를 시켜 쫓게 하였다.
(그들은) 長屋澤 가운데에 이르러 (돼지를) 찾아내어 칼로 그 다리를 잘랐다. 왕은
이것을 듣고 노하여 "제천에 사용될 희생을 어떻게 상하게 할 수 있는가"라 하고,

마침내 두 사람을 구덩이 속에 빠트려 죽였다. 9월에 왕이 병에 걸렸는데, 무당이 말하기를 "탁리와 사비로 말미암은 것입니다"라고 하였다. 왕이 사람을 시켜 사죄 하니, 곧 병이 나았다(『삼국사기』 권13, 유리명왕. 19년).

고구려 유리왕 때의 탁리와 사비는 제사장인 무당이었을 것이다. 왜 냐하면 유리왕 때에 도망간 돼지를 찾아나섰던 설지(薛支)가 희생을 주 관한 사제자였으므로, 탁리와 사비의 경우도 같이 파악할 수 있기 때문 이다.

탁리와 사비는 왕과 이해를 같이하였던 무당은 아닐 것으로 보인다. 그들이 왕에 의해 죽음을 당했던 것이 이를 뒷받침한다. 다만 왕의 병 을 치료해 준 무당은 왕과 친밀한 관계였고, 왕의 입장을 대변하였다. 탁리와 사비가 죽음을 당하는 이유는 희생용 돼지의 다리를 끊었기 때 문이었다. 그러나 아무런 이유 없이 다리를 끊지는 않았을 것이다. 이 를테면 그들이 다리를 끊었다는 것은 제사 행위로 보아야 한다. 곧 무 당으로서의 직능을 수행한 셈이다. 이 사실은 탁리와 사비의 무교신앙 이 왕의 신앙과 맞지 않아 거세되었음을 알려준다. 그런데 왕이 결국은 탁리와 사비를 받들어 혼령에게 사과하였다. 이 같은 결과의 실질적인 원인은 탁리와 사비의 부족세력이 배경으로 작용하였기 때문이겠지만, 왕의 무교신앙과 대립되었던 그들의 무교신앙이 인정을 받았다는 데서 도 찾아진다.

부족장들이 저마다 제사장으로의 전통을 지녔던 무교신앙 사회의 특성을 이해할 필요가 있다. 머리 하나에 몸이 둘인 붉은 까마귀의 출현에 대한 대소와 대무신왕의 해석이 달랐다. 대소는 부여가 고구려를 병합할 징조로 해석하였으나, 대무신왕은 오히려 고구려가 부여를 병합할 징조로 풀이했던 것이다. 대소와 대무신왕이 지닌 무교신앙은 전혀별개여서 독립적으로 운영되었다. 혹은 무교신앙의 내용이 같았더라도때에 따라 해석이 다를 수도 있었다.

서로 다른 신앙권에서 각기 달리 해석한 무교신앙은 자연 절대적인것이 될 수 없다. 부족이나 읍락공동체를 달리한 신앙권에서 자연의 재해나 그 징후를 해석하는 무교신앙의 내용은 달랐다. 또한 같은 부족공동체 내에서도 이를 해석하는 무교신앙은 달리 나타났다. 고구려의 차대왕이 평유원(平儒原)에 사냥을 갔을 때 흰 여우가 따라오며 울어 대는통에 화살을 쏘았으나 맞지 않았다. 무당에게 물으니 "여우는 요망스런짐승으로서 길하고 상서로운 일이 아니며 흰색 또한 기이합니다. 아마하늘이 요괴함을 보여서 임금으로 하여금 두려워하고 몸을 닦아 반성하기를 바라는 것입니다. 만약 임금이 덕을 닦으면 가히 화가 복으로될 것입니다"라고 답하였다. 그러나 차대왕은 "흉(兇)한 즉 흉한 것이고 길(吉)한 즉 길한 것인데, 너는 어찌 요괴로써 복이 된다고 속이느냐"(『삼국사기』권15, 次大王 3년조)라고 하면서 드디어 그를 죽였다.

차대왕은 흉한 즉 흉하고 길한 즉 길하다고 하였다. 이에 비해 태조왕은 흉이 변해 길한 것으로 될 수 있다고 믿었다. 태조왕은 표범이 호랑이 꼬리를 무는 꿈을 꾸고는 그 길흉을 물었다. 이에 왕족 중의 한 사람이 대왕의 자리를 넘보는 것이라고 해석하였다. 이를 들은 태조왕이 기뻐하지 않았다. 그러나 고복장(高福章)이 말하기를 "선(善)을 베풀지 않으면 길도 변하여 흉이 되고, 선을 베풀면 즉 재앙이 변하여 복이 됩니다"라고 하였다(『삼국사기』 권15, 태조왕 90년조). 고복장은 우보(右輔)로 제사장적 성격을 지녔거니와, 태조왕의 꿈을 처음으로 해석한 사람도 무당이었다. 왕의 꿈에 대한 무당과 고복장의 해석이 달랐는데, 태조왕은 고복장의 의견을 좇아 흉이 변하여 길이 될 수 있다고 하였다.

백제와 나당연합군의 싸움 과정에서도 무속신앙의 내용이 달리 파악되거나, 또는 흉한 징후를 길로 바꾸는 양상을 보여준다. 다음 내용이 이를 알려준다.

① 이때 김유신이 달려와서 아뢰기를 "일이 급하오니 사람의 힘으로는 어찌할 수 없고 오직 神術이라야만 구할 수 있을 것입니다"라며 星浮山에 단을 쌓고 신술을 쓰자, 갑자기 큰 독만한 빛이 단 위에서 나와 별처럼 날아서 북쪽으로 갔다.

② 唐나라와 신라 군사는 합세하여 진군하고 津口까지 육박하여 바닷가에 주둔하였다. 이때 갑자기 새가 蘇定方의 진영 위에 맴돌므로 사람을 시켜 이를 점치니, 반드시 元帥가 상할 것이라고 했다. 소정방이 두려워하여 군사를 물리고 나가지 않으려 하자, 유신이 정방에게 말하기를 "어찌 새의 괴상한 일 때문에 天時를 어긴단 말이오? 하늘에 응하고 민심에 순종해서 지극히 어질지 못한 사람을 치는데 어찌 상서롭지 못한 일이 있겠소"라 하고 칼을 뽑아 그 새를 겨누어 쳤다. 그 새는 몸뚱이가 찢어져서 그들 앞에 떨어졌다(『삼국유사』 권1, 태종춘추공조).

성부산 아래에서의 싸움은 백제가 평정되고 난 다음에 일어났다. 신라는 백제의 부흥군을 무찌르기 위해 한산성에 주둔했는데, 마침 고구려와 말갈의 침입을 받았다. 이때 신라군이 불리한 형세에 처하자 김유신이 신술로써 이를 타개하였다. 곧 남쪽으로부터 광채가 날아오더니 벼락이 되어 적군을 쳐부수었다. 성부산에 대해서는 다른 전설이 전하기도 한다. 비담(毗曇)과 염종(廉宗)이 여자 임금으로 말미암아 나라가 잘 다스려지지 않는다는 이유로 난을 일으켰는데, 마침 월성에 큰 별이 떨어졌다. 이에 비담 등은 큰 별이 떨어져 반드시 피를 흘릴 것이라며, 여왕이 패할 징조라고 선전하였다. 왕이 두려워하자 김유신은 허수아비를 만들어 불을 붙인 다음 연에 실어 하늘로 올라가듯이 띄우고는 "어젯밤에 떨어진 별이 다시 올라갔다"라고 하였다. 그래서 재앙을 방지하게 되었다.

성부산에 얽힌 무교신앙은 혼란된 양상을 보인다. 이는 다만 김유신과 연관되었는데, 모두 불리한 형국을 고쳐 유리하게끔 바꾸었다. 이같은 이유에서 떨어진 별을 다시 하늘로 올리는 김유신의 신술이 비담의 난에 비해 더 진실에 가까웠을 듯하다. 김유신은 자연의 징후를 감지하고는 이에 따른 재난을 극복하면서 형국을 호전시키고 있다. 그러한 사실은 성부산에 나타난 별똥별의 모습을 해석하는데 다름이 있었음을 알려주기에 충분하다. 다음 내용도 이런 면을 생각하게 한다.

한 사람이 벼슬을 구해 보려고 그 아들에게 명하여 큰 횃불을 만들어서, 밤에 이 산에 올라가게 하였다. 이날 밤에 사람들이 이 불을 보고 모두 거기에 별이 나타났다고 괴상히 여겼다. 왕이 이 소식을 듣고 근심하여 사람을 모아 빌게 했더니, 그 아버지가 여기에 응모하려 했다. 이때에 일관이 아뢰기를 "이것은 괴상한 일이 아니옵고 다만 한 집에 아들이 죽고 아버지가 울 징조입니다"라고 했다. 드디어 비는 것을 중지했더니 이날 밤에 그 아들이 산에서 내려오다가 범에게 물려 죽었다(『삼국유사』권1, 태종춘추공조).

성부산에 나타난 별똥별에 대해 다른 무당은 한 집에 아들이 죽고 아버지가 울 징조로 해석하였다. 이렇듯 성부산에 나타난 별똥별은 재난의 징조로 이해되었지만, 이를 바꾸어 형국을 전환시킨 것은 흥미롭다. 나당연합군이 이미 백강(白江)과 탄현을 지났고, 계백장군도 전사하였다. 그러나 백제의 저항은 계속되었다. 나당연합군이 진구(津口)에 주둔했을 당시 진영 위를 맴도는 새를 원수가 다치는 징조로 여겼다. 그런데 유신은 그 새를 칼로 내려쳐 죽임으로써 군사들의 두려움을 없애고, 백제군사를 크게 물리쳤다.

부족이나 읍락공동체 등 신앙권 별로 무교신앙은 독자적인 이해 체계를 유지하였다. 같은 신앙권 내에서도 달리 해석될 소지를 가졌던 것이다. 재난이 뒤따를 징후까지도 고쳐 좋은 형국으로 바꾸어 놓았다. 이유는 무교신앙 내에 절대적인 가치 기준이 설정되지 않았다는 데에서 찾아진다. 길함과 불길함은 정해진 것이 아니라 오로지 사람들이 불러드리는 것으로 이해되었다. 은나라 주왕(紂王)은 붉은 새가 나타나는 상서로운 기운들 맞고서도 망하였고, 노나라는 기린을 얻고도 쇠퇴하였다. 또한 은나라 고종은 불길하게 장끼가 울어 대는 가운데서도 중흥을 이루었다. 그러므로 덕을 쌓아 요사한 것을 이기고자 하는 의지가 필요하였다.

무교신앙은 제정일치 시대의 윤리 체계가 잡히면서 형성되었다. 그리고 무당은 부족공동체에 기반을 둔 부족장이었던 동시에 제사장으로의 기능을 가졌다. 연맹왕국이 성립되면서 부족장들은 연맹왕 밑의 신하로 등장하였지만, 사실은 독립적인 부족 기반을 그대로 유지하였다. 그들은 왕과 동등한 무교신앙을 소유한 그룹이었다. 무교신앙에는 절대적인 권위가 없다. 왕이 표방하는 무교신앙이라 해서 다른 부족장들이 소유한 신앙보다 특별히 우월하지 않았다. 이 점은 무교신앙이 연맹왕국을 성립시키기까지 부족장적인 윤리로서 유지되었지만, 중앙집권적인 귀족국가가 성립된 후 강력한 전제왕권의 이념으로서는 부족하였다. 왕실이 부족장들을 중앙의 귀족으로 편제하면서 강력한 전제왕권 수립을 시도했을 때, 무교신앙과는 다른 관념을 필요로 하였다.

3. 백제 건국신화의 형성과 그 전승

1) 현전하는 백제의 건국신화

백제 시조의 건국설화를 신화로 이해하는 문제에는 의문이 따른다.[40]

그러나 삼국 중 유독 백제만이 건국신화가 없다는 것도 쉽게 수긍되지
않는다.[41] 설화로 이루어진 건국신화가 기록되기까지 상당한 기간을 전
승하는 과정에서 본래의 원형이 변하였다. 이 같은 과정을 겪으면서 신
화로서의 모습이 뚜렷하게 부각되기도 하지만, 오히려 빠져나갈 수도
있다. 백제의 시조설화 역시 전승되는 과정에서 모습을 조금씩 변개하
여 갔다.

　백제 시조에 관해서는 여러 설이 있다. 가장 자세한 것은 『삼국사기』
백제본기의 첫머리에 실린 온조(溫祚)와 비류(沸流) 시조전승이다. 그
중에서도 온조 시조전승이 중요한 부분이다. 온조왕의 아버지는 추모
(鄒牟) 혹은 주몽(朱夢)인데, 북부여로부터 난을 피하여 졸본부여(卒本
扶餘)에 이르렀다. 부여왕은 아들이 없고 다만 딸이 셋 있었는데, 주몽

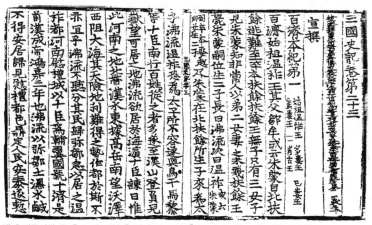

백제 건국신화 중 온조 시조전승을 알려주는 사료(『삼국사기』 권23, 온조왕 즉위조).

을 보자 비상한 사람임을 알고 둘째 딸로서 그의 아내를 삼았다. 얼마 가지 않아 부여왕이 죽고 주몽이 왕위를 이어 두 아들을 낳았는데, 장자를 비류라 하고 차자를 온조라고 불렀다(혹은 주몽이 졸본에 이르러 越郡女를 아내로 맞아 두 아들을 낳았다고 한다).

주몽이 북부여에 있을 때 낳았던 아들이 와서 태자가 되므로, 비류와 온조는 태자로부터 용납되지 못할 것을 두려워하여 오간(烏干)·마려 (馬黎) 등 10신하와 더불어 남쪽으로 떠나니, 백성들도 이를 따라 나서는 사람들이 많았다. 드디어 한산(漢山)에 이르러 부아악(負兒嶽)에 올라 가히 거주할만한 땅을 바라보았다. 비류는 바닷가로 나아가 거주하고자 하므로, 10신하가 간하였다. "생각하건대 이 하남(河南)의 땅은 북으로 한수를 끼고 동으로 높은 산에 의거하였고, 남으로 기름진 들과 물을 바라보고 서쪽은 대해로 가로 막혀, 그 천험한 지리를 얻기 어려운 형세를 이루었으니, 여기다 도읍을 세우는 것이 좋지 않습니까"라고 하였다.

비류는 이 말을 듣지 않고, 백성을 나누어 미추홀(彌鄒忽)로 가서 거주하였다. 온조는 하남 위례성(慰禮城)에 도읍을 정하고 10신하로서 보필을 삼아 국호를 십제(十濟)라 하였는데, 이때가 BC 18년이다. 비류는 미추홀의 땅이 습하고 물이 짜서 안거할 수 없으므로 위례성으로 돌아와 보니, 도읍이 안정되어 인민이 편안하고 넉넉함으로 드디어 참회하고 죽었다. 그의 신하나 백성들은 모두 위례성으로 돌아갔으며, 그 후로부터 날로 백성들이 즐겁게 따르므로 국호를 백제라고 하였다. 그 세계는 고구려와 마찬가지로 부여에서 나왔기 때문에 부여로서 성씨를 삼았다.

시조를 비류로 삼는 별전은 위에 언급한 온조 설화 바로 다음에 주로 기록되었는데, 이 내용이 상당히 달라 주목된다. 백제의 시조는 비류왕이고 그의 아버지는 우대(優台)로서 북부여왕 해부루(解扶婁)의 서손이며, 그의 어머니는 소서노(小西奴)로 졸본 사람 연타발(延陀勃)의 딸이다. 소서노는 처음에 우대에게로 와서 두 아들을 낳았는데, 장자는 비류이고 차자는 온조이다. 우대가 죽어 홀로 된 소서노는 졸본으로 와서 살았다.

후에 주몽이 부여에서 용납되지 않아 BC 37년 2월에 남쪽 졸본으로 달아나서 도읍을 세우고 국호를 고구려라 하였다. 이어 주몽은 소서노를 아내로 맞아 왕비로 삼았다. 창업의 기반을 닦을 때에 자못 내조가 뒤따랐기 때문에 주몽은 소서노를 총애하고 특별히 후대하여 비류 등을 자기의 아들같이 대하였다. 그런데 주몽이 부여에 있을 때 예씨(禮氏)에게서 난 아들 유류(孺留)가 와서 태자가 되고, 드디어 왕위를 계승하였다.

이에 비류는 동생 온조에게 말하기를 "처음에 대왕이 부여에서 난을 피해 이곳에 이르렀으므로 우리 어머니는 집안의 재산을 기울여 방업(邦業)을 조성하기에 힘을 쏟았다. 그런데 대왕이 돌아가자 국가는 유류에게 돌아갔다. 우리들이 여기에 있으면서 근심하며 울적하게 지내기보다는 차라리 어머니를 모시고 남쪽으로 가서 좋은 땅을 찾아 나라를 세우고 도읍을 건립하는 것만 못하다"고 하였다. 드디어 비류는 아우 온조와 그 무리를 거느리고, 패수(浿水)와 대수(帶水)를 건너 미추홀에 이르러 거주하였다.

이 두 계통의 백제 시조설화를 비교하면서, 그 중 일치한 내용을 중심으로 합리적인 해석을 찾고자 한다. 부여의 부루로부터 그 계통을 잇는 두 시조설화는 서로 관련되는 백제 시조전승이다. 반면 비류 시조전승이나 온조 시조전승이 본래 서로 관련된 것이 아니라 도리어 별개로 꾸며진 것으로 이해되기도 한다.[42] 비류 시조전승과 온조 시조전승은 별개라고 하더라도, 그 사이의 연관성을 완전히 배제하기는 힘들 것이다. 두 시조전승을 간략하게 제시하면 다음 〈표 1〉과 같다.

〈표 1〉 백제의 건국신화

① 온조 시조전승

② 비류 시조전승

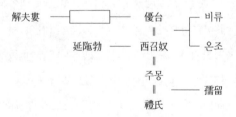

이 외에 간략하지만 도모(都慕) 시조전승과 구대(仇台) 시조전승이 따로 전하고 있다. 도모 시조전승은 일본측 사서에만 전한다. 백제 태조 도모대왕은 일신(日神)의 강령으로 일찍이 부여에서 개국하였다. 천제로부터 녹부(籙符)를 받았으며, 제한(諸韓)을 총괄하여 왕이라 칭하였다. 도모 시조전승은 일본으로 이주한 백제 왕족에 의해 한결같이 주장되었다. 『신찬성씨록(新撰姓氏錄)』에 나오는 화조신(和朝臣)·백제공(百濟公)·백제조신(百濟朝臣, 이상 左京諸蕃조)·백제기(百濟伎)·불파련(不破連, 이상 右京諸蕃조)·하내련(河內連, 河內國諸蕃조) 등은 도모의 후손이다.

도모의 일본어 발음이 주몽과 근사하기 때문에 도모 시조전승은 백제가 고구려와 함께 부여와 같은 계통임을 내세우면서도 『삼국사기』에서와는 달리 주몽을 시조로 이해하려는 것이다. 이것은 일본으로 망명한 백제 왕족들의 정치적 입장을 반영하고 있다. 일본 사서의 시조 도모 시조전승은 부여계를 내세운다는 점에서 비류나 온조 시조전승과도 연결된다.

구대 시조전승은 중국측 사서에 기록되었는데, 상기한 시조전승과는 차이가 있다. 동명(東明)의 후손에 구대가 있었으니, 매우 어질고 신의가 두터웠다. 구대가 처음으로 대방의 고지에 나라를 세웠다. 한의 요동태수 공손탁이 딸을 주어 아내를 삼았다. 마침내 그는 삼한 중에서 강국을 이루었다.[43] 그는 동명의 후손이므로 주몽의 아들인 비류나 온조와는 세대를 달리함이 분명하다. 구대는 구이(仇怡) 곧 고이(古爾)와 발음상으로 비슷하기 때문에 구대 시조전승은 고이왕이 백제의 실질적인 시조가 되면서 만들어진 것으로 생각된다.[44]

구대가 고이왕으로 추론된다면, 구대 시조전승은 앞의 세 시조전승과는 분명히 달라 보인다. 이는 부여계 전승임을 부인할 수 없다. 구대는 주몽의 후손으로 기록되었거니와, 중국 사서에 나오는 구대전승은 색리국(索離國) 또는 고구려와 연관하여 설명하였다. 이는 모두『삼국지』동이전 부여전의 끝에 실린 고리국(高離國)의 시비가 동명을 낳는 설화와 연관된다. 백제 건국에 관한 시조전승은 비록 내용이 조금씩 다를지라도 서로가 어느 정도 관련되어 백제 건국에 관한 일정한 사실을 알려준다.

『삼국사기』백제본기의 기사는 매우 소략하다. 그 이유는 고려시대에까지 전승되는 과정에서 많이 인멸되었기 때문이다. 백제의 건국 내지 시조전승에 관한 신화는 상당수 존재했겠지만, 고려중기에까지 전해진 것은 극히 적었다. 그리고 내용이 많이 빠져 나갔다. 이때에 얼마 되지 않은 부족한 사료로 백제사를 재구성하면서, 건국신화나 시조전승에 포함되었던 내용이 백제본기 속에 분산 기록되었다.[45] 건국신화가 시조신화로서의 성격을 약간 간직한 것은 그 본래의 모습이 변형되었기 때문이다.

백제의 건국신화는 여러 요인으로 변형되었다. 이를 가능한 정확하게 복원하는 작업이 백제 초기의 사회상을 이해하는데 대단히 중요하다. 백제 건국신화의 복원을 위해 비록 고대의 설화적 요소가 많이 탈락했을 지라도, 현재 전하는 시조전승은 대단히 중요하게 분석되어야 한다. 건국신화의 여러 내용은 완전히 탈락된 경우도 있지만, 시조인 온조(또는 비류)의 공적을 기리는 방향에서 편년체 역사기록으로 재편되었을 것이다. 이 때문에 백제본기의 초기 기사를 재구성하려는 노력이 뒤따라야 한다.

2) 건국신화의 초기 모습과 전승

(1) 온조신화의 초기 형태

백제 건국에 관한 시조전승 중 중요한 것은 시조 온조와 비류 설화이다. 백제 건국신화를 고찰할 때 내용이 상대적으로 풍부한 온조 시조전승이나 비류 시조전승이 고려의 대상이 될 수밖에 없다. 그런데 두 시조전승은 모두『삼국사기』백제본기에 전하는데, 여기서는 온조 시조전승을 전면에 내세워 부각시켰다. 이에 반해 비류 시조전승은 세주(細註)로 첨가하였다. 곧『삼국사기』는 백제의 시조전승을 온조 설화 중심으로 꾸며 놓은 셈이다.

백제 건국에 관한 여러 시조전승은 모두 그 나름대로의 의미를 지녀, 초기 백제의 사회상을 알려주는데 일정한 역할을 한다. 그래서 이를 서로 보완하여 고찰할 때, 백제 건국신화의 본 모습을 올바르게 이해할 수 있다. 편의상『삼국사기』의 기록을 주된 고려의 대상으로 삼을 수밖에 없는데, 이 경우 온조 시조전승을 중심으로 비류 시조전승이나 그

외의 시조전승을 살펴야 할 것이다.

온조 시조전승은 합리적으로 기록됨으로서 온조를 신화적 요소가 전혀 없는 역사적 인물로 그리고 있다.[46] 그 이유는 고려시대에 인멸된 백제관계 기록을 토대로 백제사를 재편할 때 온조 시조전승에 관한 설화의 상당수가 백제본기의 연대기 속에 분류되어 들어갔기 때문이다. 그런 과정에서 온조 시조전승은 신화적 성격이 거의 대부분 탈락되었지만, 본래는 백제 건국신화였다. 온조 시조전승이 건국신화로 이해된다면, 이는 천신계와 지신계로 이어지는 신의 계보를 지녀야 한다.

온조가 바로 신의 아들은 아니지만, 그의 부친인 주몽과 연관하여 가계를 신으로 잇고 있다. 또한 도모 시조전승은 백제 시조가 일신의 강영(降靈)으로 태어났다고 하였다.[47] 도모는 주몽으로 추정되어, 도모 시조전승에서는 백제의 건국시조가 바로 일신의 자손이었다는 신앙이 나타나 있다. 온조 부족은 일신을 숭배하는 천신계 신앙을 지녔고, 북쪽에서 유이해 왔다. 다만 백제 건국신화를 확실하게 제시하는 길은 지신계 전승을 이끌어내는 작업인데, 이는 분명하게 나타나지 않는다. 백제 초기의 국모신앙은 지신계 전승의 존재를 알려준다.

백제 온조왕 원년에 동명왕묘를 세우고, 같은 왕 17년에는 국모묘를 세웠다. 국모묘를 세운 것은 국모가 온조왕 13년에 돌아갔기 때문이라 한다. 상징적이기는 하나 돌아간 직후가 아니라, 무려 4년이 지난 다음에 설치되었던 국모묘에는 뭔가 복잡한 사정이 있었던 듯하다. 노구가 남자로 변하고, 다섯 호랑이가 도성에 들어오는 요상한 기운이 국모의 죽음과 연관되었다. 뿐만 아니라 국모의 죽음과 국가의 불안이 서로 얽혀 있다. 이런 점은 국모묘의 설립이 단순히 국모 개인을 위함이 아니었을 것으로 추측된다. 국모묘가 건립되고 난 후인 온조왕 22년에 큰 단을 설치하여 〈천지〉에 대해 제사하였다.[48] 이때 왕이 제사한 〈천지〉는 천신과 지신으로 이해된다.[49] 천신과 지신은 온조의 천신족 전승과 국모의 지신족 전승의 존재를 확인시켜준다.

국모묘는 비록 동명묘보다 뒤에 세운 것으로 기록되었지만, 그것과 얽힌 지신족 신앙은 온조 부족이 내려오기 이전부터 토착한 여러 부족 사이에서 믿어졌다. 그것은 고구려의 하백이나 신라의 알영에서와 같은 지모신적 존재였다. 백제 국모묘에는 온조의 어머니를 모셨는데, 이와 연결된 지신족 신앙의 구체적 모습을 이끌어 내는 작업은 퍽 중요하다. 백제 왕실의 서동(薯童)설화나, 견훤의 탄생 설화에는 백제 건국신화 중 지신족 신앙의 성격을 일깨우는 요소가 내포되었다. 이 두 설화는 구전되는 동안에 많은 부분이 탈락되어 민담이나 전설로 남았지만, 애초에는 백제 왕실과 관련한 신화였을 것이다.

서동설화에는 무왕의 즉위 과정을 알려 주는 내용이 들어가 있다. 선화공주와 결혼하여 백제왕으로 등극하기까지의 사연을 담은 설화에는 무왕이 마치 새로운 국가를 건설해 가는 듯한 개척자적인 영웅으로 묘사되었다. 이 점은 백제 왕실 내에 신앙되었던 지신족 신앙과의 연관을 생각할 수도 있다. 또 「이비가기(李碑家記)」에 나오는 견훤의 가계는 신라 진흥대왕의 후손으로 연결되었지만, 그의 탄생 설화는 지렁이와 연

관되어 있다. 신라 왕실과 연결시키면서 이와 동등한 비중으로 지렁이
에 얽힌 탄생 설화를 내세운 셈이다.

지렁이와 연결된 탄생 설화는 백제 왕실의 신화적 전승과 관련된다.
후삼국시대 견훤의 정치적 성향으로 보아, 그는 백제 왕실의 전통을 의
식하고 그것과 연관된 신앙을 유념했을 것이다. 밤에 몰래 왔다 가는
야래자(夜來者) 설화의 주인공으로 자주 등장하는 용과 지렁이는 성씨
나 마을·국가의 시조가 되기도 하였다. 오늘날 구전되는 야래자 설화
는 대체로 호남 지역에 널리 퍼져 있으며, 본래는 시조전설 내지 시조
신화로서 백제 왕실과 관련이 깊었다.[50]

서동 설화나 견훤의 탄생 설화 속의 용이나 지렁이는 수신이다. 백제
건국신화 속의 지신으로 국모묘에서 받들었던 신은 수신이었다. 용이
나 지렁이는 동굴과 연관되었다. 견훤 탄생 설화 속의 지렁이는 담장
밑에 살았다. 이는 수신이지만, 동굴에 거주한 고구려의 수신(隧神)과
다를 것 같지 않다. 고구려의 부여신은 수신 곧 동굴신으로 나타난다.
백제의 국모에 대한 신앙도 고구려의 그것과 비슷한 것이었다.

온조 시조전승은 그 내용이 빠져 나갔거나, 연대기 기사로 분산 기록
되어 신화로서의 모습이 약하게 나타난다. 그러나 온조의 부계는 일신
으로 연결되었고, 모계는 지신으로 이어졌다. 이것은 태양신의 후예인
온조 부족이 유이해 오면서 선주한 수신 내지 동굴신의 후예인 토착부
족과 결합한 가운데 성읍국가의 개국과 함께 이루어진 시조신화이기도
하다.

(2) 건국신화의 전승

백제 시조 온조신화는 본래 성읍국가 단계의 백제(伯濟) 건국에 관한
것이다. 이 부분에서는 청동기시대의 문화 요소나 사회 현상을 들추어
낼 필요가 있다. 현재 전하는 백제 온조 시조전승 속에는 철기시대 이후
의 문화 요소가 주로 간직되었다. 주몽의 태자인 유리(類利)가 북부여로
부터 오자, 온조와 비류는 남쪽으로 새로운 천지를 찾아 떠났다. 영웅전
승적 성격을 갖춘 그들은 새로운 천지를 찾아 국가를 건설하였다.

온조 시조전승에는 영웅전승적 성격이 내포되었다. 오간 · 마려 등 10
신하는 새로운 천지를 찾아 개척하여 갈 때 온조가 거느린 무사단으로
이해된다. 온조는 주몽과 부자 관계로 연결되지만, 온조 시조전승에서
주몽의 권위는 오히려 격하된 셈이다. 반면 온조의 어머니인 졸본왕녀

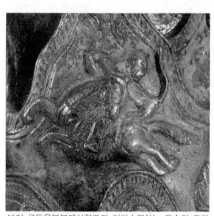

부여 금동용봉봉래산향로의 기마수렵하는 모습의 조각
(국립부여박물관 소장).

가 부각되어 마치 주몽은
졸본왕녀의 기반 위에서 일
어나는 것처럼 묘사되었다.
또한 고구려 시조 주몽신화
에서 주몽은 예씨와 결혼하
지만, 온조 시조전승에서는
주몽이 예씨와 결혼한 후
다시 졸본왕녀와 결혼한 사
실이 가부장적인 논리로 구
성되었다. 그렇다면 온조신

화가 정착되는 시기는 성읍국가 단계의 백제국 건국보다 훨씬 후기의 일이고, 적어도 철기문화의 기반을 떠나 생각할 수는 없다.

온조 시조전승에 반영된 가부장적인 논리가 뒷날 유교 이념으로 부회하여 윤색되기도 하였다. 그러나 신화로 체계를 갖춘 시기는 가부장적인 사회 질서 성립과 연관된다. 왜냐하면 백제 건국신화에서는 온조의 남하 사실이 가장 중요한 부분인데, 이것은 가부장적 논리 위에 전개되었기 때문이다. 주몽과 예씨나 졸본왕녀는 백제 건국신화를 전개시키는 기본 틀이 되었다. 이 같은 점은 또 다른 건국시조인 비류 시조전승에서도 마찬가지로 나타났다.

백제 건국신화에서 중요한 부분으로 지적되어야 할 것은 주몽과 졸본왕녀의 소생인 비류나 온조가 형제로 등장한다는 점이다. 비류와 온조가 형제로서의 신화적 요소를 이루기 전에는 각각 성읍국가를 세우는 독립된 시조신화를 먼저 형성하였다. 백제 건국신화는 단순히 선택된 천신족과 지신족이 결합한 일종의 선민(選民)의식을 내세우는 성읍국가 단계의 개국신화가 아니라 그것이 다시 결합하는 연맹왕국 단계의 건국신화이다. 비류 시조전승도 온조 시조전승처럼, 본래는 성읍국가의 개국신화였다.

신라하대에 금관가야국(金官伽耶國)과 대가야국을 하나로 묶는 이른바 연맹왕국의 기반 위에 형성된 건국신화가 존재하였다. 그럼에도 뒷날 고려 초기에 기록되었던 「가락국기(駕洛國記)」는 김해 지방을 중심으로 한 금관가야국의 건국신화를 자세히 기술하였다. 이로 미루어 보아 대가야국의 건국신화 역시 따로 존재했을 것이다. 이렇듯 본래는 따로 존재했던 백제의 온조 시조전승과 비류 시조전승의 관계를 조금 더 구체적으로 설정하기 위해 두 전승의 내용을 비교하면 다음 〈표 2〉와 같다.

〈표 2〉 온조·비류 시조전승의 비교

	온 조 전 승	비 류 전 승
부 계	주몽이 生父 주몽의 가부장적 혼인이 반영	優台가 生父, 주몽은 義父 주몽의 가부장적 혼인이 반영
모 계	졸본왕의 第二女, 혹은 越郡女 對偶婚이 사라짐	召西奴(延陁勃의 딸) 대우혼이 행해짐
남하 집단	온조·비류 형제와 烏干·馬黎 등 十臣, 백성	소서노와 비류·온조 형제 및 무리
경 로	漢山의 負兒嶽에 이름 비류는 彌鄒忽로 나아감	浿水와 帶水를 건너 미추홀에 이름
합병 기사	미추홀을 합병	없음

처음부터 온조와 비류는 형제로 나타나지는 않았을 것이다. 다만 온조와 비류 시조전승은 별개로 형성되었다 하더라도 서로 연결되어 하나의 건국신화로 형성된 셈인데, 그 중 어느 하나가 주체가 되어 백제 건국신화로 성립되었다. 두 시조전승에 포함된 문화 요소의 검토는 백제 건국신화를 형성하는 당대의 사정을 충분히 알려줄 것이다.

별개의 시조신화로 성립된 온조와 비류 시조전승은 어느 것이 먼저 성립되었을가? 이 점을 해결해 주는 것은 혼인관계의 기록이다. 비류 시조전승에는 대우혼의 흔적이 강하게 남았지만, 온조 시조전승에서는 이 같은 흔적이 사라졌다. 비류 시조전승에서 소서노는 해부루의 서손인 우대와 혼인하여 비류·온조 형제를 낳고, 우대가 죽자 다시 주몽과 혼인하였다. 소서노의 대우혼은 초기 농경사회의 유습이었다. 이 같은 유습을 지킨 당시 사회에서는 모계 중심의 정착 농경이 이루어졌으나, 부계는 목축지를 따라 이동하는 시대였다.

온조와 비류 시조전승에는 모두 주몽의 가부장적 혼인이 반영되었다. 두 전승은 철기시대 이후 가부장적 윤리제도가 정비된 사회 체제 속에서 이루어졌다. 그러나 초기의 신앙 형태를 이루었던 비류 시조전승은 온조 시조전승보다 더 원초적이고 오래되었다. 두 전승은 모두 주몽의 가부장적 혼인에 따라 먼저 부인 소생인 유리가 와서 태자가 되는 바람에, 비류·온조 형제가 남하하는 내용을 담고 있다. 이렇듯 백제 시조신화는 주몽의 가부장적 혼인을 부각하면서 재정비되었다.

백제 건국신화의 정비 과정에서 중심을 이룬 것은 온조 시조전승이다. 그러니까 가부장적 혼인으로 일사분란하게 정비된 것이 온조 시조전승이다. 이에 비해 비류 시조전승에서는 소서노의 대우혼과 주몽의 가부장적 혼인이 엉거주춤한 모습으로 함께 엉키어 있다. 백제 건국신화에서 가장 핵심을 이루는 부분은 온조와 비류 형제가 새 국가를 건설하기 위해 떠나는 과정이다. 이때 남하하는 유이민 집단의 성격을 유념할 필요가 있다. 철기문화에 익숙한 유이민 집단은 무사단적 성격을 지니기 마련이다.[51]

온조 시조전승과 비류 시조전승은 두 부족이 각각 남하하는 유이민 집단임을 반영하고 있는데, 그 중 비류집단이 먼저 남하하였다. 이때 무사단적 성격을 상기시키는 쪽은 온조 시조전승이다. 오간·마려 등 10신하를 거느리고 남하하는 온조 집단을 백성들이 따랐다. 이러한 온조의 남하는 마치 주몽이 재사(再思)·무골(武骨)·묵거(默居) 등을 거느리고, 비류수(沸流水) 가에 이르러 새 국가를 건설하는 대목을 연상시킨다. 그런데 온조 시조전승에서는 주몽이 무사단을 이끌고 새로운 천지를 개척해 가는 영웅전승적 성격이 사라졌으며, 졸본(卒本) 왕녀와의 결혼이 부각되었다.

영웅전승적 성격은 오히려 온조에게로 옮겨 나타난다. 비류 시조전승에서는 단순히 무리가 따른 것으로만 기록되었다. 온조와 비류가 각각 성읍국가를 건설하기 위해 남하했다면, 그들에게 따른 무리는 당연히 무사단적 성격을 띠었을 것이다. 온조를 보필하는 구체적 인물의 등장은 무사단적 성격을 강하게 풍긴다. 시조 온조는 비류에 비해 훨씬 영웅전승적 행적을 지닌 것이 분명하다.

온조 시조전승이 이루어진 시기는 성읍국가가 연맹왕국 체제로 바뀐 다음이다. 이 같은 전환기에는 주위의 소국들을 병합한 기사가 끼어들기 마련이다. 이런 사실은 후에 연대기 자료로 활용하기 쉬운 것이어서 온조 시조전승이나 비류 시조전승에서 빠져 나갔다. 비류 시조전승과는 달리 온조 시조전승에는 백제가 미추홀을 합병하는 내용이 들어있다. 이 점은 비류와 온조가 건국한 두 성읍국가가 합쳐 백제 국가를 성립시켰을 때, 그 주체가 바로 온조가 세운 성읍국가였다는 것을 떠올리

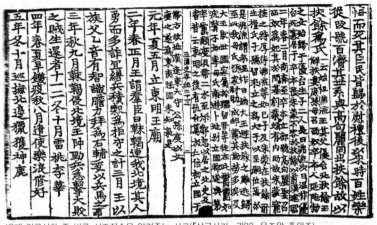

백제 건국신화 중 비류 시조전승을 알려주는 사료(『삼국사기』 권23, 온조왕 즉위조).

게 하는 대목이다.

　비류가 자리를 잡은 지역은 미추홀에 있었으나 온조는 한산에 도읍하였다. 이러한 두 국가의 지정학적 차이로 미루어 비류 집단은 해로를 통해 이동하였고, 온조는 육로를 거쳐 한산에 다달은 것으로 추측된다.[52] 미추홀과 한산 지역의 성읍국가를 합쳐 백제 연맹왕국이 성립할 때 이루어진 건국신화는 온조 시조전승이 주가 되어, 비류 시조전승을 흡수하는 쪽이었다. 이는 이미 제시한 바와 같이 태양신의 후예인 온조와 수신 내지 동굴신이었던 국모를 중심으로 하는 신화의 근간이 되었다. 이때 비류계 시조전승이 간략한 형태로 끼어들었다. 백제 건국신화의 초기 형태는 온조 시조전승의 모습에 보다 가까웠다. 여기에는 국모 신앙이 좀더 구체적으로 표현되었다. 그러나 비류에 관한 전승은 풍부하지 않았지만, 단순히 미추홀로 나아가 뒤에 병합되는 그 이상의 내용을 담고 있었다.

온조 시조전승에 이미 그의 신성이 많이 사라지고 난 다음의 비교적 합리적 내용이 기록되었다. 마찬가지로 비류 시조전승에도 신성을 삭제하였다. 비류 시조전승 내용 속에는 원래 천신과 지신계로 이어지는 신성이 포함되어 있었다. 이것은 비류와 온조가 형제로 묶이는 과정에서 주도적 역할을 한 온조의 가계 쪽으로 정리되었다. 비류 시조전승 속에 나타난 이들 형제의 생부는 우대이다. 그리하여 비류는 우대계로 온조는 주몽계로 파악되기도 한다.[53]

현재 전하는 비류 시조전승에서 우대는 신의 계보로 잘 연결되지 않지만, 백제 건국신화 속에 포함되었던 본래의 모습에는 신성이 들어가 있었다. 백제 건국신화의 초기 모습을 이해하는데 도움이 되는 자료는 금관가야의 건국신화이다. 가야의 9간 등이 노래와 춤을 즐기다가 하늘을 우러러 보았을 때 자줏빛 줄이 내려와 땅에 닿았다. 줄 끝을 찾아보니 붉은 비단에 싼 금합자를 열었더니 해처럼 생긴 황금알 6개가 있었다. 다음날 알 6개가 모두 동자로 변하였는데 용모가 매우 거룩하였다. 그 달 보름날에 즉위하였는데, 처음 나타났다고 하여 이름을 수로(首路)라 하고 국호를 대가락(大駕洛)이라 칭했으니, 즉 6가야 중의 하나이다. 나머지 5인은 각각 오가야의 왕이 되었다.

최치원이 찬술한 「석이정전(釋利貞傳)」에는 대가야국왕 이진아기(伊珍阿豉)와 금관가야국왕 수로가 형제로 나온다. 지금 「석이정전」은 온전하게 전하지 않아 그 내용을 잘 알 수 없지만, 고령현을 중심으로 건국되었던 대가야에 비중을 두어 서술하였다. 이진아기를 시조로 하는 대가야국의 건국신화가 따로 전승되었을 법도 하다. 「석이정전」은 고려 초에 금관주지사(金官州知事)가 찬술한 금관가야국의 건국신화와 대비될 정도로 풍부한 내용을 담았을 것이 분명하다. 가야 연맹왕국의 건국신화를 형성시킨 시조전승이 각각 풍부한 내용을 담은 금관가야국과 대가야국의 시조신화였다는 점은 매우 흥미롭다. 백제 건국신화의 두 시조전승이 독자의 신화를 형성했던 사실과 얼마만큼 연관되기 때문이다.

가야 지역에는 여러 성읍국가가 존재하였다. 이들 성읍국가가 각각 시조전승을 간직했다는 징후가 보인다. 여섯 알이나 9간 등에서 시조전승과 연관한 흔적이 감지되는 것이다. 이들이 연합하여 성립시킨 가야 연맹국은 「가락국기(駕洛國記)」와 같은 형태의 건국신화를 만들어 냈다. 이것은 금관가야국의 시조전승을 주축으로 하여 이루어 졌고, 연맹왕국 안으로 편입된 나머지 성읍국가의 시조전승은 6알의 천강설화로 흡수되었다.

금관가야국의 건국신화 속에 수로와 대가야국왕은 알로 결연되었는데, 뒷날에는 대가야국 중심의 건국신화 내용을 더 반영하여 「석이정전」에는 형제로 나타났다. 그런가 하면 금관가야국의 건국신화 속에는 수로 외에 대가야국의 이름을 전하지 않지만, 「석이정전」에는 그 이름이 나온다. 가야 연맹왕국이 성립되어 주도권을 잡은 왕실은 금관가야국이었다. 그러나 뒤에 연맹의 주도권이 대가야국으로 넘어가게 되어[50] 대가야국 중심의 시조전승이 부각되고, 수로와 이진아기는 형제로 얽히게 되었다.

이렇게 되면 백제 연맹왕국이 성립되어 이루어진 건국신화의 양태도 자연 분명해진다. 초기 건국신화 속의 비류 시조전승은 신라의 6촌장 설화나, 6가야의 시조인 6알설화와 같은 성격으로 존재하였다. 처음 비류 시조전승은 온조와 형제였음을 크게 부각하지는 않았고, 오히려 천강설화 요소를 강하게 지녔다.

백제 건국의 두 시조전승 중에서 온조와 비류가 형제라는 부분은 가장 중요하지만, 미세하나마 차이를 두어 기록되었다. 우선 온조 시조전승에는 온조와 비류가 각각 갖추었던 성읍국가의 기반과 아울러 비류국이 백제국으로 흡수되는 연맹왕국의 성립 과정 등이 나타난다. 반면 비류 시조전승에서는 비류의 성읍국가 기반만 들추었을 뿐 온조의 건국 기록이나, 이 후 두 국가를 합치는 과정 등은 밝히지 않았다.

백제 건국신화 속에 온조와 비류가 형제라는 내용은 변화를 겪었다. 그 이유는 백제 건국신화 속의 이 부분 만큼은 시대에 따라 변개되었기 때문이다. 온조 시조전승 중에서 두 형제가 모두 성읍국가의 기반을 갖춘 것으로 묘사한 부분은 비류 시조전승 중에서 비류만이 성읍국가적 기반을 다졌다는 것보다 더 원래의 모습에 가깝다. 비류 시조전승은 대우혼의 흔적을 보이는 등 온조 시조전승에 비해 오래된 토착신앙 형태를 드러내면서도, 온조 시조전승보다 더 후기에 변조하여 기록되었다.

온조 부족이 중심이 된 백제 연맹왕국이 성립되면서 온조 시조전승을 근간으로 하는 백제 건국신화가 형성되었다. 이때 비류 시조전승은 온조 시조전승 속에 흡수되었다. 비류가 온조와 더불어 신령스러운 인연으로 태어나는 것과 비류국의 시조로 된 사실 등은 백제 건국신화 속에 반영되었다. 그러다가 뒤에는 백제 건국신화 속에서 온조와 비류는 형제로 부각되었고, 결국에는 비류 시조전승이 독립된 건국신화로 떨어져 나간 채 후대에까지 전승되기에 이른다. 이와 더불어 구대 시조전승이나 도모 시조전승도 만들어 냈다.

3) 온조 시조전승의 정착

온조 시조전승으로 이어지는 백제 건국신화의 초기 형태는 천신과 지신의 결합으로 구성되었다. 천신은 부여족의 태양신으로 이어졌지만, 지신은 수신 내지 동굴신으로 나타났다. 백제 연맹왕국 성립과 더불어 온조신화가 중심에 자리를 잡았다. 그리고 다른 성읍국가의 시조신화를 흡수한 건국신화는 연맹왕국 지배세력의 변천에 따라 그 모습을 달리하였다. 이는 본래 박혁거세와 알영(閼英)으로 구성되었던 신라 건국신화가 천신과 지신이 결합한 형태였으나, 뒷날 김씨 왕실이 세습되면서 그들 중심의 신성족(神聖族) 설화를 성립시킨 것과 비교할 수 있다.[55] 백제 건국신화는 결국 온조와는 다른 계통의 비류신화가 독립하여 전승되었고, 이 같은 과정에서 지신계 신앙의 흔적이 사라지게 되었다. 백제 건국신화의 큰 특징은 바로 이런 점에 있다.

『삼국사기』에 전하는 온조신화는 이상에서 본 것처럼 변화를 겪으면서 그 모습이 바뀌었다. 온조신화의 전승은 백제 초기의 지배세력 가운데 특히 왕실 내의 세력 변화와 연결시켜 이해되어야 한다.

백제 초기의 왕실 계보는 〈표 3〉과 같다.

〈표 3〉 백제 초기 왕실 계보

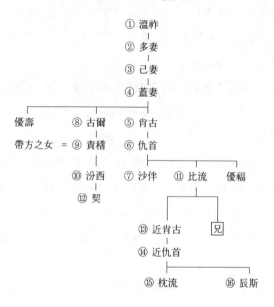

백제 건국신화의 변화과정에서 우선 주목할 부분은 고이왕계의 등장이다. 구대 시조전승은 고이왕과 연관한 것으로 이해된다.[56] 고이왕은 백제 초기 왕실 중에 이질 집단으로 등장했기 때문에 시조로 이해되기도 하였다. 고이왕이 개루왕의 아들이라는 사실 자체를 그대로 믿기가 어려웠고, 고이왕을 계보상 구수왕계(즉 온조왕계)와 연결시키려는 목적에서 왜곡 조작한 것으로 파악되었다.[57] 개루왕 이후 고이왕과 초고왕계의 양계 교립에 의해 왕위가 이어졌다. 이러한 사실은 백제의 시조를 비류와 온조 형제로 본 것과 암암리에 연결되었다. 비류와 온조의 형제를 각각 시조로 받드는 전설이 초고왕과 고이왕 양계의 교립에 현실적인 근거를 둔 것이라면, 이 양계의 교립은 왕실 자체의 교대를 의미하는 것으로 추측되었다.[58]

고이왕이 온조왕으로부터 이어지는 초고왕계와 직접적인 혈연 관계로 인정되지 않은 이질 집단에 속하였다면, 비류계와 연결이 가능하다.[59] 고이왕과 초고왕의 양계 교립이 비류와 온조를 시조로 받드는 전설과 관계된 것이라면, 온조-초고왕계와 이에 대립되는 비류-고이왕계를 설정할 수 있다. 이러한 구분이 사료상 확연하게 논증되는 것은 아니다. 앞의 〈표 2〉는 온조 집단이 부아악에 이르렀다고 했음에 대해 비류 집단은 패수와 대수를 건너 미추홀에 닿게 되었다는 내용을 제시하였다.

온조 집단은 육로를 거쳐 남하하였다면, 비류 집단은 해로를 따라 남하한 것으로 이해된다. 패수와 대수는 상징적인 의미를 지닌다. 이는 비류 집단이 수로와 해로를 따라 들어왔다는 이야기이다. 비류는 미추홀에 정착하는데, 이 지역은 서해상의 세력과 깊은 연관을 갖는다. 비류 집단은 해안 지역 거주민으로 어로에 종사하는 한편, 해안선을 따라 해상활동을 하였다.[60] 그리고 한강하류 지역에서 그 세력권을 확대해

나갔다. 이에 비해 온조 집단은 농업에 적합한 남한강이나 북한강 유역을 연결되는 한강중류 지역에서 가장 유력한 세력으로 부상하였다.

백제사에서 고이왕의 즉위는 지배세력의 교체로서, 비류계의 등장으로 이해된다.[61] 인천 지역을 기반으로 한 비류 집단은 5부 중 서부에 속하였다. 서해의 섬들도 비류 집단의 세력권에 들었다. 구수왕의 장자인 사반왕이 등극했으나, 너무 어려 능히 정사를 처리할 수 없었다. 이 때문에 초고왕의 동생인 고이왕이 즉위하였다. 그런데 『삼국사기』에 고이왕대 정사의 첫 기록은 서해의 큰 섬에서 이루어진 사냥으로 나와 있다. 이때 왕은 손수 활을 쏘아 40마리의 사슴을 잡았다.

서해의 큰 섬은 고이왕대의 왕정과 무관하지 않다. 이로 미루어 미추홀의 세력권에 들었던 지역으로 사냥하는 고이왕을 비류계의 등장과 연관시켜 파악하려는 관점은 얼마만큼 설득력을 갖는다. 이와는 대조적으로 시조인 온조왕대에는 한강 유역에 대한 관심이 집중적으로 나타났으며, 온조–초고계 왕들은 한산(漢山)으로 사냥가는 등 한성을 중시하였다. 비류계로 이해되는 고이왕에서 책계·분서·계왕에 이르는 시기에는 한산에 대한 기사가 전혀 나타나지 않는다.

고이왕계의 출현은 비류 집단세력이 재등장하는 것이라면, 이때에 온조 중심의 백제 건국신화 중 비류 관계의 전승은 특별한 의미를 가지면서 변화되었다. 고이왕계 왕실이 존재한 시기에 비류 시조전승은 독자의 신화 체계로 재정비되었거나, 혹은 온조 중심의 백제 건국신화 속에서 비류의 위치를 다시 음미한 것이다. 다만 당시 비류 시조전승이 어떻게 재음미되었는지를 분명히 밝히기는 어렵다. 백제 건국신화 속에서 비류는 천신계 신앙을 가진 온조와 막연하게 연결되었다. 마치 알로 나타난 6가야국의 여러 시조전승과 비슷한 관계이다. 그는 부여의 금와(金蛙)처럼 가부장적 전통을 지니면서도 지신계 신앙을 동시에 수용했을 가능성을 가졌다. 고이왕계 왕실이 지배하는 시기에 비류는 온조의 형으로 자리하였다. 그러면서 백제 건국신화가 형성되기 이전에 존재한 비류국의 건국신화를 재정립하는 방향으로 비류 시조전승을 성립시켰다.

고이왕계는 계왕을 끝으로 단절되었다. 그리고 백제 왕실은 초고왕계로 이어진다. 초고왕계가 다시 정치적 실권자로 등장하는 시기는 근초고왕 때일 것이다. 그런데 근초고왕의 부친인 비류왕(比流王)이 주목된다. 비류왕은 발음이 같은 비류와 연관되지 않을까 추측된다. 비류는 전통적 의미의 시조로 간주된다. 이 때문에 비류왕도 백제의 태조로 이해할 필요성이 제기되어 그 존재를 부각시키기도 하였다.[62] 비류왕의 즉위로 왕실 가계가 교체되었던 것은 분명하다. 또한 그의 즉위년이 간지로 갑자년(304)임을 주목할 필요가 있다.

백제 초기 왕들은 동명묘를 알현하거나 혹은 〈천지〉에 대해 제사하였다. 비류왕은 동명묘에 제사를 드리고, 아울러 〈제천사지(祭天祀地)〉의 의례를 베풀었다. 이처럼 비류왕대에 치렀던 제의 양태는 그 이전의 경우 유독 온조왕과 다루왕대에서만이 보인다. 온조왕이 건국시조였다면, 〈제천사지〉의 의례가 확립되는 시기는 다루왕대이다. 온조왕과 다루왕이 동명묘를 알현하고는 천신과 지신을 함께 제사한 것은 시조 내지 실질적인 건국자로서의 특별한 의미를 지니며, 비류왕도 이들과 같은 맥락에서 이해될 수 있다.

비류왕계는 근초고·근구수왕으로 이어진다. 이 때문에 비류-고이왕계가 아닌 온조-초고왕계가 다시 고정되는 것으로 이해된다.[63] 그러나 이를 달리 파악하는 견해도 있다. 비류왕계의 등장은 고이왕의 즉위와 마찬가지로 왕실의 교대는 분명하지만, 반드시 온조-초고왕계의 등장을 의미하는 것으로 보지 않는다. 비류왕을 구수왕과 결부시킨 것은 고이왕의 경우와 마찬가지로, 그를 전왕조와 연결시키려 한 데서 나온 계보상의 의제(擬制)라 하였다.[64]

비류왕의 명칭으로 보아 온조-초고왕계에 속하였는지는 분명하지 않지만, 근초고왕은 의제상으로 초고왕계와 연결된다. 근구수왕 역시 구수왕과 관련시키려는 의도에서 붙여진 이름이다. 그럼에도 근초고왕이 비류왕의 태자가 아닌 셋째 아들로 기록되었음은 흥미롭다. 근초고왕의 형인 태자의 행적에 대해서는 전혀 기록이 남아있지 않다. 이 점은 근초고왕의 왕위가 비류왕을 이은 것이지만, 상당한 부분이 독자적으로 이루어졌음을 추측하게 한다. 비류왕이 죽자 분서왕의 장자인 계왕으로 왕위가 넘어갔으나, 그는 미처 1년을 넘기지 못하고 죽었다. 이런 사정은 근초고왕의 즉위가 단순히 왕위계승 서열을 따랐다기보다는 무단적인 힘으로 이루어진 것이라는 추측을 낳게 한다.

근초고왕이 비류왕의 아들이긴 하지만, 장자가 아님을 명기했다는 점에서 비류왕의 정책을 반드시 지지했다고 생각되지는 않는다. 〈비류〉라는 왕명은 온조왕계와는 이질적으로 보인다. 그런데 근초고왕과 태자 근구수왕은 온조-초고왕계를 분명히 표방하였다. 비류왕의 아들이라고 기록되었지만, 근초고왕은 아무래도 비류왕과는 이질 집단에 속하였다. 근초고왕은 정복 군주로서 정력적으로 영토를 넓히는 가운데 한수와 한산을 중시하였다. 이 점은 마치 온조-초고왕계가 한산을 중시한 것과 연관된다.

근초고왕이 즉위하면서 온조-초고왕계를 표방하였음은 대단히 중요하다. 왜냐하면 이 같은 의식이 깔리면서 백제가 웅략적 국가로 발전하였고, 이를 바탕으로 전대의 역사를 정리하려는『서기(書記)』가 편찬되었기 때문이다.『서기』가 편찬되는 배경에는 근초고왕대의 사회가 전대에 비해 크게 변하였다는 우월 의식이 깔려있다. 근초고왕대에 문화의식의 강조는 바로 전대 사회의 전통에서 찾아진다.

고흥(高興)의『서기』는 왕실의 전통을 내세우는 방대한 자료를 수집하는데 목적을 두어 썼기 때문에[65] 온조 시조전승 외에 왕실을 구성한 다른 시조전승을 모두 다양하게 수용하였다. 그러나 건국신화의 중심은 온조신화로 정착되었다. 이때의 건국신화는 백제 건국 초기에 형성된 시조 온조신화와는 많이 달라진 모습을 드러냈다. 근초고왕대에 온조신화가 어떻게 달라진 모습으로 기록되었는지를 좀 더 분명히 할 필요가 있다.

고이왕계가 등장하면서 강조되었던 비류 시조전승이 온조신화 속에 그대로 부각되지는 않았다. 비류 시조전승의 독자적인 모습이 상실되거나, 그 내용이 많이 탈락되었다. 그러나 근초고왕대에까지 고이왕계와 비류왕계의 정치적 대결은 지속되어 온조신화 속에 비류 시조전승을 상당 부분 배려하였다. 이 점은 건국 초기에 성립된 온조신화와 이때 정착되는 온조 시조전승의 내용을 달리하는 요인으로 작용하였다. 처음 형성될 당시의 온조신화 속에서 비류는 온조와 막연하게 연결되었는데, 『서기』에서는 그들이 형제로 뚜렷이 얽히게 되었다.

이때 정착된 온조 시조전승 속에는 처음 건국신화를 형성할 당시에 내포되었던 지신계 신앙이 희박해지거나 떨어져 나갔다. 온조신화의 초기 형태는 태양신과 수신이 결합하는 기본 구조를 이루었다. 그런데 백제사에서 수신, 즉 지신계 신앙을 지녔던 토착세력 집단을 구체적으로 이끌어 내기 어렵다. 백제 왕실의 왕비족이 계속해서 온존하지도 못하였다.[66] 백제 초기의 왕실 지배세력은 온조-초고왕계에서 교체되어 고이왕계가 들어섰다. 여기서 다시 비류왕계에 이어 근초고왕계로 바뀌면서 이들 왕실과 결합하는 공통되는 왕비족, 말하자면 토착부족 집단을 상정하기가 어렵게 되었다.

백제 사회는 강과 하천이 교차하는 평야지대의 특성 때문에 주민의 교류가 잦았다. 그래서 한 지역에 뿌리박고 눌러앉아 세력을 키워간 토착부족이 존재하기 어려웠다. 이에 따라 문화의 교류와 전파가 빠른 백제 사회에서 토착부족들도 새로운 기술 문화의 도입에 능동적이었고, 또 이 같은 기술 문화를 다른 지역으로 전파하면서 이주해 나갔다. 온조–초고왕계로 이어진 지배 체제가 확립되면서, 토착부족의 신앙은 국모묘 조성의 계기를 만들었다. 그러나 이후 왕실 지배세력의 변화에 따라 건국신화 자체가 변개하면서 전승되는 가운데, 토착부족이 받든 지신족 신앙의 의미는 점점 줄어들었다.

근초고왕계는 온조계를 표방하면서 등장하였다. 그러나 근초고왕계와 결합한 토착부족은 건국 초에 존재한 온조–비류계 왕실과 결합하였던 토착부족이 아니었을 가능성이 크다. 이럴 경우 백제 건국 초기에 형성된 시조 신화 속의 지신족 신앙은 무의미해진다. 자연 『서기』속에 온조 시조전승이 정착되면서 지신족 신앙은 그 의미를 상실하거나 빠져나갔다.

불교의 전래와 그 사상

1. 불교의 전래와 공인

1) 불교의 전래

(1) 원시불교의 성격

불교가 출현하기 이전 인도에는 많은 자유주의 사상가가 존재하였다. 그들은 대체로 회의적이면서 도덕을 부정했을 뿐만 아니라, 끊임없는 고행을 숙명처럼 받아들였다. 이러한 시대사조 속에서 불교는 인간으로 하여금 고(苦)로부터의 해탈을 강조하였다. 그래서 운명적 결정론을 배격함으로써 당시의 인도 사람들에게 희망을 안겨주는 동시에 생활에 활력을 불어넣었다.[67] 이러하여 불교는 대중의 지지를 받으면서 성립되었다. 그러나 불교의 성립 배경은 정치·사회 분야에서 찾아야 한다. BC 5세기경의 인도에는 많은 성읍국가가 분포하였다. 이들은 점차 강대국 중심으로 통합되어 전제정치 체제를 이루었다. 석가 당시의 인도에는 이미 16국이 존재했는데, 점차 4개의 큰 전제왕국으로 통합되어 그 세력을 확대해 나갔다. 곧 마갈타국(摩竭陀國)·교살라국(憍薩羅國)·발차국(跋蹉國)·아반저국(阿盤底國)이 그것이다.

마갈타국은 빔비사아라왕의 영도 아래 앙가(鴦伽)·발기(跋耆)·말라(末羅) 등의 군소 국가를 정복하였다. 그리고 교살라국은 가시국(迦尸國) 등을 점령하였다. 우전왕(于顚王, Uayana) 치하의 발차국과 챤다 팟쵸오타왕 치하의 아반저국도 강세를 떨쳤다. 이렇듯 네 개의 강대국을 중심으로 전 인도를 통합하려는 기운이 일어났다. 특히 마갈타국과 교살라국이 가장 강대한 나라로 등장하였다. 그런가 하면 석가족(釋迦族)의 나라는 마갈타국과 혼인을 맺으면서, 교살라국의 보호령으로 간신히 평화를 유지하였다.[68]

수많은 군소 국가로 나뉘었을 당시의 인도는 제정일치 사회여서 제사가 중요시되었다. 그러나 석가 당시에는 제사보다 군장(君長) 중심의 세속 권력이 더 강대해졌다. 파라문(婆羅門)계급이 쇠퇴하면서 제사의 례는 형식화되고, 반면 찰제리(刹帝利)계급이 세력을 얻었다. 불교는 이러한 사회분위기 속에 일어났다. 원시불교의 성격은 당대의 사회 상황과 연관하여 파악된다. 이는 우선 왕자(王者, 찰제리종)계급 중심의 종교이다. 인도에서는 전통적 계급으로 사성(四姓)이 존재하였다. 파라문·찰제리·비사(毘舍)·수타라(首陀羅)가 곧 그것이다. 그 중 파라문은 제사를 담당한 가장 높은 계급이고 찰제리종은 왕자계급이었다. 또 비사는 평민이고 수타라는 노예계급으로 존재하였다.

사성 중심의 카스트제도는 매우 엄격한 신분제여서, 신분이 다르면 결혼은 물론 모든 사회적 활동에 제한을 두었다. 인도에서 천지 창조의 유일신인 원인(原人, Purusa)에 관한 신앙은 이러한 엄격한 카스트제도를 뒷받침해 주었다. 브라만교도 카스트제도 위에 성립된 종교이다. 그런데 석가는 사성을 부정하여 세속의 종성을 버리고 출가하면 모두 다 사문인 석자(釋子)가 된다고 하였다. 사성의 부정은 원시불교 경전 속에 누누이 나타난다. 다만 석가가 사성을 부정한 것은 분명하다. 그러나 당시 인도 사회에서 카스트제도를 부정하여 사성 간의 평등을 주장하였는지는 확실하지 않다.

원시불교 경전에는 사성의 평등을 말하면서도 그 순서를 찰제리·파라문·비사·수타라로 표기하였다. 파라문과 찰제리의 순서를 바꾸어 기록한 셈이다. 이러한 사성의 순서는 원시불교 내에서 인식되던 사성에 대한 계급관이라 할 수 있다. 원시불교에서 주장된 사성의 부정은 파라문계급의 우위를 인정하지 않으려는 것이었다. 곧 찰제리계급의 우월을 내세우려는 의도를 담았다. 원시불교는 찰제리계급의 정법(正法)통치를 강조하였다. 불교는 당시 인도 사회에서 파라문보다는 찰제리계급의 세력이 더 강해진 여건 속에서 브라만교를 대신하여 찰제리종의 세속적 권능을 인정하려는 종교였다.

원시불교는 정복국가의 이념에 합당한 면을 비교적 많이 갖추었다. 원시불교 경전 속에 자주 나타나는 전륜성왕(轉輪聖王)의 관념이 이를 알려준다. 세속적 권능을 가진 전륜성왕은 무력으로 이웃 모든 나라를 정복하고는 정법으로 통치하기 때문에[68] 이 세상에는 평화가 온다. 이 때 전륜성왕의 치세를 돕기 위해 미륵이 출세하여 교화한다. 전륜성왕 관념은 통일국가로의 지향이었다. 그래서 강대국을 중심으로 통일 사업을 진척하려는 정치 이념의 사상적 뒷받침이 되었다. 원시불교는 이런 성격으로 말미암아 주로 당시의 강대국인 마갈타국과 교살라국에 수용되어 그 수도인 왕사성(王舍城)이나 사위성(舍衛城)을 중심으로 성행하였다.

원시불교 경전 속에는 당시의 두 대강국인 마갈타국과 교살라국의 왕이 이웃 소국을 정복하고자 할 때, 그 뜻을 세존에게 타진한 내용이 전한다. 석가가 입적하기 바로 전 해인 BC 487년에 마갈타국왕 아도세왕(阿闍世王)은 사신 우사(禹舍)를 세존에게 보내어 간지스강 건너 바이살리(Vaisàli)국을 정복해도 좋으냐를 물었다. 이때 석가는 우사에게 바이살리국을 정벌해도 괜찮다고 대답하였다. 그런가 하면 석가 생존 때에 교살라국의 비유리(毘瑠璃)는 카필라성을 공격하여 석가족의 나라를 멸망시켰다. 이때에도 석가는 "친족인 석종(釋種)이라 하더라도 역시 파사닉왕(波斯匿王)을 받들어야 한다"[70]라고 하였다. 교살라국의 카필라성 공격을 인정한 것이다. 여기서는 석가의 친족이지만, 약소국인 이상 강대국에 봉사해야 한다는 의도가 보인다. 이것은 마갈타·교살라 양국의 압박을 받아 날로 쇠운에 빠진 소국의 장래 운명에 대한 예언인 동시에 강대국에의 합병을 인정한 결과를 초래하였다.

석가가 만년에 자주 설법한 칠불쇠법(七不衰法)은 정복왕조의 윤리관을 제시한 것이다. 석가족을 멸한 교살라국의 아쟈아타샷투왕이 밧지족의 나라를 정복하려는 생각을 품었다. 그래서 석가의 가르침을 받았던 우행(雨行)이란 대신을 세존에게 보내어 문안드릴 겸 은근히 그 뜻을 타진하였다. 이때 석가는 밧지족의 국내 사정에 대해 물었는데, 이것이 칠불쇠법으로 되었다.[70] 석가는 칠불쇠법을 지키는 밧지족에 대해서는 정복할 수 없다는 결론을 내렸다. 칠불쇠법은 강대국이 이웃 소국의 합병 기준을 제시해 준 것이다.

불멸 이후 불교가 성행하여 전도가 왕성하게 이루어진 때는 인도가 통합된 마우리아(maurya)왕조의 아육왕(阿育王)이나 그 후의 가이색가왕(迦膩色迦王)·계일왕(戒日王) 등이 다스리는 시기였다. 인도가 여러 나라로 분열되면 불교도 따라 쇠퇴하였다. 이러한 현상 역시 원시불교가 정복왕조의 이념에 합치되었음을 방증해 준다. 정복군주였던 아육왕이 불교의 전도나 홍포에 힘을 기울였던 까닭은 스스로 불법에 의한 정복이 가장 합리적이었음을 자각하고 있었기 때문이다.[72] 원시불교는 작은 성읍국가가 합쳐져서 중앙집권적 고대 정복국가를 성립시킨 사회변화 과정 속에서 확립되었다. 이는 소국가 내지 부족 사이의 통합능력을 부추겼다. 삼국사회 역시 이러한 성격의 불교를 받아들여야 할 정도로 국가 체제가 변화하였다.

(2) 불교의 동전(東傳)

석가가 활동할 당시에 불교는 간지스강 유역의 여러 나라에 국한하여 유포되었다. BC 3세기 중엽에 인도를 통일한 아육왕은 불교에 독실하게 귀의하였다. 그래서 불교는 인도의 전국에 퍼졌고, 멀리 외국에까지 전파되었다. 2세기경에 일어난 카니시카왕국이 보호하고 홍포함으로써 불교는 중앙아시아를 중심으로 발전하여 동쪽으로 전해졌다. 중국으로 온 승려는 대부분 인도의 북방에 위치한 대월씨(大月氏)·안식(安息)·강거(康居) 등 서역 지역의 사람들이다. 직접 인도에서 온 사람은 극히 적었다. 이들에 의해 불교 경전이 전래되었다.

중국에 처음으로 불교가 전래된 시기에 대해서는 여러 설이 있다. 다음 기록을 참고해 보자.

불멸 116년 후 阿育王이 부처의 사리를 수거하여 鬼兵으로 하여금 염부제의 곳곳에 팔만 사천개의 보탑을 세웠으니, 이때가 周 경왕 26년 정미(BC 494)이다. 탑은 주나라 때에 번성하였는데, 22왕을 거쳐 진시황 34년(BC 213)에 이르러 전적을 불태워 버리니 아육왕의 보탑도 이로 인해 없어져 버렸다. 그 때에 사문 利方 등 18명의 현자가 불경을 가지고 들어와 咸陽에서 교화를 폈으나, 진시황은 따르지 않고 그들을 옥에 가두었다. 밤이 되자 金剛丈人이 나타나 옥을 부수고 구출해 갔다. 필경 機緣이 성숙되지 못했기 때문이었을 것이다. 후한 永平 13년(70)에 摩騰과 쓰法蘭이 조정에 들어와 자비의 구름을 구주에 펴고 법의 비를 사해에 뿌렸다. 그러나 霍去病의 전기를 살펴보면 "休屠王이 소유하였던 제천금인을 얻었다"라고 했으니, 즉 사막에서 불상을 모신 것 같다. 또한 전한의 애제 때에 秦景憲이 월지국에 사신으로 갔다가 돌아오면서 불교의 경전과 가르침을 전했다. 그러므로 불교는 전한시대에 이미 신앙되었음을 알 수 있으며, 그로부터 63년 후인 후한 明帝는 바야흐로 金人의 꿈을 꾸었다(『해동고승전』 권1, 流通의 論).

중국에 불교가 전래된 시기는 주나라 특히 진시황 때로부터 전한과 후한에 이르기까지의 신이한 여러 전설로 전한다. 일반적으로 명제 영평 10년(67)에 불교가 전래되었다는 설을 통설로 받아들인다. 명제가 금인이 서쪽으로부터 방광하면서 궁전에 하강하는 꿈을 꾼 다음 서방에 불교가 존재한다는 것을 알았다. 그는 채음(蔡愔)·왕준(王遵) 등 18인을 서역에 파견하여 불교를 구하였다. 그들은 중도에서 백마(白馬)에 불상을 싣고 동쪽으로 오는 가섭 마등·축법란 두 사람을 만나 권유하여 돌아오니, 명제가 낙양(洛陽) 문밖에 백마사(白馬寺)를 짓고 거주하게 하였다. 그들은 이곳에서 경전을 번역하여 출간하였다.

전한 무제 원수(元狩) 2년(BC 121)에 곽거병이 흉노를 토벌할 당시 금인을 얻어 황제에게 헌납하였다. 무제는 감천궁(甘泉宮)에 안치하고, 조석으로 예배를 드렸다. 무제 이래로 중국과 월저국(月氏國) 사이에 통로가 열렸기 때문에 불교는 전한 때부터 알려졌을 듯하다. 명제 이후 약 70년이 지난 항제(恒帝) 건화(建化) 2년(148)에 안식국의 왕자로서 출가한 안세고(安世高)가 낙양에 와서 약 20여 년간에 『대소십이문(大小十二門)』·『오체(五諦)』·『십이인연(十二因緣)』·『팔정도(八正道)』·『선문법상(禪門法想)』 등의 여러 경전을 번역하였다. 이후 지루가참(支婁迦讖)을 비롯하여 지요(支曜)·안현(安玄) 등이 도래하여 『도행반야(道行

般若)』・『수능엄(首楞嚴)』・『성패광명경(成貝光明經)』 등을 번역하였고, 중국인들의 출가도 잇달았다.

삼국이 정립하면서 북방의 위나라에는 불교가 성행하였다. 오나라에도 성하였으나, 촉나라에는 불교가 크게 유행하지 않았다. 남북조시대에 중국 불교는 독특하게 발전하였다. 이미 오나라에 의해 양자강(揚子江) 유역이 개발되었다. 그리고 남북조시대에는 황하문명이 남하하여 양자강 이남이 본격적 개발에 들어갔다. 그리하여 북조와 남조가 각각 독특한 문화를 성립시켰고, 이에 따른 불교문화의 양상도 달라졌다. 북조의 불교는 불도징(佛圖澄)의 문하에서 도안(道安)이 나오고, 뒤에 나집(羅什)이 출현하면서 공(空)사상을 발전시켰다. 남조의 불교는 혜원(慧遠)과 각현(覺賢)에 의해 발전되었다.

중국에 들어온 불교는 우리나라에 전래되었다. 그 시기는 중국의 삼국시대나 남북조시대였을 가능성이 크다. 이에 대해서는 다음과 같은 기록이 전한다.

우리 해동에 관해서는 고구려 解味留王 때에 順道가 평양성에 왔다. 이어 마라난타가 진나라에서 백제국으로 들어왔으니 곧 침류왕 때이다. 그 후 신라 제23대 법흥왕이 즉위한 뒤 양나라 大通 원년 정미(527) 3월 11일에 阿道가 와서 일선현에 머물렀는데, 신자인 毛禮가 숨겨주었다. 그 때 마침 오나라의 사신이 香을 가지고 왔으므로, 아도는 그 분향의식을 가르쳐 주었다. 이로 인해 왕궁으로 초대되었다. 그러나 불교의 가르침은 아직 열리지 않았다. 사인 厭觸은 진심을 숨기고 용감히 자결하여 국민들의 의심을 풀었다(『해동고승전』 권1, 유통 1의 論).

　고구려에 불교는 소수림왕 2년(372) 순도에 의해 들어왔고, 백제의 불교는 호승(胡僧)인 마라난타가 전하였다. 침류왕 원년(384) 9월에 마라난타가 진나라에서 백제로 들어왔다. 그는 신이와 감통(感通)을 짐작할 수 없을 정도로 도량이 컸으며, 원래 인도의 건타라에서 중국으로 들어왔다. 신라의 불교는 법흥왕 14년(527)에 아도가 전한 것으로 기록되었다. 그리고는 이차돈의 순교로 불법을 받아들였다. 이러한 『해동고승전』의 기록은 다소 혼란되어 있다. 신라의 경우 불교는 법흥왕 22년(535)에 공인되지만, 이전에 이미 들어와 있었다. 눌지왕 때의 묵호자(墨胡子)나 소지왕 때의 아도(我道) 또는 미추왕 때의 아도(阿道)가 불법을 전했다는 전설이 그것이다.

　법흥왕대 이전에 불교가 처음으로 전래된 사실이 비교적 자세하게 전한다. 그런데 위의 『해동고승전』의 기록은 그것이 모두 법흥왕 때에 전래된 것처럼 기록되었다. 삼국에 처음 불교가 전래되었다고 기록된 고구려의 소수림왕 2년이나 백제의 침류왕 원년 또는 신라 법흥왕 22년 등은 국가불교로 공인되었음을 알려주는 것이다.[73] 그 이전에 불교는 삼국사회에 들어와 얼마만큼은 알려져 있었다.

　『양고승전』이나 『해동고승전』의 석망명전(釋亡名傳)에는 고구려의 도인(道人)이 진(晉)나라 승려인 지둔(支遁) 도림(道琳)과 편지를 주고받았다고 기록되어 있다. 고구려 도인은 물론 승려임이 분명하다. 도림은

宜書付帛以宣懿績其文辭不少繁見何哉然世之
使於二方不廢君命必待賢者而能之則特至他邦
肇行求曾有之大事非焉有大智慧大謀猷得不思
議通力其何以行之哉以此知其為異人斯亦法蘭
僧會之流乎
釋亡名高句麗人也志道依仁守眞撫德人不知而
不慍考鍾于內在邪必聞需然有餘厥聞實馳晉文
逍法師贻書于云上座竺法汰中州劉公之子于
性貞峙道俗綸綰往在京邑維持法綱內外具瞻弘
道之匠也道公中朝重望其所與寄群交好必宏材
且孿況外國之士非其勝人寧有若斯之報耶且佛
教既從晉行乎海東則宋齊之間應有豪傑之輩興
時而奮而無載籍悲夫然彼宋人未靈期歲作使自
高麗遠失洛於汀上得栝之鉢又齊時高麗未達
佛生之事問高僧法上以周昭之瑞為答則高人
烈士西笑於中國諮采者固不少矣時無良史
羅綺厭緒為恨耳
贊曰古者三韓鼎開國稱王皆佛群光茂有其
兆及感應道交溟事未以赴機叩易日感而遂
通天下之故順道有之矣始于躬詣所謂興國興

공인 이전에 불교가 들어와 있었음을 알려주는 석망명전(『해동고승전』 권1).

중국 객의불교(格義佛教)의 우두머리였으며[74] 366년에 입적한 고승이다. 고구려 도인이 국내에 거주했는지 혹은 당시 중국에 머물면서 도림과 서신 왕래를 했는지는 분명하지 않다. 그렇다 하더라도 도림과 서로 통하는 식견을 가진 고구려 망명은 불교사상에 상당한 조예를 가졌음에 틀림없다. 그리고 공인 이전에 망명과 같은 승려를 배출한 고구려 불교의 수준이 짐작된다.

백제의 경우 침류왕 이전에 불교가 들어왔다는 기록은 눈에 잘 띠지 않는다. 공인 이전 고구려와 신라에 불교가 전래되었다면, 두 나라에 비해 해상 교류가 잦은 백제에 불교가 늦게 알려졌을지는 의문이다. 고구려의 승려 망명은 도림으로부터 공사상에 대한 이해를 터득하였다.
도림은 동진(東晉) 곧 남방 불교에 영향을 준 인물이다. 당시의 남방 불
교가 고구려 불교에 영향을 주었다면, 지리적으로 교류가 더 빈번했던
백제에 알려지지 않았다고 생각되지 않는다. 그래서 공인 이전 백제에
전래된 불교의 흔적을 찾아내는 작업이 중요하다.

2) 왕실 중심의 불교수용

(1) 초전 불교의 유입

침류왕 때에 공인되는 불교는 동진으로부터 전래되었다. 그 이전 백
제에 불교가 전래한 모습을 쉽게 찾을 수는 없다. 신라에서는 공인 이
전에 초전 불교의 모습이 비교적 자세하게 기록되었다. 지정학적으로
고구려와 백제에 의해 중국과의 통교가 제한되거나 단절되었던 신라
사회에 불교가 전래한 여러 연기설화는 고구려와 백제에서도 그것의
전래가 오히려 활발했을 것이라는 생각을 떠오르게 한다.

공인 이전 백제의 초전 불교는 대륙을 통해 고구려를 거쳐 전래되었
을 수도 있지만, 바다를 통해 직접 수입되기도 하였다. 그러나 이러한
사정은 기록으로 남기지 못하였다. 다음 기록을 참고해 보기로 하자.

한편 불교가 일찍이 진나라에서 해동으로 들어와 유행하였다면, 송나라와 제나라
시대에도 응당 호걸들이 있어 때를 같이하여 떨쳐 일어났을 것이 분명한데 기록해

놓은 서적이 없으니 슬프다. 그러나 저 송나라 사람 朱靈期(혹은 處라 함)가 고려에 사신으로 왔다가 돌아갈 때에, 풍파로 섬에 상륙하여 杯渡의 발우[鉢]를 얻었다. 또 齊나라 때 고구려는 아직 부처의 탄생에 관한 일을 알지 못하였으므로, 고승 法上에 게 물었더니 그는 周의 昭王 때의 상서로운 조짐으로 답하였다. 그런즉 高人과 열사 들이 중국을 부럽게 생각하여 불교의 강요를 물어 알게 된 자가 적지 않았을 것이 다. 그 때 좋은 史家가 있어 그 업적을 나열하고 서술하지 못했음이 한이 될 뿐이다 (『해동고승전』 권1, 釋亡名傳).

중국에서 우리나라로 들어온 불교는 우선 북조를 통해 고구려로 수용 되었다. 그러나 송이나 제나라에 전해진 불교도 바다를 통해 우리나라 로 알려졌던 것이 분명하다. 각훈(覺訓)은 일찍이 남조의 불교가 백제 나 우리나라로 들어온 사실이 기록되지 않은 것은 단지 이에 관한 서적 이 남아있지 않기 때문이라 하였다. 그는 고구려 승려 망명을 언급하면 서 위의 사실을 기록하였다. 이는 공인 이전에 고구려로 불교가 들어와 수용되었음을 지적하려는 의도를 지닌 것이다. 고구려가 불교에 접하 기 이전 시대에도 마치 주나라 소왕 때의 상서로운 조짐이 있었음을 말 하였다.

주나라 소왕 24년 4월 8일에 석가가 탄생하였다. 그날 밤 오색의 광명 이 태미(太微) 사자좌의 서쪽 부근에 있는 십성(十星)을 꿰뚫고 서방으 로 통하자, 소왕이 그 이유를 태사 소유(蘇由)에게 물었다. 주 소왕 때 의 상서로운 조짐은 부처가 서방에 태어남을 알리는 것이다. 그러한 사정은 남조인 송나라와 제나라를 통해서도 불교가 넓게 전해졌을 것으로 짐작되는 대목이다. 처음 백제에 들어온 불교는 남방으로 퍼졌다가 바다를 통해서 유입되었을 것이다.

우리나라에 사신으로 왔다가 풍파로 섬에 다달은 송나라 사신 주영기가 배도가 지닌 발우를 얻었다는 것은 중요한 대목이다. 그가 사신으로 파견된 국가는 백제이거나 아니면 고구려일 수 있다. 설령 고구려에 사신으로 파견되었다고 하더라도 송나라는 바다를 통해 백제와 더 많이 교류하였다. 외딴 섬나라에 유행하였던 불교는 고구려보다는 백제에 많은 영향을 주었음이 분명하다. 마라난타가 백제에 불교를 전하는 기사 중에 언급된 다음 내용을 참고해 보기로 하자.

삼한의 동남쪽 귀퉁이의 바다 가운데 倭國이 있으니 즉 일본국이다. 왜국의 동북쪽에 毛人國이 있으며, 그 나라의 동북쪽에 文身國이 있다. (문신국의) 동쪽 2천리 밖에 大漢國이 있으며, 그 나라 동쪽 2만여 리에 扶桑國이 있다. 송나라 때에 천축의 다섯 승려가 돌아다니다가 이곳에 이르러 처음으로 불법을 전하였다. 그 나라들은 다 바다 가운데 있고, 오직 일본국 승려가 가끔 바다를 건너왔을 뿐이며, 그 나머지 나라들은 다 자세히 알 수 없다(『해동고승전』권1, 釋摩羅難陀傳).

여기에 소개된 모인국이나 문신국·부상국 등은 정확하게 어디 있었는지를 잘 알 수 없다. 삼한과 일본의 동북쪽에 있었다고 기록되었으므로 동해나 남해 상의 섬나라이었을 듯하다. 왜국을 제외한 이들 섬나라들은 중국과 자주 교류한 것 같지는 않지만, 인도로부터 들어온 다섯 승려들이 전한 불교를 받아들였다. 이렇듯 바다를 통해 들어온 불법은 백제에 비교적 일찍부터 알려지기 시작하였다. 한성시기 백제 사회에 전남의 영광 지역으로 불교가 처음 전래되었다는 주장은 시사성을 보여준다.[75] 그렇지만 마라난타가 바로 영광 지역으로 들어와 불법을 전하였는지는 의문이다.

　조선시대의 자료여서 그 신빙성이 다소 의심되긴 하지만, 나주 불회사(佛會寺)의 대법당 상량문(上樑文)에는 마한의 고승인 마라난타가 백제 불교의 초조이고, 불회사를 창건하였다고 기록되었다. 이 상량문은

始行佛法此皆海中在近日本國僧往往渡海而来
國東二萬里有扶桑國宋時有天竺五僧遊行至此
其國東北有文身國其國東二千餘里有大漢國其
南隔海内有倭國即日本國也倭之東北有毛人國
名百済後抆公州扶餘郡前後相次而立都三韓故
志南走至漢山開國今廣州是也本以百家渡河故
震始祖朱蒙娶高麗女生二子曰避流恩祖二人同
敎至摩騰入漢涘二百八十有年矢菩老記云高句
度僧十人尊法師故也由是次高麗而興佛敎焉逄
佛事共賛奉行如置郵而傳命二年春剏寺於漢山
郊近之選致宮中敬奉供養稟受其説上下化大弘
百済第十四枕流王即位元年九月従晋来王出
烟召侶乗危駕險位歴難辛有縁則隨無逺不履當
不滯一隅按古記本従竺乾入于中國附村傳身徵
釋摩羅難陀胡僧也神異感通莫測階位約志遊方
其適未来域未膜生盲亦乗夙頼而至者耶
月撈摭指軀涸潤道之以興菩薩法護正當如此
隨時隱現者青山白雲開遮欝辭欝盈如碧潭明
之難難隱阻誠曰弘伐雖践樹削躅不足比也然
賛曰火炎崑崙玉石俱焚霜嚴外野蕭蘭共悴師

백제의 불교 전래와 공인 사실을 알려주는 사료인 마라난타전(『해동고승전』 권1).

1798년에 작성된 것으로 추정된다. 그 외에도 마라나타를 마한에 온 승려로 파악하는 기록은 다소 보인다.[70] 불회사의 초창주가 마라난타라거나, 또는 불갑사와 마라난타의 연관성은 백제의 공인 이전에 불교가 바다를 거쳐서도 들어왔을 것이라는 생각을 떠올리게 한다.

인도로부터 불상이나 탑이 전래되었다는 연기설화는 일찍부터 바다를 거쳐 불법이 전래되었음을 알려준다. 신라 진흥왕 때에 세운 것으로 보이는 동축사(東竺寺)는 인도의 아육왕이 보낸 금붙이로 만든 석가불과 두 보살상을 모시기 위해 하곡현(河曲縣, 지금의 울주)에 자리를 잡았다. 이 지역 사포(絲浦)에 닿은 배 속에는 아육왕이 불상을 조성하려다 실패한 금붙이가 들어있었다. 이를 다시 서울로 보내어 조성한 불상이 황룡사의 장륙존상(丈六尊像)이다. 이러한 연기설화는 쉽게 믿기 어렵지만, 울주 지역의 해안을 통해 불교가 유입되었던 사실을 생각할 수도 있다.

동천사의 창건 설화는 신라 불교의 전통으로 이어져 백제에 불교가 유입되었던 직접적인 양상을 알려주는 것은 아니다. 금관국(金官國) 호계사(虎溪寺)에 세운 파사석탑(婆娑石塔)은 수로왕비 허황후가 AD 28년에 아유타국(阿踰陀國)으로부터 싣고 온 것이라 한다. 이 연대나 연기설화 자체는 믿을 수 있는 것이 아니다. 금관국의 제8대 질지왕(銍至王) 2년(492)에 창건되는 왕후사(王后寺)는 일찍 김해 지역에 불교가 전래되었던 사실이 짐작된다. 가야국에 들어온 불교는 공인 이전 백제 사회에 유포되었던 불교와 연결시켜 이해할 수 있다.

(2) 전륜성왕 사상의 수용

백제 사회의 불교 유입은 바다를 통해서도 이루어졌지만, 고구려로부터 중국의 북방 불교가 유입되기도 하였다. 고구려와 백제는 부여계라는 동일한 문화의식을 가졌고, 부여족의 일파가 남하하여 백제를 건국하였다. 두 나라의 시조는 주몽과 그 아들이었다. 그래서 왕이 등극하면 모두 동명묘에 들려 제의를 행하는 등의 같은 조상의식을 지녔다. 고구려와 백제 사회는 서로 빈번한 교류가 이루어졌다. 그러한 교류 속에 고구려로 전파된 불교가 백제로 유입되었다.

고구려 승려 보덕(普德)화상이 정치적 박해를 우려해서 백제로 들어온 데서 이를 짐작할 수 있다. 고구려 27대 보장왕은 유·불·도 3교의 균형 발전을 위해 재상인 연개소문(淵蓋蘇文)과 함께 도교를 구하여 크게 진흥시키고자 하였다. 이에 보덕화상은 신력(神力)으로 방장(方丈)을 완산주(完山州, 지금의 전주)의 고대산(孤大山)으로 옮겨와서 살았다. 보장왕 때에 보덕은 반룡사(盤龍寺)에 주석하였는데, 의상과 원효가 그에게 나아가 열반경과 유마경 등을 전수받았다.[77] 의상과 원효가 고구려 국내로 들어가 보덕을 찾아뵈었는지는 알 수 없으나, 그의 사상이 뒷날 신라 불교에 영향을 주었던 사실이 쉽게 짐작된다.

보덕이 백제의 완산주 지역으로 옮겨와 거주했다는 연기설화는 그대로 믿기보다는 고구려의 불교가 백제 사회에 빈번하게 유입되어 영향을 준 사실을 일깨운다. 공인 이전 백제 사회에 북방의 고구려 불교가 전래되었다. 북위의 불교는 고구려 사회에 강한 영향을 주었다. 당시

고구려 승려 보덕이 정치적 박해를 피해 백제로 들어온 사실을 알려주는 사료인 보장봉로 보덕이암
조(『삼국유사』 권3).

중국 북방은 색외(塞外) 민족에 의해 정복되었다. 그래서 남방의 농경
을 기반으로 하는 귀족 사회와는 달리 왕권이 강한 사회를 형성하였다.
북위 불교는 왕권과 밀착한 가운데 왕권을 절대시하는 왕즉불(王卽佛)
사상을 성립시켰다.

고구려 불교 역시 북방 불교의 특색이 함축되어 왕즉불사상을 형성하
였다. 이는 초기 백제 불교에까지 영향을 주었다. 백제 국가는 지방에
뿌리를 내린 토착세력이 크게 성장하지 못하였던 터라 왕권이 강한 사
회를 이루었다. 초기에 유입된 백제 불교는 왕실 중심으로 수용되었다.

이런 현상은 백제에서 뿐만 아니라 고구려나 신라에서도 비슷하게 나타났다. 왕자계급을 중시한 가운데 정복왕조에 유용했던 원시불교는 왕권을 강화하려는 왕실의 관심 대상이 되었다. 북방에서 들어온 왕즉불사상은 왕권을 강화하려는 왕실의 구미에 알맞게 어울렸다.

공인 이전 백제에 처음 유입된 불교의 성격을 이끌어 낼 수 있는 직접적인 자료는 없는 편이다. 다음 기록을 통해 유추가 가능하다.

세상의 流民들은 거스른 성질이 아주 많아 왕의 명령에 복종하지 않기도 하며, 나라의 법령에 따르지도 않는다. 그러나 일단 들어보지 못했던 일을 듣고 보지 못했던 일을 보았을 때에는 즉, 지금까지의 잘못된 것을 모두 고쳐 善으로 옮기고 眞을 닦아 내면으로 향하니, 이것은 機宜를 따른 때문이다(『해동고승전』 권1, 마라난타전).

위의 내용은 마라난타를 찬한 것이어서, 그의 불교사상의 특징을 이끌어 낼 수 있는 부분이다. 불교가 전래되기 이전에 백성들의 성격은 거스른 경향이 많았다고 지적하면서, 왕의 명령이나 국가의 법령에 따르고 복종하지 않았다고 하였다. 불교가 전래되어 들어보지 못했던 일을 듣고 보지 못했던 일을 대했을 때에는 왕의 명령에 복종하고 나라의 법령에 따랐던 사실이 강조되었다. 이에 따라 지금까지의 잘못에서 벗어나 선을 추구하고 진을 닦아 실천하는 것으로 되었다.

마라난타가 불교를 전래함으로써 왕권이 강화되고, 왕의 명령과 국가의 법령을 엄히한 것으로 기록되었다. 이 기록은 실제로 공인 이전에 유입된 불교의 성격을 이해하는데 도움을 준다. 초전 불교는 왕실 중심으로 수용되었다. 연맹왕국에서 정복국가 체제를 갖추어 중앙집권적 귀족국가로의 제도를 정비하는 과정에서 불교가 유입되었다. 가야국에 전하는 다음의 연기설화를 참고해 보기로 하자.

古記에 말하기를 萬魚山은 옛날 慈成山 또는 阿耶斯山이며, 그 옆에 呵囉國이 있다. 옛날 하늘에서 알 하나가 바닷가로 내려와서 사람이 되어 나라를 다스렸으니, 이가 바로 首露王이다. 이때 국경 안에 玉池가 있었고, 못 속에 毒龍이 살았다. 만어산에 羅刹女 다섯 명이 있어 이 독용과 왕래하면서 사귀었다. 이 때문에 때때로 번개가 치고 비가 몹시 내려 4년 동안이나 곡식이 익지 않았다. 이에 왕은 주문을 외어 이를 금하려 했으나 멈추지 않으므로, 부처 앞에 머리를 숙이고 청하여 설법하였다. 뒤에 나찰녀는 오계를 받아 그 후로는 재앙이 없어졌다(『삼국유사』 권4, 어산불영조).

금관가야국의 수로왕이 부처 앞에 청하여 나찰녀에게 오계를 내리는 연기설화는 믿을 만한 일은 아니다. 이는 가야국의 불교 유입과 연결될 수도 없다. 다만 가라국과 인도의 야건가라국(耶乾訶羅國)의 이름이 비슷한 데가 있다. 이런 연유로 그 나라에 자리한 아야사산(阿耶斯山)의 나찰녀에 관한 설화가 금관가야국의 아야산(阿耶山)으로 옮겨 전해진 듯하다. 만어사는 고려 명종 11년(1180)에 창건되었다. 따라서 나찰녀와 독용에 관한 연기설화를 빌려 금관가야국, 특히 수로왕 당시에 불교가 유입되었다고 볼 수는 없다. 다만 야건가라국왕이 처음으로 불교를 수용하는 문제는 유념되어야 한다. 이는 위의 금관가야국 연기설화가 보여주는 사정과 비슷하다.

인도의 야건가라국이 불법을 받아드리는 계기가 된 나찰녀 설화는 불교가 처음으로 유입되었다는 의미를 내포하고 있다. 야건가라국왕은 "오늘날 불교가 이미 일어났다고 하는데 어찌하여 이 나라에는 오시지 않으십니까"라고 하였다. 이것은 비록 수로왕 때는 아닐지라도 금관가야국이 불교를 받아드린 사정이 짐작되는 대목이며, 백제에 처음 들어온 불교의 사정이 유추되는 부분이기도 하다. 야건가야국은 물론 수로왕도 나찰녀나 독용의 행패를 막기 위해 천신이나 국토신에게 빌고, 제사를 드리거나 주문을 외웠다. 그러나 제사나 주문의 효용이 없자, 부처에게 빌어 그들에게 오계를 내림으로써 재앙이 없어졌다는 것이다.

왕실에 의해 처음 수용된 불교에서는 종래의 무교신앙의 효험을 부정하는 성격이 보인다. 신라 미추왕 3년(264)에 성국(成國)공주가 병이 들었는데 무당이나 의원을 불러도 효험이 없었다. 이에 아도(我道)가 대궐에 들어가 공주의 병을 고쳤다. 이렇듯 초전 불교는 무교신앙을 대치하는 성격을 지닌 가운데 전래되었고, 이런 사정은 고구려는 물론 백제에서도 비슷하게 나타났다. 공인 이전 백제의 왕실 중심으로 수용된 불교의 양상은 왕흥사나 흥륜사의 존재에서도 추측할 수 있다.

미륵사를 창건하기 이전에 법왕은 왕흥사를 창건하고, 승려 30인을 출가시켰다. 또한 겸익(謙益)은 성왕 때에 인도로부터 돌아와 흥륜사에 거주하면서 율부(律部)의 번역과 함께 그 주소(註疏) 작업을 주도하였다.[78] 공인 이후의 불교 양상을 보여주기는 하지만, 왕흥사는 법왕 때 미륵사와 연결하여 창건되었다. 또 미륵사의 창건은 사자사와 연관되었다. 이런 점으로 미루어 왕흥사 창건 배경을 왕권의 상징인 전륜성왕 관념을 수용한데서 설명할 수 있다. 흥륜사는 바로 전륜성왕 관념이 반영된 사원이다. 백제 불교의 이 같은 양상은 초전 불교가 왕실에 수용되어 왕권을 강화하는데 호의적인 전통으로 활용되었음을 의미한다. 백제의 초전 불교는 왕실 중심으로 수용되었다. 처음에는 왕즉불사상을 내세웠지만, 점차 전륜성왕 관념을 포용하였다.

3) 불교의 공인과 귀족불교

(1) 왕실의 불교 공인

초전 불교는 이미 왕실 중심으로 수용되었고, 왕실에 유리한 성격을 지닌 종교였다. 원시불교는 왕자계급에 유리한 성격을 가졌다. 원시불교는 북중국을 거쳐 우리나라로 들어왔는데, 당시 북중국의 불교사상은 '왕즉불'의 성격을 강하게 띠는 것이었다.[79] 이러한 성격의 불교사상의 전통 때문인지는 몰라도 뒤에 신라 왕실은 석가족으로 비견되기도 하였다.[80] 불교는 법의 보편성을 강조하였다. 불교의 '법' 역시 왕권과의 연결 선상에 존재하게 되었다. 왜냐하면 법은 '권력의 권력'으로 생각되었기 때문이다. 왕실은 법의 보편성을 내세우면서, 편입되어 들어온 여러 성읍국가나 부족을 묶어 중앙집권적인 귀족국가를 형성시키는데 주동적 역할을 담당하였다.[82] 왕실이 불교에 대해 관심을 가지고, 이를 적극적으로 수용했던 것은 원시불교의 이러한 성격을 고려했기 때문에서였다.

불교의 공인에 대해 일반적으로 귀족들이 반대하였다. 불교전래 이전에는 무교신앙을 믿었다. 왕이나 귀족은 모두 무교신앙을 받드는 가운데 제사장 자리를 거머줘었다. 제사장으로서의 성격은 그들이 본래 지녔던 성읍국가의 제정일치 시대에서부터 갖추었다. 성읍국가나 읍락이 연맹왕국 내에 편입되면서 그 지배자들은 연맹왕의 신하로 등장하여 귀족으로 왕경에 거주하기에 이른다. 같은 성읍국가로서의 기반을 가졌던 연맹왕과 귀족은 상하의 종속관계로 되었다.

연맹왕국이 정복국가 체제를 갖추면서 왕권이 점차로 강대하게 되었다. 중앙집권적인 귀족국가를 형성하면서, 왕과 귀족의 상하관계는 보다 견고해졌다. 이러한 때에 불교는 왕실을 통하여 수용되었다. 왕실이 불교를 수용했던 의도는 바로 이러한 데에서 찾아진다. 현실적으로 상하의 지배 질서를 성립시킨 왕실은 관념적으로도 귀족보다는 우월하다는 인식을 심어주면서 불교신앙을 홍포하였다. 이러한 불교에 대해 귀족은 반대하는 입장에 설 수밖에 없었다. 그리고 종래의 무교신앙을 고수하였다. 이들 귀족은 비록 현실적인 사회 여건으로는 왕실과 상하의 신분질서를 인정하더라도, 신앙이나 제사를 담당하는 전통적 역할을 견지하고 싶었던 것이다.

왕실 중심으로 수용한 초전 불교를 귀족이나 일반 백성에게까지 홍포를 시도한 것이 왕실의 의도였다. 그런 과정에서 왕실에 유용했던 불교는 귀족들의 반대로 공인하기가 어렵게 되었다. 신라에서는 귀족들의 반대로 말미암아 법흥왕의 측근인 이차돈이 순교하는 저항에 부딪혔다. 귀족들의 저항은 고구려나 백제에서도 마찬가지로 나타났다. 그러나 백제 사회에서는 왕실의 불교 공인에 대한 반발이 극심하지는 않았던 것으로 보인다.

　백제에 불교가 공인되는 사정은 다음 기록에서 알 수 있다.

> 백제 제14대 枕流王이 즉위한 원년(384) 봄 漢山에 절을 창건하고 승려 10명을 출가시켰다. 그것은 법사를 존경하기 때문이었다. 이로 말미암아 (백제는) 고구려 다음으로 불교를 일으키니 거슬러 계산하면 摩騰이 후한에 들어 온지 280여 년이 된다 (『해동고승전』 권1, 마라난타전).

　백제 불교는 침류왕 원년(384)에 공인되었다. 그 이듬해에는 한산에 절을 창건하여 승려 10명을 출가시켰다. 이렇듯 백제 불교는 자연스럽게 공인되었다는 인상을 준다.

　백제 불교의 공인 기사도 자세하게 검토하면, 내용상으로 약간의 단락이 있음을 느낀다. 침류왕이 마라난타를 맞이하여 궁중에 모시고, 경배하는 일련의 정경과 이후 윗사람과 아랫사람이 교화되어 크게 불사를 일으켜 받들었다는 사실이 그것이다. 이 가운데 전자는 왕실 중심으로 수용한 초전 불교 양상을 떠올린다. 반면 후자는 불교가 왕실은 물론 귀족에게도 용납되어 공인을 받는 그동안의 사정을 짐작하게 한다. 그리하여 한산에 절이 창건되고, 승려 10명을 출가시켰다.

　다만 백제 불교의 공인 과정에서 귀족들이 반대하는 양상은 나타나지 않는다. 오히려 왕실이나 귀족이 잘 화합하여 봉행한 느낌을 준다. 다음 내용에서 이런 면을 읽을 수 있다.

　傳에 이르기를 "말하였을 경우 그것이 선한 것인 즉, 천리 밖에 있는 사람까지도 그 말에 감동하여 호응한다"라고 하였으니, 어찌 이것을 이름이 아니겠는가. 그러나 根機를 포섭하는 도는 반드시 때를 잘 타는 데에 있다. 그러므로 古人을 받들어 행하면 그 공은 또한 두 배가 되는 것이다(『해동고승전』권1, 마라난타전).

　위의 내용은 마라난타를 칭송한 것이다. 그가 말한 것은 선하기 때문에 천리 밖의 사람도 감동하여 호응하게 되었다는 내용이다. 여러 근기를 가진 사람을 포섭하는데 따른 도는 반드시 때를 잘 타야한다. 이는 불교의 공인 과정에서 많은 사람을 설득할 수밖에 없었다는 느낌을 주는 대목이다.

　신라에 비해 고구려는 물론 백제 불교의 공인 과정에 나타난 귀족들의 반대는 보이지 않는다. 그러나 다양한 근기를 가진 사람들을 포섭하려는 노력을 기울였던 사실은 주목되는 대목이다. 불교의 공인 과정에서 여러 다른 주장이 제기되었음을 상기시켜준다. 고구려는 물론 백제의 불교 공인에 대한 귀족의 반대는 기록으로 남지는 않았다. 이 같은 이유는 고구려나 백제의 불교 공인 과정에서 귀족들의 반대가 신라의 그것과 비교하여 미비한 데에서 찾아진다. 그러나 백제의 불교 공인 과정에서도 귀족들의 반대가 전혀 없었던 것은 아니다.

백제는 신라와는 달리 토착 귀족세력의 뿌리가 약한 사회였다. 백제 국가는 왕권이 강하였고, 귀족세력은 토착적 기반에서라기보다는 왕권에 기생한 권력에 지나지 않았다. 왕실이 불교를 공인하면서 중앙집권적인 귀족국가 체제를 정립시키려 할 때에 이에 반대하는 귀족세력이 완강할 수 없었던 것은 당연한 일이었다. 그래서 백제 왕실은 귀족과의 사이에 큰 마찰을 일으키지 않으면서 불교를 공인하였다.

(2) 귀족 입장에서 불교의 수용

고구려를 통해 백제에 들어온 초전 불교는 왕즉불사상을 포용하였다. 공인 이후 개로왕 때의 일이긴 하지만, 고구려의 첩자인 승려 도림(道琳)이 백제로 와서 바둑과 장기로 왕에게 접근하였다. 이 점은 아직도 불교가 고구려로부터 백제로 유입되는 상태임을 보여주는 것이다. 개로왕에게 접근한 도림은 거짓으로 아뢰기를 "왕께서는 마땅히 존귀하고 고상한 위세와 부강한 업적으로써 남의 이목을 두렵게 해야 할 것입니다"라고 하였다. 그래서 성곽을 쌓고, 궁궐을 대규모로 수리하기에 이른다. 이는 큰 토목공사를 일으켜 백제의 국고를 축내고, 국력을 소모시키려는 고구려의 교란 작전으로 나타난다. 그러나 이를 뒤집어 생각하면, 고구려로부터 들어온 불교의 전통이 왕즉불사상에 근접했음을 시사하는 것이다.

백제의 초전 불교의 주류는 바다를 거쳐 유입되었다. 남방에서 해양을 따라 들어온 불교는 왕즉불사상에서 물러나 전륜성왕 사상을 다소 포용하였다. 이는 왕이 부처가 아니라 전륜성왕 사상을 얼마만큼 수용한 지배자라는 성격을 드러낸 것이었다. 그래서 귀족들에게도 용납되어 불교가 공인을 받기에 이른다. 불교 공인 후 미륵신앙이 유행하여 미륵과 전륜성왕 신앙 내지 미륵과 석가불이 함께 신앙의 대상이 되었다. 왕권이 전륜성왕이나 석가불쪽이었다면, 미륵보살은 귀족이 받드

연꽃무늬 전돌. 불교신앙이 가미되었다(국립부여박물관 소장).

는 신앙 대상으로 이해되어 백제 불교는 왕권과 귀족세력 사이에서 조화를 이루었다.

귀족의 입장에서도 적극적으로 수용되었던 불교의 교리나 신앙은 바로 윤회전생(輪廻轉生) 사상이다. 윤회전생 사상은 현세와 내세 및 현세와 전세를 연결시켜 현세에서 벌어지는 모든 현상은 전생에 일어난 업보의 결과로 보는 불교의 근본 사유이다. 그래서 귀족들은 모두 전생에서의 어떤 그럴만한 공덕의 응보로서 태어났다고 믿었다. 이는 엄격한 신분제에 의해 뒷받침된 귀족의 특권을 정당화시켜 주었다. 공인 이후의 불교사상은 귀족불교로 성숙되었다. 불교 공인은 비록 귀족의 협조를 얻어 시행되지만, 왕실에 의해 주도되었다. 그러나 이를 귀족보다 왕실의 일방적인 승리라고만 해석할 수는 없다.

공인 불교는 귀족의 입장이 배제되었던 것이 아니기 때문에 왕법과 불법을 일치하려는 경향을 강하게 드러냈다. 왕법과 불법의 문제는 중국 남북조시대에 제기되었다. 중국에 들어왔던 불교는 이미 오호나 동진시대에 제왕불교로 성립되었다.[83] 이때에 왕법과 불법을 동일시하려는 사상경향이 나타났다. 북중국인 호국(胡國)과 동진과는 사회 체제면에서 상당한 차이가 있었다. 북중국에서는 주로 집권적 군주의 전제정치가 시행되었다면, 남중국의 동진에서는 할거적 귀족정치가 이루어졌다. 북중국의 불교는 왕즉불 즉 왕자(王者)를 여래로 인식하여 절대 군주의 중앙집권적 일통(一統)정치를 구가하였다. 반면 동진에서는 사문의 예경(禮敬) 문제가 등장하였고, 승려가 왕자를 공경하여야 한다는

부여의 석조(석연지). 아담하고 우아한 백제문화의 특성을 보여준다.

데 대해 반대하는 입장의 귀족들이 존재하였다. 성제(成帝) 때의 상서(尙書) 하충(何充)이 그 대표자인 셈이다. 시대가 내려오면서 불교계에 국가 중심주의적 사상이 점차로 성행하였다. 왕법과 불법의 일치사상은 주로 중국 남조, 특히 동진 사회의 불교에서 문제가 되었다.

백제 불교는 공인 이후 남중국의 불교계와 깊이 연결되었다. 백제는 주로 중국의 남방 여러 나라와 교류하였다. 침류왕 때에 진나라와 교류한 이래 전지왕 때에는 동진의 안제(安帝)가 사신을 보내왔다. 이후 비유왕 때에는 송나라와 빈번하게 교류하였다.[80] 동성왕 때에는 남제(南齊)와 교류하였고, 이어 무령왕 때부터는 양(梁)과도 통교의 길을 열었다. 특히 성왕 19년(541)에는 양으로부터 열반경 등 경전을 수입하였다. 이렇듯 백제는 중국 남방의 여러 국가와 교류하면서 그 지역의 불교를 받아들였다.

남중국은 양나라 때에 이미 국가불교적 색채를 강하게 드러냈다. 북중국의 제왕즉여래설(帝王卽如來說)에 대해 당대의 고승인 도안(道安)은 왕에 의하지 않은 불사(佛事)는 어렵다고 주장하였다. 특히 양 무제(武帝) 때에는 황제가 바로 진불(眞佛)로 되는 황제보살(皇帝菩薩) 내지 구세보살(救世菩薩) 사상이 전파되었다. 이러한 사상은 진(陳)의 무제(武帝)에게도 그대로 습용(襲用)되었다.

구세보살은 진불이 될 수 있을지라도 현재는 결코 부처일 수 없다. 황제가 바로 여래인 북중국 불교에서는 황제를 완전무결한 절대적 존재인 과인불타(果人佛陀)와 동일시하였다. 이에 대해 구세보살 사상은 황제를 수도 과정에 든 인인보살(因人菩薩)로 보았다.[85] 법흥왕이나 진흥왕 및 두 왕비의 출가는 인인보살 사상에 입각한 것이다. 그들은 출가하여 앞으로 여래행을 위해 수도를 했던 셈이다. 이런 현상은 백제 불교에도 그대로 나타나 왕이 전륜성왕으로 관념되었다.

전륜성왕 관념은 정복왕조를 정당화하는 성격을 지녔다. 그래서 공인불교는 정복국가의 이념에 합당할 수 있는 군국(軍國)불교로 발전하였다. 인도에서 성립될 당시의 원시불교는 전 인도를 통합하는데 중심적 역할을 담당했던 마갈타·교살라 양국의 주변 군소 성읍국가 정복을 합리화하였다. 석가는 만년의 설법에서 밧지족 나라의 사정을 질문한 칠불쇠법(七不衰法)에 대해 자주 언급하였는데, 이는 정복왕조의 윤리관을 제시한 셈이다.[86] 석가는 칠불쇠법을 지키는 국가를 정복할 수 없다는 결론을 내렸다. 그래서 이를 잘 지키지 않은 많은 성읍국가들은 석가의 허락을 얻어낸 강대국에 의해 병합되었다. 원시불교의 이러한 측면이 전륜성왕의 관념으로 체계화되었다.

원시불교가 성립된 이후 인도 사회에서 전륜성왕으로 관념되었던 통치자는 아육왕(阿育王)이다. 그는 철륜왕(鐵輪王)으로 불렸다. 인도에서 전륜성왕의 관념이 포용되면서 아육왕은 그 가운데 가장 열등한 철륜왕으로 불렸다. 이는 아육왕 등 세속의 왕들이 군륜왕(軍輪王)으로 관념되는 것과 표리관계를 이룬다. 금륜왕이 관후·안락·부락(富樂)하다면, 은륜왕은 위엄을 갖추었다. 그리고 동륜왕은 위덕을 갖추었던데 비해 천륜왕은 진열(陣列)·극승(剋勝)한 왕으로 묘사되었다. 세속의 정복군주들이 철륜왕으로 통칭되면서 군륜왕으로 관념된 셈이다. 그래서 군륜왕의 관념이 군국불교를 성립시키는데 능동적으로 작용하였던 것이다.

흥왕사나 미륵사를 창건한 백제의 무왕이나 법왕 또는 성왕은 전륜성왕으로 관념하였다. 백제 사회에 성행한 미륵신앙도 전륜성왕과 연관하여 파악된다. 미륵불과 전륜성왕은 불교신앙 면에서 귀족과 왕실의 조화를 상징적으로 나타내 준다. 전륜성왕이 통치하는 시기에 미륵이 하생하여 백성들을 대상으로 설법에 나서 현실 사회를 정토로 바꾼다. 이때 미륵의 설법은 계율을 강조하는 것이었다. 이에 따라 혼란한 사회를 개혁하여 이상사회가 건설된다고 하였다.

미륵과 전륜성왕은 각각 파라문과 찰제리종 출신이다. 이 때문에 현실적으로 귀족과 왕실로 비유된다. 백제 불교의 공인 과정에서 나타난 전륜성왕과 미륵신앙의 강조는 불교사상 면에서 왕실과 귀족 사이에 타협을 유도하였다. 이 점은 신라의 불교 공인과정에서 더 분명하게 나타났다. 신라와 비교하여 백제의 공인 불교는 현실 정토를 추구하는 경향이 다소 강하게 나타났다. 그래서 귀족의 특권을 강조하기 위한 윤회전생 사상이 뚜렷하게 보이지 않는다. 이 점은 백제의 불교 공인이 귀족의 이해에 배치된다고 하더라도, 왕실에 의해 주도되었음을 보여준다.

2. 귀족불교의 성숙

1) 이론불교의 모색

(1) 남방 불교사상의 영향

백제 공인 불교의 사상은 왕즉불인 북방 불교에서 왕즉보살, 곧 구세보살 사상에 근접하였다. 이는 남방 불교의 영향이다. 공인 불교사상이 전륜성왕 관념을 포용한 면도 같은 맥락으로 이해된다. 전륜성왕 신앙은 국왕을 부처로 비유한 것은 아니다. 그래서인지 아육왕을 비롯하여 초기 인도의 전륜성왕으로 자처한 임금들은 대부분 출가·수도하였다.

연꽃구름무늬전돌. 불교와 신선사상이 가미되었다(국립부여박물관 소장).

이 같은 불교의 전통은 중국 남방 불교의 특색으로 등장하였다.

사신(捨身)신앙은 중국 남방 불교에서 나타났는데, 이는 백제의 공인
불교사상 속에도 구체적으로 나타나 흥미롭다. 다음 기록을 참고해 보
기로 하자.

백제의 餘昌 (위덕왕)이 여러 신하에게 "나는 지금 죽은 父王을 위하여 출가 · 수도
하려고 한다"라고 말하였다. 여러 신하와 백성이 말하기를 "이제 군왕이 출가하여
수도하겠다는 것은 잠시 가르침을 받드는 것입니다. 생각건대 이전에 충분히 고려하
지 않았기 때문에 후에 큰 화를 부른 것은 누구의 잘못이었습니까? 고구려 · 신라와

다투어서 백제가 망하려 합니다. 처음 나라를 세운 이래로 이 나라 종묘의 제사를 어느 나라에 주려는 것입니까? 지켜야 할 도리를 분명히 가르쳐야 합니다. 만일 기로들의 말을 잘 들었다면 오늘과 같은 처지에 이르지는 않았을 것입니다. 청건데 이전의 과오를 뉘우치고 출가하는 것을 그만 두십시오. 만일 聖明王의 명복을 빌자는 願을 풀려고 생각하신다면 국민을 출가시킵시오" 라고 하였다(『日本書記』欽明記 16년).

이때에 위덕왕 자신은 출가하지 않았다. 여러 신하들의 반대로 그 대신 신하 100사람을 출가시켰다. 위덕왕이 돌아간 성왕을 위해 출가를 시도했다는 사실은 분명 왕도 구세보살의 위치에서 더 수도해야겠다는 의도를 드러낸다. 이는 백제 공인 불교신앙이 중국 남방 불교사상에서 많은 영향을 받았음을 보여준다. 신라 공인 불교의 경우 법흥왕과 진흥왕은 모두 출가한 것으로 기록되었다. 이 역시 남방 불교의 영향을 받은 기록이라 할 수 있다.

신라의 경우에서도 법흥왕과 진흥왕이 실제로 출가하였는지는 분명하지 않다. 신라 사회에 토착 귀족세력의 기반이 보다 강하게 뿌리를 내렸기 때문에 불교 공인과정에서 귀족들의 타협을 이끌어 낼 수 있는 구세보살 사상이 보다 더 분명히 나타났다. 이에 비해 백제 사회에는 왕권이 강성했기 때문에 구세보살 사상이 뚜렷하게 나타난 것은 아니었다. 위덕왕이 출가하지 않은 대신 신하들의 대거 출가가 이루어졌다. 공인 이후 귀족불교로 발전하는 모습을 엿보게 하는 대목인 것이다.

구세보살 사상의 유입으로 자연 남방 불교사상이 백제 사회에 전해졌다. 중국 북방 불교는 불도징(佛圖澄)의 문하에서 도안(道安)이 나오고, 뒤에 나집(羅什)에 의해 교의를 신장하였다. 반면 남방 불교는 혜원(慧遠)과 각현(覺賢)에 의해 개척되었다. 나집이 정치적인 보호를 받으면서 천하의 영재가 그의 문하에 모였다면, 왕자불배론(王者不拜論)을 설해 권력을 배척한 혜원의 문하에는 고답적인 은사가 모여든 것이다. 남방에는 북방의 전란을 피해 산수 간에 고요히 도를 즐기는 명사가 많았다.

나집 이후 북방 불교에는 반야사상이 성하였고, 공사상도 크게 일어났다. 이는 객의불교의 전통으로 이해될 수 있다. 서진시대로부터 노장사상을 빌어서 불교의 경전을 해석하려는 격의불교가 지둔 도림에 의해 크게 흥성하였다. 노장의 〈무〉사상은 반야의 〈공〉사상을 이해하는데 도움을 주었다. 노장사상은 반야 계통의 공사상과 일맥상통하는 가운데 서진시대에 이르기까지 반야사상과 함께 성행하였다. 이를 바탕으로 승조(僧肇)의 「불진공론(不眞空論)」이 나왔다. 이 점은 고구려의 불교가 망명에 의해 격의불교를 수용한 이후 삼론(三論)사상을 성립시키면서 공관(空觀)의 이해에 보다 접근했던 사실을 연상시킨다.

나집 계통의 북방 불교가 대개 반야나 삼론을 연구하는 학풍을 이루었다. 이는 나집이 주가 되어 용수(龍樹) 계통의 경전을 받아들여 번역하고, 선전한 데에서 찾아진다. 그러나 노장사상이 환영되어 반야의 공사상과 합치된 사실을 염두에 두어야 한다. 중국 최초의 경전 연구는 반야경을 중심으로 색즉공의 근본 문제를 밝히려 했다. 진(晉)나라에 이르면서 중국에서는 반야사상이 연구된 것은 아니었다. 법화나 유마·열반 등의 경전이 왕성하게 연구되기에 이르렀다.

나집 이후 반야의 공사상이 북방 불교의 중심 교의가 되었다. 그러나 남방에서는 혜원이 각현(覺賢) 삼장(三藏)을 맞아 화엄경을 번역하여 출간한 이래 나집 계통의 실상론에 대항해서 연기론 계통의 불교가 성립하였다. 각현은 선종의 입장에서 경전을 번역하고자 했는데, 이러한 경향은 나집에 의해 배척을 받았다. 뒤에 그는 혜원에 의지하여 화엄경과 「승지율(僧祇律)」을 번역하였다. 남방에서 화엄경이 번역되자, 이 경전의 연구는 남방 불교 중심으로 유심사상이나 여래장사상의 기초를 마련하였다. 이후 중국 불교는 화엄종과 다른 한편으로 법화사상에 기초한 천태사상을 발전시켰다.

(2) 법화사상의 정착

대승불교의 정신을 가장 보편적으로 제시한 경전은 법화경이라 할 수 있다. 불교의 모든 경전이 부처의 말씀이 아닌 것이 없지만, 법화경은 석가가 설법한 내용을 바로 수록하였다는 점에서 불교사상의 근본을 담았다. 이 경전의 내용은 방편을 제시하여 불성을 깨닫게 하고, 삼승인이 모두 성불하게 한다는 것이다. 법화경의 이러한 회삼귀일(會三歸一) 사상은 일심삼관법(一心三觀法)의 논리로 전개되면서 천태사상을 성립시켰다. 법화경에는 수행을 내세우는 보현행원(普賢行願) 외에 관음보살의 영험신앙이 포용되었고, 정토(淨土)신앙이 추구되었다.

법화신앙의 근본 도량은 영취산(靈鷲山)에 상설되어 있다. 석가는 정토를 따로 갖지 않고 사바세계에 머무는데, 언제나 영취산에 주석하면서 설법·교화에 나섰다. 불타(佛陀) 상주의 법화도량인 영취산은 우리나라에도 여러 곳에 산명으로 남아있다.[87] 중생을 위한 불타의 설법으로 이뤄진 법화도량은 출가자 외에 재가신도의 성불을 부추김으로써 서민 대중의 호응을 받았다. 법화사상이 대승불교의 근본 교학으로 자리잡은 것도 이 때문이다.

서민 대중 중심으로 확산된 법화의 영험신앙은 삼국시대에도 광범하게 수용되었다. 문무왕이 즉위할 무렵 신라에는 낭지(朗智)가 낭주(良州) 아곡현(阿曲縣, 지금의 蔚山 지역)의 영취산에서 법화신앙을 펴고 있었다. 뒷날『추동기(錐洞記)』를 저술하여 의상계 화엄종을 계승한 지통(智通)은 의상의 문하에 들기 전에 낭지에게 나아갔다. 이때 그는 법화신앙을 전수받고 보현행(普賢行)을 닦았으며, 보현이 내린 계율을 지녔다.

고구려나 백제에도 법화신앙이 전파되었다. 고구려 파약(波若)은 중국의 천태산에 들어가 지자(智者)의 교관(敎觀)을 전수받았는데, 신이하고 영험한 행적을 많이 남겼다.[88] 그는 신이하게 입적하였는데,[89] 법화경을 읽으면서 염송하기 보다는 수관묘행(修觀妙行)하는 모습을 보여주었다. 파약 외에 법화신앙을 수용한 고구려의 혜자(慧慈)는 일본에서 활약하였다. 파약 역시 중국에서 입적하였기 때문에 이들의 법화신앙이 정작 고구려의 불교사상에 어떤 영향을 주었는지에 대해서는 잘 알 수가 없다.

백제 혜관(惠觀)은 법화경을 염송하는 것을 업으로 삼아 수덕사(修德寺)에서 이를 강설하였다. 그는 강남(江南)의 달라산(達拏山)으로 가서 거기서 입적하였다. 사람들이 시체를 관속에 안치했더니, 호랑이가 그 유해를 다 먹어버리고 오직 해골과 혀만을 남겼다. 3년이 지나도록 혀는 붉고 부드러웠는데, 후에 자주 빛으로 변하여 돌과 같아졌다. 사람들이 이를 공경하여 석탑 속에 간직하였다. 혜현은 중국에 유학하지는 않았지만, 그 명성이 알려져 중국 승전(僧傳) 속에 입전(入傳)되었고,[90] 신이한 영험신앙을 남겼다.

백제 출신으로 법화삼매관(法華三昧觀)을 닦았던 현광(玄光)이 있다.[91] 『송고승전』을 비롯한 중국 승전에 실린 현광은 신라 사람으로 기술되었지만, 웅천(熊川) 사람이어서 백제 승려로 보인다.[92] 원사료에 나오는 웅천이 꼭 웅주(熊州)였는가 하는 문제가 남지만, 현광은 백제 승려로 파악하는 것이 현학계의 정설이다. 그는 법화경에 의한 실천신앙을 추구하였다.

현광은 중국에 들어가 진(陳)나라의 남악(南岳) 혜사(慧思)로부터 법화경 「안락행품(安樂行品)」의 법문을 은밀하게 받았다. 이후 정진 수행하여 법화삼매를 증득(證得)하였다. 엄정한 규율 아래 청정하게 생활하던 혜사는 세속을 피하여 오로지 고된 수행에 힘썼다. 그는 『반야경』과 『지도론(知度論)』을 연구한 외에 특히 법화경을 독송하였을 뿐만 아니라, 안락행문을 중요시하여 선관을 닦았다. 후에 북제(北齊)의 혜문(惠文)으로부터 지관(止觀)을 전수받고는 더욱 계행(戒行)에 힘써 법화삼매를 추구한 실천적인 수행자였다. 그의 지관은 실천을 강조함으로써 천태 지개(智鎧)에게 영향을 주어 일심삼관법의 천태교학을 성립시켰다.

혜사가 본국으로 돌아가 사람들을 제도하도록 당부하니, 현광은 바닷길로 귀국하였다. 귀국하는 길에 그는 제석천궁의 초청을 받아 바다 밑의 용궁으로 가서 자신이 증득한 법화삼매를 설하였다고 한다. 이어 고향인 웅주 옹산(翁山)에 절을 세워 크게 교화하고, 많은 제자를 배출하였다.

현광이 고국에 돌아와 활동하였던 시기는 위덕왕대 후반이거나, 또는 법왕과 무왕대 전반기였을 것으로 추측된다. 백제 사회에서 그의 활동은 물론 실천적 법화신앙을 홍포하는 것이었다. 그가 진나라 형산(衡山)에서 혜사로부터 배운 안락행 법문은 삼승이 일승으로 모이는 〈회삼귀일〉 사상을 펼쳐, 방편을 통해 실상을 드러내려는 것이었다. 이 속에는 『묘법연화경』의 제14품인 「안락행품」에서 설해진 내용이 들어있다. 혼탁한 세상에 법화경을 널리 퍼뜨리기 위한 의도가 보인다. 곧 보살을 지켜 이루어야 할 신(身)·구(口)·의(意)·서원(誓願) 등 4종 안락행을 설하였다. 그는 법화경을 공부하면서 유상행(有相行)과 무상행(無相行)을 나누어 정진하기에 이른다. 이 가운데 전자는 법화경을 독송하는 것이지만, 후자는 안락행을 가르치는 것으로 매양 심묘한 선정에 머무르면서 삼가는 것이었다.

현광은 백제로 귀국하였지만, 중국 남악 혜사의 영당(影堂) 안에 모신 28명 진영(眞影) 중의 한 인물로 남았다. 그리고 천태산과 국청사(國淸寺)의 조당(祖堂)에도 그의 진영을 모셨다.[93] 중국의 실천 불교로서 법화신앙은 혜사와 그 후계자인 지개에 의하여 천태신앙으로 크게 일어났

다. 이때 현광은 백제에서 실천적이며 선관적(禪觀的) · 계율적 모습의
법화신앙을 전개하였다. 백제에 실천적인 법화신앙이 유행하였던 사실
은 다음 기록에서 이해할 수 있다.

갑인년(654) 정월 9월에 奈祗城의 砂宅智積은 몸이 날로 쉬이 늙음을 강개하여, 金
을 뚫어 금당을 세우고 옥을 다듬어 보탑을 세우니 혁혁한 모습은 神光을 내뿜어 구
름을 옮기고, 우뚝 솟은 자비한 모습은 聖明을 머금었다(砂宅智積碑).

사택지적은 642년에 그의 아들과
함께 일본에 사신으로 가서 활약한
인물이다. 그는 몸이 늙음을 안타까
워 하면서 절을 창건하고 보탑을 세
웠다. 이때 세운 절은 백제의 법화
사상을 이해하는데 도움이 된다.[94)]
보탑과 지적은 법화신앙과 연관되
었다. 보탑은 법화경의 「견보탑품
(見寶塔品)」에 보인다. 지적(智積)은
대통지승여래(大通智勝如來)의 16왕
자 중 맏이인데, 아버지가 깨달아
출가하자 사미가 된다. 그들은 법화
경을 통하여 깨닫고, 중생을 구제하

사택지적비. 지적은 일본에 사신으로 갔으
며, 법화신앙과 연결된 인물이다(국립부여
박물관 소장).

기 위해 역시 법화경을 설하였다. 따라서 지적의 집안은 일찍이 법화신앙과 연관되어 있었다.

지적보살의 아버지는 전륜성왕의 태자이었으나, 출가하여 깨닫고는 대통지승여래인 대통불이 되었다. 대통불신앙은 백제 사회에 널리 퍼져 있었다. 다음 기록에서 이를 살필 수 있다.

또 大通 원년(527) 정미에 梁나라 황제를 위하여 熊川州에 절을 세우고 이름을 大通寺라 하였다(『삼국유사』 권3, 원종흥법 염촉멸신조).

대통은 양나라 무제의 연호(527~529)이다. 기록상으로 백제의 대통사는 양의 황제를 위해 창건되었다고 한다. 백제가 양나라 문화를 솔선하여 받아들였다고 하지만, 대통사라는 절의 이름이 중국 황제의 연호에 한정된 의미로 사용하지는 않았을 듯하다. 대통사가 양의 황제를 위해 창건되었다는 것은 고려후기로 전승되면서 부회되었을 것이다.

공주에 세웠던 대통사는 대통불과 연관시켜 파악되어야 한다. 대통사의 창건은 백제에 법화사상이 퍼졌던 사실을 알려준다. 대통불은 법화경의 「화성유품(化城喩品)」에서 중생을 깨치는 것으로 비유하였다. 화성품은 고행에 지친 아들에게 신기류의 성을 보여주어 깨달음의 피안에 이르게 한다. 대통불에게 16명의 제자가 시방 국토에서 설법하는데, 이는 중생의 깨달음을 이끌어내는 법화사상과 연결된다.

백제에는 중국의 승전에 실릴 정도로 법화사상에 밝은 고승이 존재하였다. 백제 법화사상은 실천 수행적인 성격을 띠었다. 이 같은 신앙결사가 지적이 보탑이나 금당을 건립하는 것으로 나타났고, 대통사는 법화사상이 넓게 퍼졌던 백제 불교계와 연관하여 창건되었다.

(3) 여러 경전의 이해

무왕 때의 고승 혜현(惠現)은 법화신앙의 철저한 수행자여서 늘 법화경을 독송하였다. 그는 백제의 법화신앙이 염송적인 성격으로 흐르게 하는데 큰 역할을 한 인물이지만, 한편으로는 삼론에도 뛰어난 학자였다. 무왕 3년(602)에 일본으로 건너가 역서(曆書)와 천문·지리 및 둔갑·방술 등을 전하였다. 또 최고의 승정(僧正)이 되었다는 백제의 고승 관륵(觀勒)은 삼론사상을 깊이 탐구하였다.[55] 무왕 당시 고구려에서는 망명 이후 법랑(法朗)에 이르러 삼론사상이 성행하였다. 이로 미루어 백제에서도 삼론학이 연구되었던 것이 분명하다.

삼론학을 연구한 흔적에서 백제에는 반야 계통의 경전이 들어와 신봉되었던 사실을 짐작하게 된다. 무왕(武廣王)이 지모밀지(枳慕密地, 金馬왕궁터)에 천도하여 제석정사(帝釋精舍)를 새로 지었는데, 그 탑의 초석 안에는 동지(銅紙)의 『금강반야경』을 담은 목칠함(木漆函)과 부처의 사리가 함께 봉안되었다. 무왕 40년(639)에 크게 벼락이 치고 비가 내리면서 화재가 일어나 제석사가 모두 불에 탔으나, 사리병과 금강경 목함(木函)은 불에 타지 않아 불사리와 금강경이 그대로 보존되었다.[56] 뿐만 아니라 의자왕대 말에 일본으로 건너간 백제 승려 의각(義覺)도 특히 반야심경을 독송하였다.

이 밖에 백제에서는 유마경이나 성실론(成實論)에 대한 관심도 몇 군데서 나타난다. 의자왕 2년(656)에 북악니(北岳尼) 법명(法明)은 일본으로 건너가 유마힐경(維摩詰經)을 독송하면서 일본 대신의 병을 고쳤다.[77] 또한 의자왕 때에 일본으로 건너가 법문의 영수로서 존경을 받았다는 도장(道藏)은 『성실론소(成實論疏)』 16권을 저술하였다. 그는 법상(法相)과 구사(俱舍) 및 삼론 등에 밝은 학승(學僧)이었다. 일본에 전한 유마경이나 성실론 등은 백제에서 이미 유마경에 대한 독송 뿐 아니라 유식에 대한 이해가 깊었음을 알려준다.

688년에는 도장이 기우제를 주관하여 큰 비를 내리게 하였다. 그가 찬술한 『성실론소』는 훗날 동대사의 학승들이 성실론을 연구할 때에 반드시 참고할 정도로 일본 불교에 큰 영향을 주었다. 백제 승려 의영(義榮)은 『약사본원경소(藥師本願經疏)』 1권과 『유가론의림(瑜伽論義林)』 5권을 지었다.[98] 그 저서가 현재 전하지 않아 내용을 정확하게 알 수는 없다, 일본에 오기 이전부터 의영은 『약사본원경』과 유가론을 깊이 연구하여 그 사상에 전통하였다.

백제 불교가 귀족불교로 성숙하면서 여러 경전을 폭넓게 이해하는 수준에 도달하였다. 이는 반야나 삼론의 공사상에서부터 유가론 등 유식사상에 이르기까지 불교사상 전반에 대한 이해를 부추겼다. 열반경을 통한 불성론이 이해되는 기반은 바로 이 같은 백제 불교계의 분위기에서 찾아진다. 다음 기록을 참고해 보자.

왕이 사신을 양에 보내어 조공하고, 겸하여 표문을 올려 毛詩박사와 열반 등의 經義 및 工匠 · 畵師 등을 요청하였다. 양이 이를 들어주었다(『삼국사기』 권26, 성왕 19 년조).

이러한 내용은 중국측 기록에도 전한다. 백제가 양나라로부터 열반 등의 경소와 의공(醫工) · 화사 및 모시박사를 구하였다. 성왕 때에 백 제가 양나라에서 구한 불경은 열반경 외에도 여러 종류의 경소가 포함 되었다. 백제에서 열반경 외에 유통된 경전은 공관 계통과 유식 계통에 속한 것이다. 이로 보면 화엄경도 전해졌겠지만, 기록으로 전하는 바가 없다. 백제 사회에 성행했던 법화신앙을 생각한다면, 법화경이나 이에 대한 주석서도 전해졌음이 분명하다. 『삼국사기』가 불경 중에 특히 열 반경의 주석을 대표로 꼽았던 것을 보면, 성왕 당시 많은 불경 가운데 열반경에 대한 관심과 더불어 이에 대한 연구가 깊이 이루어졌음이 분 명하다.

중국 남조와의 정치적 · 문화적 교섭이 빈번했던 백제는 양나라로부 터 열반경에 관한 장소를 쉽게 구하였다. 왜냐하면 당시 중국의 열반학 파는 지리적으로 강남에서 성행하였고, 양나라의 불교는 열반경 사상 을 중심으로 성행하였기 때문이다.[99] 이 같은 백제 불교의 특성은 신라 불교가 화엄사상을 중심으로 발전했던 것과 대조를 이룬다. 418년에 진 (晋)의 법현(法顯)이 『대반니원경(大般泥洹經)』 6권을 번역하였고, 이후 담무식(曇無識)과 혜관(慧觀)이 각각 40권본(北本)과 36권본(남본)의 『대반열반경(大般涅槃經)』을 번역하였다. 또 양나라 때에는 법운(法雲)과 보량(寶亮)이 각각 『열반경의기(涅槃經義記)』와 『열반경의소(涅槃經義疏)』를 지었다.

법운의 법화경 주석에는 열반경의 지식이 활용되었다. 이전 송의 법요(法瑤)도 법화경 주석과 함께 열반경을 연구하였다. 이 같은 남조 불교는 바로 백제 불교에 영향을 주었다. 사바세계에 거처한 석가불의 설법은 영취산 법회에서 언제라도 듣게 된다는 법화신앙은 불성이 상주함을 생각하게 한다. 불성의 상주는 열반경에서 정리되었다. 불성론은 열반경의 번역과 함께 그 줄기를 갖추었다. 일체 중생도 모두 불성을 가졌다고 설하는 열반경은 모든 사람에게 성불의 가능성을 제시하였다.

고구려 승려 보덕은 연개소문이 도교를 크게 일으키는데 반발하여 완산주의 고대산(孤大山)으로 옮겨와 주석하였다. 일찍이 원효와 의상은 보덕에게 나아가 열반경과 유마경 등을 배웠다. 원효와 의상이 보덕을 직접 만나 가르침을 받았는지는 분명하지 않으나, 보덕의 사상에서 영향을 받았고 그의 가르침에 접했을 것이다. 또한 의천은 열반방등교(涅槃方等敎)가 보덕으로부터 전수되었다고 하였다. 이렇듯 고려시대에 보덕은 열반경 사상을 전한 인물로 이해되었다. 보덕은 열반경과 유마경 사상에 밝았다. 이로 미루어 백제 말 전주 지역을 중심으로 열반경과 유마경에 대한 관심이 고조되었음을 짐작할 수 있다.

법명(法明)이 일본에 유마경을 전하였다. 이는 백제 사회에 열반경과 함께 유마경 사상이 널리 유포되었던 사실을 입증한다. 그리고 백제 불교가 상주하는 불성을 찾으려는 자각으로 연결된다. 열반경 사상은 백제 불교가 불성론을 포용하는 계기가 되었다. 그것은 법화경이나 유마경 사상과 연결하여 성립되었지만, 이 밖에 반야나 삼론 등의 공관과 유식사상을 이해하는 여러 경전 사상에서도 영향을 받았다. 열반경 사상의 형성으로 백제 사회는 당시 중국 불교의 전반을 이해하게 되었다.

2) 귀족불교의 대중화

(1) 신이신앙의 강조

백제 불교는 공인 당시에 이미 신이신앙을 포용한 느낌을 안겨준다. 무속신앙 사회에 전래된 불교는 토착신앙을 흡수하면서 신이한 성격을 지닐 수밖에 없었다. 신라의 경우 공인 이전에 초전된 불교는 왕실 중심으로 수용되어 무교신앙을 대체한 인상을 준다. 그러다가 공인 이후 귀족이 불교를 수용하면서 불교신앙 내에 신이한 토착신앙이 흡수되기도 하였다. 공인 이전 백제 불교가 신이한 성격을 가졌는지, 혹은 신라에서처럼 무교신앙을 대체하는 성격을 가졌는지를 파악할 자료가 전하지는 않는다.

백제 불교에는 전래 당시부터 신이신앙이 비교적 분명하게 나타났다. 그 이유는 불교 공인과정에서 신라의 경우와는 달리, 왕실과 귀족과의 첨예한 대립이 나타나지 않았던 데에서 찾아진다. 백제 불교를 공인하는 데 기여한 마라난타는 신이한 행적을 지닌 인물이었다. 다음 기록을 참

연꽃 도깨비 전돌. 토착신앙과 불교신앙이 가미되었다(국립부여박물관 소장).

고해 보자.

마라난타는 胡僧이다. 신이와 감통은 정도를 짐작할 수 없으며, 방방곳곳을 돌아다
니기로 뜻을 세워 한 곳에 머무르지 않았다. 古記를 살펴보면 그는 본래 천축의 건
타라에서 중국으로 들어왔다. 건축할 재목에 몸을 의지하고 연기를 피워 그 징험으
로 벗을 불렀다. 그는 위험에 부딪치고 험난한 일을 겪었지만, 어려움과 괴로움을
무릅쓰고 인연을 따라, 아무리 먼 곳이라도 밟지 않는 곳이 없었다(『해동고승전』 권
1, 摩羅難陀전).

마라난타는 신이와 감통을 짐작할 수 없는 인물로 묘사되었다. 그는 신이한 방법으로 몸을 나타내고, 친구를 불러 모아 법을 전하였다. 『송고승전』에는 마라난타가 여환삼매(如幻三昧)를 얻어 물에 들어가도 젖지 않았고, 불에 들어가도 타지 않는다고 하였다. 그리고 능히 금이나 돌을 변화시킴이 무궁하였다고 한다. 공인 이후 백제 불교의 신이신앙은 귀족불교로 정립되면서 더욱 뚜렷하게 나타났다. 백제 불교는 여러 경전의 사상을 이해하는 기반을 구축하는 한편으로, 토착신앙을 흡수하는 등 신이사상을 내세웠다.

무왕 때에 활동한 지명(知命)은 미륵사의 창건에 깊이 간여하였다. 그런데 『해동고승전』이나 『삼국사기』 신라본기에 나타난 지명(智明)은 신라 승려이다. 지명(知命)과 지명(智明)은 신이신앙을 포용한 면에서 비슷한 성격을 가진 승려임이 분명하다. 우선 지명(智明)에 대해서는 다음 기록을 참고로 할 수 있다.

지명은 신라 사람이다. 신통과 지혜가 있어 깨달음이 뛰어났으며, 행하고 그침이 법도에 맞았다. 안으로는 비밀스런 수행을 닦아 쌓으면서도 항상 남의 덕을 찬양하고 그것을 끌어당겨 나에게로 향하게 하였다. 값진 것을 희사하여 남에게 주고 온화하면서도 의기가 높아 그 행동에는 볼만한 것이 있었다(『해동고승전』 권2, 智明전).

신통한 지혜를 지녔던 지명은 비밀스런 수행을 닦았다. 이는 그가 신이신앙의 면모를 보여주는 대목이다. 그는 진평왕 7년(585) 7월에 진

(陳)나라에 들어가 법을 구한 다음, 진평왕 24년(602) 9월에 입조사를 따라 귀국하였다. 진평왕은 그의 인품을 우러러 사모하고, 귀중히 여겨 대덕으로 삼았다. 지명이 중국 유학길에 오른 사실은『삼국사기』신라 본기에 그대로 나온다.『삼국사기』에는 그가 입조사인 상군(上軍)을 따라 귀국한 것으로 기록하였다.『해동고승전』이나『삼국사기』에는 그가 계행(戒行)을 지녔던 탓에 진평왕으로부터 공경을 받았다고 하였다. 이로 보면 지명은 신이신앙과 함께 계행을 중시했던 행적이 분명하게 드러난다.

지명이 백제 무왕 때의 지명(知命)인지는 분명하지 않다. 그도 역시 신통력을 지닌 인물로 계행을 중시하였다. 다음 기록을 참고해 보기로 하자.

이에 금을 모아 산더미만큼 쌓아놓고 龍華山 師子寺의 知命법사에게 가서 금을 운반할 계획을 물었다. 법사가 말하기를 "내가 神力으로써 가히 보낼 것이니 금을 가져오도록 하십시오" 라고 하였다. 이에 공주가 편지를 써서 금과 함께 법사 앞에 갖다 놓았다. 법사는 신력으로 하룻밤 사이에 신라 궁중으로 보냈다. 진평왕은 그 신비스러운 일을 이상히 여겨, (서동을) 더욱 존경하고 항상 글을 보내어 안부를 물었다(『삼국유사』권2, 무왕조).

무왕 때의 지명법사는 사자사에 거주하면서 미륵사의 창건에 간여하였다. 이 때문에 미륵의 하생신앙과 연결하여 계행을 중히 여겼다. 하생한 미륵은 혼탁한 사회에 계행을 설법하여 중생을 제도하였다. 그런데 지명은 신이신앙을 지닌 인물이었다. 그는 서동이 캔 금과 공주의 편지를 신력으로 신라의 진평왕에게 전하였다.

무왕과 부인이 사자사에 가려고 용화산 아래 큰 못가에 이르니, 미륵 3존이 못 속에서 나타나므로 수레를 멈추고 공손히 예를 올렸다. 여기에 큰 절을 짓고자 하여, 지명법사에게 가서 못을 메울 일을 물었다. 그는 신력으로 하룻밤 사이에 산을 헐어다가 못을 메워 평지를 만들고, 미륵사를 창건하였다. 이렇게 되면 지명(知命)은 비슷한 시기에 신이신앙을 내세우면서 계행을 중시한 신라의 지명(智明)과 같은 인물이었을 듯하며, 백제 사람으로 이해되기도 한다.

설혹 같은 사람이 아니라 하더라도 백제의 공인 불교가 신이신앙을 포용하면서 계율을 강조한 것은 분명하다. 신이신앙 속에는 토착신앙이 흡수되었다. 이는 백제 불교가 귀족불교로 발전하면서 한편으로 대중화하는 모습을 생각하게 한다. 지명법사가 금을 신라 궁전으로 옮기거나, 못을 메워 평지를 만드는데 도움을 받았던 신력은 토착신앙과 연결된 것으로 추측된다. 다음 기록을 참고해 보기로 하자.

王興寺를 창건하고 30여 명이 승려가 되는 것을 허락하였다. 크게 가물자 (법)왕은 漆岳寺에 행차하여 비가 내릴 것을 빌었다(『삼국사기』 권27, 법왕 2년 정월조).

법왕은 살생을 금하고 민가에서 기르는 매와 새매를 방생하였다. 그리고 고기잡이나 사냥 도구들을 태워버릴 정도로 계율을 중시한 호법의 군주였다. 이러한 맥락에서 그는 왕흥사를 창건하고 30여 명의 출가를 허락하였다.

가뭄이 들자 법왕은 칠악사에서 기우제를 주관하였다. 이는 무교신앙의 제의를 왕이 주관한 전통을 떠올리게 하는 대목이다. 칠악사에서 치른 기우제는 불교의 신이신앙 속에 토착신앙을 흡수한 모습으로 다가온다. 의자왕 때에 백제가 쇠망함에 이르자, 북악의 오합사에 붉은 말이 들어와 법당을 돌다가 죽었다. 그리고 왕흥사의 승려들은 큰 물결을 따라 배가 돛을 달고 들어오는 것을 보았다. 이렇듯 백제의 중요 사찰인 오합사와 왕흥사는 토착신앙과 밀착되었던 것이다. 이 밖에 천왕사(天王寺)나 도양사(道讓寺)·백석사(白石寺)에서는 탑이나 강단에 벼락이 쳤다. 재앙의 징조로써 벼락이 내리친 절의 탑이나 강단에서 백제 불교가 신이신앙 강조와 함께 토착신앙을 흡수한 모습을 보여준다.

(2) 관음신앙의 유행

백제 불교가 신이신앙을 지녔을 뿐만 아니라 법화경을 중하게 여겨 그 사상이 성행하게 함으로써, 관음신앙의 유행을 부추겼다. 관음은 세상의 모든 음성을 관(觀)하는 보살이다. 때문에 서민 대중은 소소한 모든 서원을 관음보살에게 빌었다. 관음보살이 서민 대중과 가까웠던 이유는 바로 이런 면에서 찾아진다. 관음보살이 서민 대중의 서원을 해결하는데 신이한 영험이 뒤따른다. 현재 전하는 『법화영험전(法華靈驗

부여 정림사지 오층석탑. 전형적인 백제의 목탑형식을
계승하였다.

傳)』은 법화사상을 근거로 관음보살의 영험담을 수록한 것이다.

백제 사회에 관음신앙이 유행하게 된 까닭은 백제 불교의 신이신앙이나 법화사상에서만이 찾아지는 것은 아니다. 애초에 백제 불교는 해양을 따라 들어왔고, 이 과정에서 관음신앙이 강조되었다. 다음 기록에서 이런 면은 살필 수 있다.

무릇 삼한이란 마한·변한·진한이 그것이다. 『寶藏經』에 이르기를 "동북방에 震旦國이 있는데 혹은 支那라 하며, 여기서는 多思惟라 한다. 이 나라 사람들이 많이 생각하여 여러 단서를 끌어내기 때문이며, 곧 大唐國이다"라고 하였다. 그런즉 삼한의 염부제 동북쪽에 있으며 바다 가운데의 섬이 아니다. 부처가 열반한 후 600여 년 만에 다시 크게 일으킨다. (삼한 중에) 聖住山이 있으니, 그 이름을 實利母怛梨라고 한다. 험준한 봉우리가 높이 솟았는데, 관세음보살의 궁전이 이 산의 정상에 있으니, 즉 月岳이다. 이곳에 대해서는 거주해 보지도 못했으며, 다 쓰기 어렵다. 그런데 백제는 마한을 말하는 것이다(『해동고승전』 권1, 마라난타전).

관음의 정토는 동북방에 위치한 진단국 또는 지나나 다사유국에 있다. 이 나라에 자리한 성주산을 실리모달리라 불렀는데, 여기에 관세음보살의 궁전이 있다. 이때 동북방에 위치한 진단국을 마한과 연결시켜 백제국으로 인식하여 흥미롭다. 관음보살의 정토는 바닷가의 성주산 또는 월악에 있다. 이렇듯 백제는 관음보살의 정토와 연관되었고, 관음보살이 상주한다는 신앙을 깊이 간직하였다. 그런데 현실적으로 백제 사회에 관음신앙이 왕성하였다는 자료가 남아있지는 않다.

신라가 삼국을 통일한 이후에는 불교신앙이 대중화되었다. 불교의 대중화에 기여한 관음신앙이 신라 사회에 크게 성행하였다. 그리하여 동북방에 낙산사를 창건하여 관음보살의 정토가 마련되었다. 낙산사의 관음신앙은 화엄경에 나오는 선재동자의 수행 과정을 돕는 실천을 강조한다. 신라 중대의 관음신앙에는 서방정토에 태어나기를 비는 아미타경은 물론 서민 대중의 여러 서원을 들어주는 법화경의 「관세음보살보문품」 사상이 모두 나타난다.

관음은 국로(國老)인 경흥(憬興)의 병을 고치거나, 피랍된 국선 부례랑(夫禮郎)을 구해 주었다. 또 집나간 보개(寶開)의 아들 장춘(長春)을 돌아오게 했고, 희명(希明)의 눈먼 아기가 눈을 뜨게 도와주기도 하였다. 관음이 낭자로 변신하여 나타나서 수도하던 노힐부득(奴肹夫得)과 달달박박(怛怛朴朴)의 성불을 부추겼다. 이 같은 관음신앙이 백제 사회에 수용되었던 듯하다. 다만 국토 자체를 동북방의 관음정토로 믿었던 백제 사회가 보타낙가산을 국토 동북방에 새로 설정하는 신앙을 따로 일으킬 필요는 없었다.

 백제 사회에는 화엄경에 의거한 실천 수행을 강조한 관음신앙이 대두한 것 같지는 않다. 미륵신앙을 강조한 백제는 현실 사회를 정토로 인식하려는 신앙이 암암리에 퍼져 있었다. 때문에 서방정토를 추구하는 관음신앙 역시 미약하게 나타났다. 백제의 관음신앙은 법화경 사상과 연관하여 유행하였다. 그리고 「관세음보살보문품」에 의한 영험신앙이 주류를 이루었다. 이 같은 상황 속의 백제 관음신앙은 서민 대중의 서원을 들어주고, 충족시키는 역할을 담당하였다.

 백제에 법화신앙이 널리 유포되었음을 알려 주는 자료는 『관세음영흠기』이다. 백제에는 관음신앙이 펴져 도처에서 관음경을 독송하였다. 백제 무령왕 때의 승려 발정(發正)은 중국에서 공부를 마치고는 30여 년 만에 귀국 길에 올랐는데, 월주(越州)에서 관음 영험의 도량을 목격하였다. 발정이 관음을 접한 사실은 백제의 관음신앙과 연관된다. 백제 사회에서는 관음경보다 관음신앙이 더 크게 유행하였다. 이로 미루어 관음경 역시 얼마만큼은 이해되었을 것이다.

 발정의 관음신앙은 『묘법연화경』 제25품 「관세음보살보문품」에 설한 내용을 실천하는 것이다. 이는 영험담으로 구성되었고, 심화된 사상을 담지는 않았다. 그래서 신이한 영험신앙을 수용하는 것으로 그쳤다. 그런데 발정의 영험설화의 내용 속에는 화엄경과 법화경의 우열을 다룬 부분이 있다. 그는 이 두 가지 경전 가운데 법화경의 우월성을 강조하였다.[100] 이 점은 백제 불교 속에서 화엄사상에 관한 기록을 잘 찾아볼 수 없다는 데서 비롯하였다. 화엄이 성행한 신라의 경우와는 달리 백제의 관음신앙은 법화사상에 기인하여 유행하였다.

사료적 가치가 다소 떨어지는 조선시대 자료이기는 하지만, 성덕산(成德山)의 「관음사사적(觀音寺事蹟)」은 백제 사회에 관음신앙이 널리 유포되었음을 보여준다. 충청도 대흥(大興)에 살았던 홀아비 장님 원량(元良)에게는 효성이 지극한 딸 홍장(洪莊)이 있었다. 그 효성으로 말미암아 홍장은 동진국(東晉國)의 왕후가 되었다. 홍장왕후는 모국과 아버지를 위해 여러 불사(佛事)를 베풀었는데, 원불(願佛)로 관음상을 주조하여 모국의 인연이 있는 곳에 닿도록 배를 띄워 보냈다. 배가 마침 전남의 낙안(樂安) 바닷가에 이르자 이 지역의 처녀 성덕이 불상을 봉안하여 관음사를 창건하였다고 한다.[101]

성덕 처녀는 백제 관음신앙을 상징하는 존재로서 일본의 성덕태자(成德太子)와도 깊은 연관을 가졌다. 일본 불교를 크게 일으키는 성덕태자는 관음의 화신으로 파악되었다. 백제의 관음신앙이 일본에 전해져 불교를 일으키는데 크게 이바지하였다. 백제의 성명왕(聖明王) 30년(522)에는 불상과 경전은 물론 불사리 등을 일본으로 보냈는데, 그 속에는 관음상과 관음경도 포함되었을 것이다.

백제 관음신앙의 근본 도량은 성덕산이었고, 이는 성덕 처녀와 연관된 연기설화를 낳았다. 그리고 백제 관음신앙이 일본에 전해져 이를 크게 일으키는데 공헌한 성덕태자의 이름으로 나타났다. 이것은 백제 사회에서의 관음신앙 및 일본으로 건너간 백제 관음신앙의 위치를 가늠하게 한다. 현재 일본 나라[奈良]의 법융사(法隆寺)에는 백제 관음으로 부르는 빼어난 조형미의 목제관음상이 소장되어 백제 괌음신앙이 유행한 자취를 느낄 수 있다.

일본에 전한 선광사연기(善光寺緣起)에는 백제에 『청관음경(請觀音經)』[102] 및 이에 따른 생신여래(生身如來) 신앙이 존재했던 흔적을 보여준다. 이것은 밀교에 속한 관음신앙이다. 그런데 밀교신앙이 백제 관음신앙 속에 강하게 나타난 이유는 잘 알 수 없다. 생신여래는 무량수불과 관음·세지(勢至)보살을 이름인데, 인도의 중생을 제도한 다음에 백제의 왕궁으로 날아와 중생 교화에 나섰다고 하였다.[103] 이러한 연기설화는 인도의 월개(月盖)장자가 석가불에게 간청하여 초청한 생신여래가 나쁜 병을 물리쳤다는 내용을 근간으로 이루어졌다. 그러니까 백제 왕실은 과거의 월개장자를 표방했던 셈이다. 백제 사회에 존재한 생신여래 신앙은 비록 밀교와 연관되었지만, 중생을 구원하는 「관세음보살보문품」의 신앙을 함께 내포했던 것이다.

백제 관음신앙은 법화사상과 연관하여 서민 대중 중심으로 수용되었다. 관음신앙 외에도 백제 사회에는 사방불(四方佛) 신앙이 유행하였다. 예산군(禮山郡) 봉산면(鳳山面) 화전리(花田里)에서 발견한 사방불은 6세기 중엽에 조성된 백제 불상이다. 사방불 신앙은 호국신앙으로 나타난 사천왕 신앙과도 연관된다.[104] 백제 사회에도 미약하지만, 사천왕 신앙이 존재하였다.[105] 백제 쇠망을 알리는 징조로써 탑에 벼락이 내려쳤다는 천왕사(天王寺)의 존재에서 이를 짐작할 수 있다.

3. 미륵신앙의 유행과 계율

1) 미륵사의 창건과 계율

(1) 미륵사의 창건

우리 사회에는 미륵신앙이 토속신앙과 융합되어 널리 퍼져 있다. 한 국사에서 미륵신앙의 흔적을 가장 뚜렷하게 남긴 국가는 백제였다. 그 래서인지 역사상 유명했던 미륵신앙에 관한 유적은 대체로 호남 지역 에 전해져 내려온다. 금산사(金山寺)의 미륵존을 비롯하여 익산의 미륵 사나 은진의 미륵불상 등이 그 대표적인 것이다. 이 점은 미륵신앙으로 대변되는 백제 불교의 전통과 연관된다.

백제에서는 미륵신앙이 널리 유행한 가운데, 특히 웅진 지역의 미륵 신앙은 잘 알려졌던 듯하다. 신라 진지왕대 흥륜사(興輪寺)의 승려인 진자(眞慈)는 매번 당주(堂主)인 미륵상 앞에 나아가 발원하였다. 이때 진자는 미륵대성께서 화랑으로 세상에 출현하면, 항상 친근하게 받들 어 모시겠다는 서원을 올렸다. 그러던 중 꿈에 미륵대성이 나타나 진자 에게 말하기를 웅천(熊川)의 수원사(水源寺)에 가면, 미륵선화(彌勒仙 花)를 만나 볼 수 있을 것이라 하였다. 진자는 꿈에서 깨어나 기뻐하며 그 절에 찾아가니, 문밖에서 한 소년이 웃으면서 반가이 맞았다. 그가 바로 미륵선화였다.

신라 흥륜사의 주존도 미륵이다. 이렇듯 신라 사회에서도 미륵신앙은 뿌리를 내리고 있었다. 그럼에도 진자는 공주의 수원사로 가서 미륵선화를 맞이하고자 하였다. 진지왕 당시는 백제 위덕왕 때여서 한강 유역을 둘러싼 두 나라의 분쟁은 진자로 하여금 공주 지역으로 나아가지 못하게 막았을 법도 하다. 진자가 미륵선화를 구한 연기설화는 백제에서도 특히 공주 지역이 미륵신앙의 상징으로 자리하였던 때문인 듯하다. 〈진자(眞慈)〉라는 이름은 미륵신앙과 연관하여 붙인 것이다. 수원사가 위치했던 지역이나, 역사에 나타난 역할 등은 전혀 알 수 없다. 그러나 미륵신앙을 구하는 과정에 상징적 원류로 삼았을 가능성은 보인다.

　미륵신앙은 웅진시대에 크게 유행하였지만, 백제 미륵신앙의 구체적인 모습을 찾기는 어렵다. 다만 시대가 조금 내려가는 다음과 같은 왕흥사(王興寺) 창건 기록을 빌려 백제 미륵신앙의 내용을 읽을 수 있다.

① 法王 2년 春正月에 王興寺를 창건하고 度僧 30인을 두었다(『三國史記』 권27).

② 武王 35년 春2월에 낙성되었다. 그 절은 강에 임하였고 장려하게 장식하였다. 왕이 매번 배를 타고 절에 들어가 行香하였다(『삼국사기』 권27).

③ 명년 庚申에 度僧 30인을 두고, 당시 도성인 사비성에 왕흥사를 창건하려 했는데 겨우 터만 닦고 돌아가니, 무왕이 즉위하여 아버지가 세운 사업을 계승하고 數紀를 지내어 낙성하였다. 그 절을 미륵사라 이름하였는데, 산을 등지고 물을 내려다보며 花木이 수려하여 四時의 아름다운 경관을 갖추었다. 왕이 매양 배를 타고 河水를 따라 절에 와서 그 形勝의 壯麗함을 찬탄하였다(『三國遺事』 권3, 法王禁殺조).

그러나 미륵사의 창건에 대한 다른 기록은 다음과 같이 전한다.

武王은 부인과 더불어 師子寺로 가고자 하여 용화산 아래의 큰 못가에 이르렀는데, 미륵 3존이 못 가운데에서 출현하였으므로 수레를 멈추고 경례하였다. 부인이 왕에게 말하기를 이곳에 큰 절을 이룩하는 것이 나의 소원이라 하였다. 왕이 허락하고 智命에게 일러 소임을 맡기니 神力으로 하루 밤에 산을 무너뜨려 못을 메우고 평지를 만들어서 미륵 3존상과 會殿·탑·廊廡를 각각 세 곳에 세워 額號를 미륵사라 하니〈國史에는 홍왕사라 말함〉 眞平王이 百工을 보내어 도와주었는데, 지금까지 그 절이 있다(『삼국유사』권2, 武王조).

법왕 때에 창건한 왕흥사(王興寺)와 무왕 때에 완성되는 미륵사는 무언가 연관되었다. 『삼국사기』 법왕(法王)조에서는 왕흥사의 창건만을 기록하고, 미륵사와 관련한 내용은 건드리지도 않았다. 그러나 『삼국유사』 무왕조에는 미륵사의 창건을 무왕 특히 선화공주(善花公主)의 발원에 따라 이루어진 것으로 기록하였다. 그리고 세주(細註)에서는 국사(國史)에서 말하는 왕흥사라고 덧붙여 부기(附記)하였다. 왕흥사와 미륵사를 직접적으로 연결시켜 적은 것은 『삼국유사』법왕금살조의 기록이다. 법왕이 사비성에 왕흥사를 창건하기 위해 겨우 터만 닦고 돌아가니, 아들인 무왕이 이를 완성하여 미륵사라 불렀다.

왕흥사와 미륵사에 관한 이러한 자료상의 혼동 때문에 각각 따로 존재했던 절로 파악하거나[106] 왕흥사 낙성 이전에 이미 미륵사가 창건되었

미륵사 창건 사실이 기록된 무왕조(『삼국유사』 권2).

던 것으로 보기도 하였다.[107] 미륵사가 왕흥사와 다른 절이라 하더라도
서로 관련되었다는 데에서 백제 미륵신앙의 편린을 이해하게 된다. 왕
흥사는 그 명칭으로 보아 왕실에서 경영한 왕권의 전제화와 관련한 사
찰로서 국왕의 권위 신장을 위해 건립되었다. 이는 전륜성왕을 연상시
키게 하는 이른바 신라의 흥륜사와 대비된다. 이름만으로 왕흥사를 흥
륜사와 비교할 수는 없지만, 적어도 미륵신앙과 연결된다는 점에서 그
런 추측이 가능하다.

백제 불교에도 전륜성왕의 관념이 존재했을 법하지만, 사비시대 이후
에는 강조되지 않았다. 미륵과 관련한 절에 왕권의 상징인 왕흥사라는

이름을 붙인 데서 그런 추측이 가능하다. 이때가 되면 미륵의 제도(濟度)로 용화세계를 건설하려는 움직임이 서서히 부각되었던 듯하다. 선화공주의 발원으로 미륵삼존의 출현을 경배하기 위해 용화산 아래에 미륵사를 건립하였다. 이는 용화 이상세계의 재현을 의도한 것이었다. 미륵사와 사자사의 관계에서도 이러한 추측이 보다 더 가능해진다.

　미륵사를 창건한 선화공주는 사자사와 깊은 관련을 맺었다. 무왕과 선화공주가 사자사로 가는 도중에서 보았던 미륵삼존의 출현은 미륵사 창건의 계기가 되었다. 미륵사 창건 이전에도 선화공주는 사자사의 지명법사와 친분을 두터이 하였다. 서동(薯童, 武王)이 마를 캐면서 채취한 금을 산더미처럼 쌓아두었다. 무왕과 선화공주는 용화산 사자사의 지명법사에게 나아가 금을 옮길 계책을 물었다. 선화공주가 편지를 써서 금을 사자사에 가져다 놓으니, 지명법사가 신력으로써 하루 밤에 신라 궁중으로 실어다 놓았다. 백제 승려 지명이 구체적으로 어떤 인물인지는 더 깊이 살필 길이 없다. 그는 사자사에 주석하였고, 왕실과 밀착된 인물이었을 것이다. 특히 미륵사를 창건하기 위해 하루 밤 사이에 산을 깎아 못을 메웠다고 하였다. 지명은 미륵사의 창건에 깊이 관여하였던 것이다.

　사자사는 미륵신앙과 연결되었다. 사자사(師子寺)라는 이름은 도솔천(兜率天) 내의 사자상좌(師子床座)에서 유래한 것이다.[108] 미륵보살은 상생(上生)하여 도솔천 칠보대(七寶臺) 안 마니전(摩尼殿) 위에 자리한 사자상좌에 앉아 설법하고는 화생(化生)한다.[109] 사자상좌 내지 사자사는

백제의 금동미륵반가사유상(국립중앙박물관 소장).

미륵의 출현에 얽힌 신앙을 함축하고 있다. 사자사의 주존불은 도솔천에서 주야로 육시(六時)에 설법하는 교각의 상(交脚倚像)의 미륵보살로 추측된다. 도솔천에서 설법을 마치고 화생한 미륵존을 위해 건립한 도량이 바로 미륵사인 셈이다.

미륵사는 사자사와는 달리 도솔천 교화를 담당한 미륵보살을 봉안하지 않고, 당래불인 미륵존을 모셨다.[110] 이는 용화산 아래에 백제의 이상적인 세계였던 미륵불사를 펼쳐 놓은 셈이다. 무왕은 미륵불의 이상세계를 실현하고자 미륵사를 창건하였다. 산을 등진 미륵사는 강에 임박하여 지었고, 수려한 꽃과 나무가 장려하게 장식되었다. 그리고 왕은 매번 배를 타고 절에 들어갔다는 표현도 용화 이상세계의 설정과 연관된다.

무왕은 용화세계의 이상을 백제 땅에 실현하기 위해 미륵삼존을 봉안할 미륵사를 세워 가람을 세 군데에 배치하였다. 이는 용화수 아래에 미륵불이 출현하여 3회의 설법을 통해 모든 중생의 제도를 실현했다는 내용을 비유한 것이다.[111] 백제의 미륵불이 용화산 아래에 출현하고, 그 자리에 세 군데의 설법 자리를 미륵사의 건립으로 마련한 셈이다. 이때 무왕 자신은 미륵성불시 당대의 세상을 다스린 왕이었던 상구(蠰佉)전륜성왕으로 비유되기도 한다. 왕흥사가 흥륜사로 대비되는 가운데 백제 왕실은 전륜성왕을 자처하였다.

백제의 미륵신앙 속에 이상사회를 구현하려는 모습은 보이지만, 이를 노골적으로 부각하지는 않았다. 여러 가지 정황으로 보아 왕흥사나 무왕을 전륜성왕 신앙과 연결되기는 하지만, 이에 대한 확실한 기록은 찾을 수 없다. 그리고 왕흥사와 미륵사를 연결한 기록도 별로 없다. 이런 점으로 미루어 백제 미륵신앙 속에 이상사회를 건설하려는 측면은 크게 강조되지 않은 채 은유적으로 나타났던 것으로 보인다.

(2) 계율의 강조

백제 불교에서는 계율이 강조되었다. 엄격한 계율이 뒤따랐는데, 이는 미륵신앙과 연결되어 흥미롭다. 다음 기록을 참고해 보기로 하자.

法王 원년 겨울 12월에 명령을 내려 살생을 금하도록 하였고, 민가에서 기르는 매를 놓아 주고 고기잡이나 수렵 도구를 불사르게 하였다(『삼국사기』 권27).

이 같은 내용은 『삼국유사』 권3, 법왕금살조 기록에도 그대로 나온다. 법왕은 고기잡이나 수렵 도구를 불사르고 사냥하는 매를 방생하는 등 엄격한 계율을 시행하도록 하교하였다. 법왕 때의 계율은 왕흥사 내지 미륵사의 창건과 연관하여 강조되었다.

법왕 때보다 시기가 빠른 성왕 때에는 겸익(謙益)이 율부(律部)에 전념

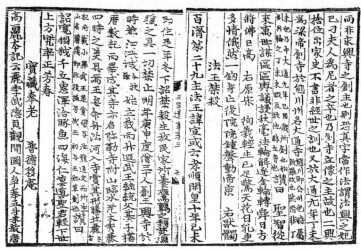

형식에 흐를 정도인 백제불교의 계율사상이 실려있는 법왕금살조(『삼국유사』 권3).

하였다. 백제 성왕 4년에 겸익은 계율을 구하고자 중부 인도에 이르렀다. 이어 5년 동안 범문(梵文)을 익혀 천축어에 밝았고, 율부를 깊이 전공하였다. 범승(梵僧)인 배달다삼장(倍達多三藏)과 더불어 범본(梵本) 아담장오부율문(阿曇藏五部律文)을 싣고 귀국하니 백제왕이 그를 맞아 흥륜사에 머물게 하였다. 그리고 국내의 이름난 승려 28인을 불러 겸익과 더불어 율부 72권을 번역하게 하였다. 이에 담욱(曇旭)·혜인(惠仁) 두 법사가 율소(律疏) 36권을 저술하여 왕에게 올리니, 왕은 신율(新律)의 서문을 지었다.[112]

이 같은 겸익의 계율에 관한 기록은 사료적 가치가 다소 떨어지는 「미륵불광사사적(彌勒佛光寺事蹟)」을 인용한 것이다. 그러나 백제에서 계율이 중시되었음을 알려 주기에는 충분한 자료이다. 백제에 유학온 일본의 선신니(善信尼)는 율학을 배워 위덕왕 35년(588)에 일본으로 돌아가 율학의 시조가 되었다. 성왕 때를 전후한 시기 백제 불교는 일본에 큰 영향을 끼칠 정도로 계율이 성행하였다. 백제 불교의 계율은 당시 유행한 미륵신앙과는 표리 관계를 이룬 가운데 강조되었다는 사실을 유념할 필요가 있다.

미륵불광사는 백제 미륵신앙이 계율과 연결되었던 점을 알려준다.[113] 미륵불광사가 겸익과 어떻게 연관되었는지를 잘 알 수는 없다. 이 때문에 백제 불교의 계율이 반드시 겸익과 연결되었을 것이라는 생각을 주저하게 한다. 겸익은 인도로부터 돌아온 후 홍륜사에서 율부의 번역과 그 주석 작업을 주도하였다. 홍륜사는 전륜성왕의 이념을 포용하는 과정에서 창건된 절이다. 그리고 주존은 신라에서처럼 미륵불이었음이 분명하다. 아울러 성왕은 전륜성왕의 끝 자를 따서 붙인 왕명이라는 추측도 있다.[114] 이런 점은 백제의 미륵신앙과 계율이 밀접하게 연결되었다는 생각을 하게 된다.

백제 미륵신앙은 계율을 강조하였다.[115] 용화세계를 구현하기 위해 십선도(十善道)의 수행을 실천 목표로 삼았기 때문에 백제의 미륵신앙은 계율주의적 성격을 지녔다. 그래서 백제 미륵신앙과 계율과의 관계를 조금 더 구체적으로 지적할 필요가 있다. 이런 점에 대한 직접적인 자료를 찾아보기는 사실상 어렵다. 신라 중대 진표의 미륵신앙을 빌려 백제 불교를 유추할 수밖에 없다.

금산사의 미륵전. 백제 미륵신앙을 계승한 진표에 의해 창건되었다.

　진표는 금산사에 주석하면서 계율을 닦았다. 그의 계율은 망신참(亡身懺)과 같은 것이어서 몸을 바위에 던져 무릎이 깎이고 피부가 떨어져 나가는 가혹한 것이었다. 진표는 효성왕 4년(740)에 처음 지장(地藏)으로 부터 정계(淨戒)를 받았으나, 이에 만족하지 않은 채 더 가혹한 수련을 계속하였다. 마침내 미륵이 현신하여 『점찰경(占察經)』 2권과 함께 간자(簡子) 189개를 내리면서 다음과 같이 말하였다.

　그 중 제8 간자는 新得妙戒를 비유한 것이고 제9 간자는 增得具戒를 비유한 것이다.

　이 두 간자는 나의 손가락뼈로 만들었으며 나머지 간자는 모두 沈檀木으로 만들어서 여러 번뇌를 비유한 것이다. 너는 이것으로써 세상에 법을 전하여 사람들을 구제할 뗏목을 만들어라(『삼국유사』 권4, 진표전간조).

우선 진표는 백제 불교의 전통을 계승한 인물로 이해된다. 그는 완산주(完山州) 만경현(萬頃縣) 사람이었고 속성은 정씨(井氏)였다. 백제의 고위 중앙귀족의 후예로 알려진 그는 스스로 백제 사람이라 자처하였다. 어릴 때 밭두렁에서 개구리를 잡아 버들가지에 꿰어 물속에 담그어둔 진표는 곧 산으로 가서 사냥을 한 다음 집으로 돌아왔다. 며칠 후 논두렁으로 다시 갔을 때 아직도 살아 움직이는 개구리를 보고, 충동을 느낀 나머지 출가하였다. 이때 버들가지에 꿰었던 개구리는 백제 사람을 상징한 것이다. 그는 백제의 부흥운동을 종교적인 신앙운동으로 전개한 인물로 알려졌다.[116] 백제 불교의 부흥을 꿈꾸었기 때문에 진표의 미륵신앙은 백제 미륵신앙을 이해하는 실마리를 제공해 줄 것이다.

진표의 교학에서는 미륵신앙이 중시되었다. 그는 미륵을 주존으로 받드는 법상종(法相宗)을 창립하였다.[117] 그러나 그의 교학은 법상종이 아닌 점찰법회(占察法會)를 여는 것이었다. 그리고 미륵은 증명사(證明師)의 위치에 지나지 않았다. 그래서 진표는 실제 지장(地藏)을 중시하였던 인물로 평가하는 경향도 있다.[118] 다만 『삼국유사』 진표전의 전반적인 분위기는 지장보다 미륵이 더 수승(殊勝)한 것으로 기록하였다. 미륵이 내린 189개의 간자는 『지장경』에 나오는 189개의 「인과응보상(因果應報相)」을 나타낸 것이지만, 심단목(沈檀木)으로 만든 나머지의 간자를 강조하는 것은 아니다. 이는 번뇌를 표시한다. 미륵이 강조한 간자는 제8의 「신득묘계(新得妙戒)」와 제9의 「증득구계(增得俱戒)」이다. 왜냐하면 이는 바로 미륵의 손가락뼈로 만들었기 때문이다.

지장이 설한 189개의 인과응보상은 인간이 살아가는 갖가지의 모습을 담았는데, 이 가운데 제8인 「신득묘계」와 제9인 「증득구계」는 앞으로 얻거나, 이미 얻었던 모든 계율을 묶어 놓은 것이다. 진표가 얻은 간자는 일반적인 번뇌가 아닌 계율을 강조한 것인데, 이러한 계를 미륵으로부터 받았다는 것이 매우 중요하다. 진표는 미륵신앙을 내세워 미륵이 내린 계율을 특별히 중시하였다. 이 점은 백제 미륵신앙에서 강조한 계율의 성격을 이해하는데 시사하는 바가 크다.

진표의 계율인 망신참은 피륙이 떨어져 나가는 고행으로 일관하는 것이어서 엄격하였다. 이에 따라 미륵의 설법 속에는 계율이 중시되었다. 『유가보살계(瑜伽菩薩戒)』의 설주(說主)는 물론 미륵이다. 불교의 계율은 『범망경(梵網經)』 속에 집합되었는데, 이를 출가자나 재가자 모두에게 적용하였다. 이에 비해 유가보살계는 출가자 중 이미 깨달은 경지에 이른 보살을 위한 것이었다. 이 때문에 불교의 계율로서는 가장 엄격하였다. 이는 사냥도구나 고기잡이 도구를 불사른 것처럼 엄격한 형식을 추구한 백제 불교의 계율주의에서 나온 것이다.

백제 불교에서는 유난히 계율이 강조되었다. 이 같은 현상은 계율을 강조한 백제의 미륵신앙에서 비롯하였다. 미륵과 연관된 백제의 계율신앙은 유가보살계처럼 엄격하였다. 미륵이 내세운 계율은 혼란된 사회를 바로 잡으려는 것이었다. 혼탁한 사회를 강조하는 가운데 이에 대해 개혁을 표방했던 것이다. 어떻든 백제의 미륵신앙에는 용화세계의 이상사회를 건설하려는 움직임은 나타났으나, 이를 크게 내세우지는 않았다.

2) 미륵신앙의 유행과 그 사회적 의미

(1) 미륵신앙의 유행

미륵신앙은 『미륵상생경(彌勒上生經)』·『미륵하생경』·『미륵성불경』으로 나누어 설하였다. 이 세 경전에 나오는 미륵신앙은 긴 기간을 거치는 동안 여러 개의 많은 설화를 만들어냈다. 미륵은 지상에서 목숨을 다한 후에 도솔천(兜率天)에서 다시 태어나 많은 천중(天衆)을 위해 수행한 다음 다시 염부제에 내려온다고 하였다. 이윽고 부처가 된 미륵은 용화수(龍華樹) 아래에서 세 번에 걸쳐 설법하면서 중생을 제도한다.

미륵신앙을 상생신앙과 하생신앙으로 가르는 것은 무의미하다. 왜냐하면 서로 구별되지도 않고, 모두 인간을 제도하기 때문이다. 그래서 미륵신앙에서 중요한 부분은 전륜성왕과의 관계이다. 전륜성왕의 치세는 상당히 긴 기간에 걸쳐 여러 모습으로 나타난다. 아일다(阿逸多)와 미륵이 부처 앞에서 수도한 다음 아일다는 전륜성왕으로 태어난다. 그가 불법으로 통치한 세상은 살기 좋은 이상세계였다. 이때 미륵이 화생하여 전륜성왕의 불법통치를 돕는다. 미륵의 출현은 전륜성왕의 통치를 돕기 위한 것이었고, 그의 출가를 이끄는 것이었다. 그러나 이상세계가 도래하기까지의 이 세상은 매우 혼탁하였다. 그러니까 미륵이 출현하기 이전 전륜성왕의 통치 기간은 극도로 혼란한 시대였다.

미륵 출현 이전의 혼란상에 대해서는 『미륵하생경』에 잠깐 언급되었다. 그런데 『장아함경(長阿含經)』 등 소승 경전에는 비교적 자세하게 기록되었다. 전륜성왕의 윤보(輪寶)가 바뀌었을 때 백성들이 빈궁하여 절도를 일삼았다. 이 같은 혼란에 따라 살인과 전쟁이 일어나고, 죄악과 배신이 난무하는 가운데 인간의 수명마저 단축되는 등 극도의 혼란에 휩싸인다. 이러한 사회에 출현한 미륵은 계율로써 인간을 제도하여 이상사회를 건설하기에 이른다는 것이다.

미륵의 설법에서는 계론(戒論)이 가장 중요시되었다. 계율은 상생신앙이나 하생신앙이거나를 구별하지 않고, 천중이나 중생을 제도하기 위해 절대 불가결한 것이다. 혼탁한 사회에서 사람들을 제도하여 이상사회로 이끌기 위해 계율은 엄격한 것일 수밖에 없다. 인간이 도솔천에 내왕하기 위해서 반드시 계를 받아 지켜야 했다. 곧 오계(五戒)를 비롯 팔재계(八齋戒)와 구족계(九足戒) 등을 지니고, 몸과 마음으로 정진하여 십선(十善)을 닦아야 한다.[119]

미륵신앙은 혼탁한 말법사회를 배경으로 이상세계 건설을 추구했기 때문에 전륜성왕의 치세에는 현실사회를 개혁하려는 사상이 나타났다. 우리가 사는 미래의 사회가 바로 이상사회가 되기 위해서 미륵신앙은 사회 모순을 개혁하려는 사상경향을 지닐 수밖에 없다. 지금까지 미륵신앙과 전륜성왕과의 관계를 불교사상 면에서 조명했는데, 이를 간단히 제시하면 다음과 같다.

첫번째로 전륜성왕의 통치를 도움, 두번째는 이상사회의 건설, 세번째는 혼란한 사회의 개혁, 네번째는 계율을 강조하였다.

이 같은 미륵신앙은 여러 갈래로 얽혀 어느 하나를 분리하여 설명할 수는 없다. 그러나 시대와 사회에 따라서는 그 강조점이 다를 수 있다는 사실을 유념해야 한다. 삼국이 불교를 공인할 당시 미륵신앙은 전륜성왕 관념과의 조화와 균형을 이룬 가운데 유행하였다. 신라 중고시대에 보이는 미륵신앙은 주로 이 같은 면을 보여준다. 전륜성왕과 미륵은 출신에 따라 찰제리종과 파라문으로 구별된다. 전륜성왕 관념을 왕실이 끌어안았다면, 미륵신앙은 귀족을 중심으로 포용되었다.

신라에서 왕실은 이미 들어온 불교를 공인하려 하자, 귀족의 반대에 부딪혔다. 그래서 전륜성왕과 미륵은 불교사상 면에서 왕실과 귀족이 조화와 타협을 이루게 하였다. 미륵신앙은 귀족들에게도 불교의 친근감을 심어주었다.[120] 신라 중고시대에 미륵신앙은 화랑을 중심으로 수용되었다. 화랑은 미륵선화(彌勒仙花)라 불렸는데, 신라 귀족세력에게는 꽃과 같은 존재였다. 신라 중고시대의 미륵신앙은 귀족층에게 크게 환영을 받았다. 이 때문에 신라 토착신앙과 강하게 융합하였다. 왜냐하면 당시 신라 진골귀족들은 신라의 토착적 전통을 내세웠기 때문이다.

진지왕 때에 진자(眞慈)가 화랑으로 받들었던 미시(未尸)는 미륵선화였다. 나라 사람들이 신선(神仙)을 미륵선화로 불렀고, 신선과 사람을 매개시키는 자를 미시라 하였다. 화랑인 미시를 발견한 곳에 서 있는 노방수(路榜樹)는 견랑(見郎) 또는 사여수(似如樹)로 호칭되었다. 이러한 미륵신앙은 신라 토착신앙과 융합되어 유행하였음이 분명하다. 신선인 미륵선화는 무교신앙의 신격이고, 미시는 신성과 사람 즉, 제주 사이를 연결시켜주는 역할을 담당하였다. 노방수는 무격신앙에서 신의 강림지와 다를 바가 없다.[121]

침류왕대 백제 불교가 공인될 당시 미륵신앙이 유행했는지는 불분명하다. 삼국시대에 불교의 전래와 공인과정에서 왕실과 귀족의 입장은 서로 대조적이었다. 불교의 공인을 강행하려던 왕실에 대해 귀족은 이를 반대하였다. 왕실 중심의 불교공인을 반대한 귀족의 입장은 필연적이었다. 그러나 불교의 성격이나 귀족세력의 신장도 등에 따라 달리 나타나기도 하였다.

토착 귀족세력이 강하지 않았던 백제의 사정은 달랐다. 백제의 불교 공인과정에서 귀족들의 반대가 신라에서와는 달리 완강하지는 않았다. 신라에서와 같은 귀족들의 강한 반대는 고구려나 백제에서는 없었던 듯하다. 불교전래 이후 왕실이 불교의 공인을 강행하려는데 비해 귀족은 반대의 입장에 섰던 현상은 삼국 사회의 일반적인 추세였다. 이 때문에 백제 초기 불교에도 전륜성왕과 미륵신앙이 조화를 이루기는 했지만, 얼마만큼의 갈등은 존재하였다. 성왕이 전륜성왕의 관념을 포용한 것이나, 흥륜사(興輪寺)나 왕흥사(王興寺)의 존재에서 이를 짐작할 수 있다. 그러나 백제 불교에서 전륜성왕의 강조는 신라 불교에 비해 훨씬 미약했을 것이다.

백제 불교에서 전륜성왕과 미륵신앙의 협조와 조화라는 측면보다는 오히려 미륵신앙과 연결된 계율사상이 강하게 나타났다. 이와 더불어 용화 이상세계 건설을 꿈꾸었던 움직임도 보인다. 현실 사회를 바꾸어 이상사회를 건설하기 위해서는 모순을 개혁하려는 조처가 선행되어야 한다. 그러나 백제 미륵신앙에서는 현실 사회를 개혁하려는 움직임이나, 당대 사회의 혼란상은 찾아 볼 수 없다.

신라 중고시대의 미륵신앙은 귀족중심으로 수용되었다. 백제에서는 귀족층의 이 같은 미륵신앙 수용 현상은 좀처럼 찾아 볼 수 없다. 미륵사 창건의 주체는 백제 왕실이었다. 미륵신앙과 연결된 계율의 강조 역시 왕실이 주도하였다. 이렇듯 백제의 미륵신앙은 왕실에 의해 주도되어 강한 계율주의를 성립시켰다. 비록 이상사회를 지향하려는 신앙이 없었던 것은 아니지만, 뚜렷하지는 않다. 그리고 사회 혼란을 개혁하려는 의지는 물속 깊숙이 침잠하여 수면으로 부상하지도 않았다.

백제 불교의 전통을 부활하려고 노력했던 진표는 미륵신앙을 중시하였다. 진표도 백제 미륵신앙의 계율주의적인 면을 강하게 내세웠다. 그러나 이상사회의 건설이나 사회개혁 의지를 분명하게 드러내지는 않았다. 이 역시 수면 밑에서 꿈틀거리는데 그쳤다. 진표는 미륵의 재현을 통해 백제의 부흥을 꿈꾼 인물이다. 다만 백제 미륵신앙 속에 침잠했던 그의 사회개혁 의지가 다소 표면으로 떠오르기는 하였다.

한국사에서 백제 미륵신앙 속에 침잠한 사회개혁 의지를 뚜렷하게 끌

어낸 인물은 궁예이다. 궁예의 미륵
신앙에는 전륜성왕과 미륵신앙의
조화나 계율주의가 이전보다 미약
하게 들어났다. 그러나 신라 하대의
혼란을 크게 내세웠고, 말법사회 개
혁과 더불어 이상사회를 건설하려
는 의지를 뚜렷하게 표방하였다.[122]
궁예 이후 미륵신앙은 향도(香徒)조
직과 연결되어 비밀결사를 형성하
였다. 그리고 반란세력과 밀착되어
사회개혁 의지를 표출하거나, 사이
비 종교 결성으로 나타나기도 하였
다.

부여 장하리 삼층석탑. 백제의 목탑형식의
석탑이 간략하게 된 모습을 보여준다.

(2) 미륵신앙 유행의 사회적 의미

백제 미륵신앙의 특성은 율령사회와 연관되었던 것으로 파악된다. 중
국 제도를 수용하여 율령격식을 반포한 백제 사회는 성왕 이후 불교 계
율의 발달을 가져왔다. 백제 미륵신앙의 계율주의를 그 사회 체제의 정
비에서 파악하는 것이 중요하다.

백제가 국가 체제를 정비하는 작업은 고이왕 때에 이루어진 것으로
기록되었다. 고이왕 27년(260)에 6좌평과 16관품을 정하였다. 고이왕대

는 백제가 정복국가 체제를 정비하여 실질적으로 도약하는 시기이다. 그런 뜻에서 고구려의 태조왕대에 해당한다. 고이왕 때의 국가 체제 정비는 연맹왕국 체제를 완비하는 방향으로 추진되었다. 중앙집권적 귀족국가를 성립시킨 이른바 고구려의 소수림왕 때나 신라 법흥왕 때의 그것과는 성격이 다르다.[123]

고이왕 때의 체제 정비는 고구려 태조왕 때나 신라 내물왕 때에 이루어진 제도정비와 어느 정도는 성격을 같이하지만, 두 나라에 비해 월등히 세련된 상태로 정비되었다. 이 때문에 삼국 가운데 백제의 체제 정비가 고이왕 때에 이루어진 것으로 기록되었다. 이는 백제가 일찍부터 율령을 갖추어 국가 체제를 정비하였음을 알려 주기에 충분한 것이다.

백제의 중앙집권적인 귀족국가 체제를 정비하는 것은 불교의 공인 시기와 특별히 관련된다. 고구려나 신라의 국가 체제 정비 역시 불교의 공인과 밀접하게 연결되었다. 백제에서도 중앙집권적 귀족국가 체제를 완비하는 제도의 정비는 침류왕 때에 이루어졌다. 설령 침류왕 때에 국가 체제의 정비가 이루어지지 않았다고 하더라도, 이때 공인된 불교사상은 당대의 사회 체제와 밀접하게 관련되었다.

백제는 근초고왕대에 전성기를 맞아 영토가 방대하게 넓어졌다. 불교를 공인할 당시인 침류왕대에는 확장한 영토를 유지하면서 국가 체제 정비를 단행하였다. 이 점은 고구려나 신라의 불교 공인 시기와 비교하여 차이가 난다. 고구려의 경우 소수림왕 때에 국가 체제 정비와 더불어 불교가 공인되었다. 이를 바탕으로 광개토왕 때에 영토를 넓게 확장하기에 이른다. 신라의 경우 법흥왕 때에 국가 체제가 정비되었고 아울러 불교가 공인되면서, 그 다음 대인 진흥왕 때에 영토가 넓어진다.

고구려나 신라의 경우 체제 정비나 불교의 공인은 영토의 평창 야욕을 드러낸 시기에 이뤄졌다. 그러나 백제는 넓은 영토를 유지하기 위해 체제를 정비하고, 불교를 공인하였다. 백제는 영토의 평창 야욕이 끝난 이후 귀족문화를 세련시키는 방향으로 문화를 발전시켰다. 백제 불교의 계율주의적인 성격은 확대한 영역을 유지하는 측면에서 이루어진 국가 체제 정비를 부추겼다. 이는 백제 불교에서 비롯한 사회 문화적 소산이기도 하였다.

백제는 전통적으로 토착 귀족세력보다는 왕권이 강한 사회였다. 백제 국가가 위치했던 지역은 강이 많은 평야지대여서 문화의 교류와 전파가 잦았다. 이렇듯 개방된 지정학적 여건 때문에 고립 지역을 기반으로 한 지방 토착세력의 성장이 어려웠다. 그래서 선진 기술문화를 가지고 들어온 유이민세력이 토착사회를 이끌었다. 삼한시대 한강 유역과 그 이남은 낙랑의 식민지적 수탈을 받았다. 염사치[廉斯鑡]설화는 그 사회가 낙랑군으로부터 경제적으로 심하게 수탈당하는 실상을 알려준다. 이 지역에서 AD 3세기경까지 토착세력을 중심으로 한 연맹왕국이 성립하지 못했던 이유도 그 때문이었다. 이에 비해 부여족의 일파로 북쪽으로부터 이동해 오면서 북방민족의 유목문화와 중국의 농경문화를 모두 받아드렸던 온조집단은 우수한 기술문화를 지닌 세력이었다. 이 점은 선주한 토착세력이 남중국의 농경문화와 주로 접촉하였던 것과는 사뭇 대비된다.

백제는 왕실세력이 강하였다. 그래서 토착사회를 이끌어 갈 수 있었다. 뒷날 왕권을 농락할 정도의 귀족세력이 등장하지 못한 것은 아니지만, 그들은 대체로 왕실의 외척으로서 왕실에 기생해서 권력을 행사한 세력이었다. 백제는 처음부터 왕실이 강한 영도력을 가지고, 비교적 빨리 그들 중심의 국가 체제를 정비하였다. 정복국가 체제를 갖춘 백제 사회는 중앙집권적 통치 체제를 성립시킬 때에 엄격한 계율을 필요로 하였다.

이전 연맹왕국에서 중앙집권적 귀족국가 체제를 정비할 때에 왕실은 지방을 중앙 군사력의 통제 속에 편입시키는 노력을 기울였다. 이는 신라 중고시대에 지방제도 정비와 아울러 군사제도의 정비를 병행한 데에서 유추된다. 주(州)가 설치되어 그 장관인 군주(軍主)를 임명하였다. 지방제도 정비와 아울러 중앙부서로서는 병부를 가장 일찍 설치했던 것도 군사력 장악 때문이었다.

백제는 한반도에서 전략적으로 가장 중요한 한강 유역을 장악했던 관계로 뒷날 고구려에 밀려 공주 이남 지역으로 남하했다. 이후 백제는 사비시대에 이르기까지 남하에 따른 사회 혼란을 정리하면서 국가체제를 재정비하였다. 웅진시대 이후 일단 정비된 통치 체제가 무너진 혼란 속에서 다시 국가 제도를 재정비하는 과정에서 백제는 군사력의 통제로 지방을 확실하게 장악하고자 하였다.

백제는 방(方)-군(郡)-성(城) 체제를 성립시키면서, 그 이전보다 중앙집권적 지방 통치 체제를 뚜렷하게 갖추었다.[124] 웅진시대의 혼란을 정리하면서 보다 강력하게 갖추었던 지방 통치 체제는 왕실의 주도로 유행한 미륵신앙의 계율주의와 약간은 맞물렸다. 백제의 중흥을 꾀한 성왕이 사비성으로 도읍을 옮기면서 국호를 남부여(南夫餘)라 고쳤다. 당시 국운을 쇄신하려는 기운과 이후 점차 크게 유행하는 미륵신앙이나 계율주의는 어쩌면 표리관계를 이루어 백제 국력의 근간이 되었을 것이다.

백제는 중국의 남조와 밀접하게 외교 관계를 맺었다. 북조에 비해 남조 사회에는 유교문화가 더 만개하였다. 유교의 〈예(禮)〉는 율령사회를 유지하는 도덕적 규범이 되었다. 불교의 계는 유교의 예와 어느정도 상통하는 것이다. 백제의 계율신앙은 유교의 〈예〉에서 영향을 받았던 듯하다. 백제 미륵신앙의 계율주의적인 특성은 중국 남조 유교문화의 〈예〉를 일찍 수용한 율령사회에서 비롯하였다.

백제의 미륵신앙은 전륜성왕 사상을 강하게 나타내지는 않았다. 그래서 미륵신앙 자체가 미약하게나마 백제 사회에 용화 이상세계를 건설하려는 움직임으로 표출되었다. 사비시대 이후 혼란한 사회 체제를 다시 정비하는 과정에서 미륵신앙은 더 강조되었다. 그러나 말법세계를 배경으로 한 미륵 출현이나, 이를 이상사회로 이끌기 위한 사회 체제의 개혁을 부각시키지는 않았다. 오히려 백제 미륵신앙은 수면 밑바닥에 침잠된 채로 계율을 크게 내세웠을 뿐이었다.

미륵신앙의 계율주의는 백제 사회가 토착 귀족세력보다는 강한 왕권 형성을 부추겼다. 일찍부터 남중국의 유교를 받아들이면서 세련된 제

용화산 아래에 무왕이 창건했다는 미륵사 터 전경.

도를 정비한 것과 일맥상통한다. 근초고왕대 이후 넓어진 판도를 유지
하기 위한 계율주의적인 통치가 요구될 때 불교가 공인되었다. 이 때문
에 백제 불교에 계율주의적인 전통이 형성되었고, 이것은 미륵신앙 성
립에 영향을 안겨 주었다.

백제의 도교와 유학사상

1. 도가와 신선사상

1) 도가사상

(1) 노장사상과 도교

도교사상은 도가를 말하는 곧 노장(老莊)사상을 기반으로 성립하였다. 이는 세상을 피해 숨어사는 사람들의 사상을 학문적으로 정리하면서 고답적인 사상 체계를 이루었다. 노자나 장자·열자(列子)로 이어지는 도가사상은 무위자연(無爲自然)을 내세운다. 얼핏 보기에는 부정적 성격으로 다가오지만, 그렇게 생각되지는 않는다. 노자는 '말할 수 있는 도는 상도(常道)가 아니다'라고 하였다. 그리하여 무위는 물론 무지(無知)·무욕(無欲) 등의 부정적인 사고를 강조하는 것 같으나, 실제로는 그렇지 않다.

'억지로 행하지 않는다'는 뜻이 무위이다. 어떤 일을 인위적으로 행

부여 금동용봉봉래산향로의 연꽃무늬 조각. 그 속에 전설상의 동물이 새겨져 있다(국립부여박물관 소장).

함을 부정하는 것이다. 이는 자연의 순리에 따라 모든 것을 행하겠다는 의미이기도 하다. 도가사상은 허위와 가식에 빠져든 인간 자신의 자기 각성을 추구하고, 인간 중심적 사고방식을 내세워 상실된 자아 회복의 철학을 함축하였다. 그러니까 본래 인간이 지녔던 자연성을 회복하여 도를 얻고자 하는 사상인 것이다. 이러한 상도에로 복귀한 사람을 가리켜 도가는 지인(至人) 또는 신인(神人)·성인(聖人)·진인(眞人)이라 부른다.[125]

신인의 경지에 이르기 위해 신선술(神仙術)이 가미되었다. 도교는 도가사상을 이룬 밑바탕에 신선술 한자락을 깔았다. 노자나 장자·포박자(抱朴子) 등 도가사상가들은 신선사상을 끊임없이 주장하였다. 특히 『노자상이주(老子想爾注)』에서는 신선술을 가미한 도교의 생활

부여 금동용봉봉래산향로의 신선상 조각. 신선사상을 보여준다(국립부여박물관 소장).

규범을 제시하였다. 이는 『노자』 제3장에서부터 37장 곧 상권 끝까지에 해당하는 부분을 주석하였다. 그런데 본문과 주석 사이가 아무런 구별이 없이 연이어 기록되었다. 오천자문(五千字文, 실제로는 4999자)을 본문으로 한 「노자상이주」는 『고본도덕경(古本道德經)』이나 『계사내경(系師內經)』이라고도 일컬었다.

『노자상이주』는 『도덕경』의 주석으로 〈도계(道誡)〉를 준수하는 내용을 담았다. 이는 도교 신도들의 생활 규범으로써 후세에는 '도덕존경계(道德尊經戒)'라고 불렀다. 이 책은 도계를 준수하는 것이므로 실천적 성격을 지녔다. 신선술에 따라 성립되었던 도교의 기복 · 제사 등을 부정하면서 상당히 합리적인 면을 보여준다. 현재 전하는 『노자상이주』에는 질병에 대한 기도 따위를 직접으로 언급한 것은 없다. 왜냐하면 사람은 천신의 지배 아래에 들고, 질병 등 길흉화복은 천신이 내린 상벌의 결과이기 때문이다.[126]

신선술이 가미된 도가사상은 처음에 조직된 교설을 갖지 않았고, 이것에 기초한 실천과 수양은 물론 부동의 위치를 확립한 교조가 없이 지속되었다. 그러다가 동진 말부터 남북조시대 초기에 이르기까지 교법과 교단을 총괄하는 도교가 체제를 갖추었다. 그러나 시원은 후한 말에서부터 찾아진다. 중국 최초의 도교 교단은 장각(張角)의 태평도(太平道)와 장능(張陵) · 장형(張衡) · 장로(張魯)의 3대에 걸쳐 이루어진 오두미교(五斗米敎)이다. 이 가운데 태평도는 '황건적(黃巾賊)'이라 하여 반란 활동으로 부각되었고, 종교적 활동상을 충분히 전하지 못하였다.

태평도는 후한 순제(順帝) 때 우길(于吉)에 의해 기초가 마련되었다. 그는 오행과 복서(卜筮)·의료 등 방술에 뛰어났는데, 천신을 만나 『태평청령서(太平淸領書)』를 전수받았다. 현재 전하는 『태평경』은 그 후신이다. 장각은 이 책을 근거로 교법을 창시하였다. 그는 2세기 말에 스스로 대현량사(大賢良師)라고 칭하면서 제자를 길렀다. 그리고 구절장(九節杖)을 짚고 주문을 외우면서 죄과를 참회시키고, 부적과 물을 먹여 질병을 치료하였다. 그의 교법은 죄를 범하면, 그 벌이 돌아와 병을 내린다고 설명한다. 따라서 병에 걸린 사람으로 하여금 먼저 자기의 죄과를 반성하고, 신 앞에 참회하는 고백에 나서게 하였다. 이때 그가 주문을 외워 신의 용서를 구하면 실제로 병이 치유되었다고 한다.

장각은 태평도를 창시한지 10여 년 만에 수십만의 도중을 교인으로 거느렸는데, 교세가 성대해져 국가로부터 탄압을 받게 되었다. 그러자 군대와 비슷한 조직을 갖추어 반란을 일으켰다. 조정은 황보숭(皇甫嵩)으로 이를 토벌하게 하였으나 실패하였다. 그러나 뒷날 조조(曹操)에 의해 평정되었다. 태평도는 질병을 중요한 기연(機緣)으로 하여 성립된 개인적 신앙에 기초한 집단이다. 주로 하층 농민이나 유민으로 구성되었고, 황하 유역을 중심으로 광대한 지역에 교단을 이루어 활동하였다.

오두미교의 창시자는 장릉이다. 부적을 만들어 도를 받는 사람에게 쌀 5두를 내게 한데에서, 그의 무리를 오두미도라고 불렀다. 장릉은 우길보다 조금 앞선 시기에 활동하였는데, 60세 무렵에 운금산(雲錦山)에 들어가 장생술(長生術)을 공부하였다. 이때 구천신단(九天神丹)과 연성

법(煉成法)을 터득하고, 『황제구현단서(黃帝九縣丹書)』 등의 도가 책을 얻었다고 한다. 그리고 신선들로부터 부적과 주술을 배웠다는 것이다. 이 술법을 써서 사람들의 질병을 잘 고치게 되자, 그의 문하에 사람들이 몰려들었다. 장릉의 뒤를 아들 장형이 잇고, 다시 손자 장로에게 넘어갔다. 그들의 교법은 장로에 이르러 대성하였고, 그 시기는 대략 3세기 초이다.

장형과 비슷한 시기에 장수(張脩)가 오두미도의 영수로 활약하였다. 장로는 익주(益州) 자사(刺史) 유언(劉焉)의 부하로 들어가 한중(漢中) 지역을 점령하였다. 조조는 투항한 장로 일족을 회유하기 위해 우대하였고, 오두미도의 간부와 많은 신도들을 위나라의 업도(鄴都)로 옮겼다. 그 뒤 서진시대를 지나 동진왕조가 서면서, 교단이 남하하여 강남 지방에 교법을 전하였다. 동진 말엽에 손은(孫恩) 노순(盧循)의 난으로 한때 타격을 받기도 했지만, 그 도맥(道脈)은 끊이지 않아 남조로 면면히 이어졌다.[127]

천사도(天師道)인 세칭 오두미교의 교법도 질병을 치유하는 것을 중심으로 조직되었다. 그들은 성신(誠信)에 따라 속임이 없이 할 것을 가르친다. 병자가 찾아오면, 조용한 방에서 자기의 죄과를 뉘우쳐서 고백하게 한 다음 기도를 드린다. 질병은 신이 죄과에 대한 벌로써 내린 것이라 생각하여, 신에게 용서를 구한다. 이를 '삼관수서(三官手書)의 법'이라 부른다. 병자의 성명이 적힌 복죄서(服罪書)를 3통 작성하여 천·지·수(水) 3관 신들에게 바치고, 이후에는 죄를 범하지 않겠다는 것을 맹서하여 신의 용서를 구한다. 이러한 교법은 기본적으로 태평도와 유사하다. 오두미교는 태평도의 종교적 교리를 섭취하여 더욱 발전시킨 것이며, 장로의 주술적 교법을 지양하였다.

태평도와 천사도는 같은 교단은 아니지만, 비슷한 성격을 지녔다. 천사도가 동진왕조를 따라 남하하여 남조에서 흥행하자, 화북지방에서는 오호(五胡)의 지배하에 머물던 한인(漢人) 귀족 출신의 구겸지(寇謙之)가 신천사도(新天師道)를 만들었다. 그의 가문은 척발규(拓跋珪)의 북위(北魏) 정권 수립에 협조하였다. 그는 일찍부터 선도를 좋아했고, 천사도에 관심을 기울였다. 415년에 태상노군(太上老君) 즉 노자가 많은 신령과 선인(仙人)·옥녀(玉女)를 거느리고, 그에게 내려와 천사의 지위를 주었다고 한다. 이때 태상노군은 그에게 도교를 깨끗하게 정비할 것을 주문하면서, 장로 등의 거짓법인 조미(租米)·전세(錢稅) 및 남녀 합기(合氣)의 방술을 제거하라고 일렀다.

구겸지는 도가의 대도를 중시하고, 이를 청허(淸虛)하게 생각하였다. 그러면서 오로지 예도(禮度)를 으뜸으로 하고, 그 다음에 복식 등을 수련하라고 당부하였다. 그는 선인들로부터 여러 가지 양생술(養生術)을 배워 제자들과 함께 수련하는데 힘을 썼다. 이후 그는 423년에 노군의 현손이라 칭하는 이보문(李譜文)으로부터 구주진사(九州眞師)·치귀신(治鬼神)·민민사(泯民師)·계천사(繼天師)의 사명(四銘)을 받았다. 이와 더불어 여러 신을 자유롭게 부릴 수 있는 「천중삼진태문록(天中三眞太文錄)」을 전수받았다. 구겸지는 천사도의 일부 전통을 버리는 동시에 신선사상과 불교를 섭취하여 예도를 내세웠다. 그리고 유교적인 예법주의에 의거하여 도교의 왕법화(王法化)를 시도하였다.[128]

구겸지는 신선술을 채택하였다. 그러나 재공(齋功)을 쌓고 선행을 닦아 신이 인정할 때 비로소 구결(口訣)을 받거나, 여러 약을 얻어 장생할수 있다고 생각하였다. 그의 교법은 천사도와 달리 노군을 표면에 내세워 노군 중심의 경향을 강하게 드러냈다. 『노자상이주』의 도에서 진화한 무극대도(無極大道)는 천신적 기능을 지녔다. 한편 그는 교단의 통제력을 회복하였다. 그는 교단의 통솔자인 천사가 되어, 이를 노군에 가탁함으로써 스스로의 지위를 노군의 권위를 빌어 확립하였다. 천사도의 비왕법적(非王法的)인 면을 배제한 동시에 예법주의를 표면에 드러낸 신선사상을 강조하였다. 이 결과 그의 교단은 국가 종교로 성립되는데 성공하였지만, 국가로부터의 열의가 식으면 급격하게 쇠퇴할 수밖에 없었다.

(2) 백제의 도가사상

우리나라에 정식으로 도교가 전래된 시기는 고구려의 보장왕 때이다. 당시에 고구려 사람들은 다투어 오두미교를 신봉했다. 연개소문이 왕에게 주청하여 유교와 불교는 흥하나, 도교가 아직 성하지 않은 상태라고 하였다. 그래서 당나라에 사신을 보내 이를 구해서 사람들을 가르치게 하자고 건의 하였다. 왕이 이 말을 옳게 여기고 당나라에 진정했더니, 당 태종은 도사 숙달(叔達) 등 8명을 보내왔고, 노자의 『도덕경』을 내렸다. 왕은 기뻐하고, 불교의 절에 도사를 거처하게 하였다.

보장왕 때에 비로소 도사를 시켜 도교 의식을 거행하였다. 이에 따라 불교의 사원을 도관(道館)으로 바꾸었고, 도사를 높혀 승려나 유사(儒士)보다 위에 두었다. 이렇듯 도교가 정식으로 성립하기 이전의 고구려에 도가사상은 일찍이 전래되었다. 백제에도 물론 도가사상은 전해졌을 터이지만, 도교가 정식으로 전래된 기록은 잘 알려지지 않는다. 백제는 여러 가지 문물을 일본에 전해 주었고, 그 속에는 방술 내지 도교의 성격을 농후하게 띠는 요소가 많다.

3세기경 백제의 아직기(阿直岐) 등이 일본에 건너가 『효경』·『논어』 등의 전적을 전해주었는데, 그 중에는 도교에 관한 것도 포함되었을 것으로 추측된다. 이들이 전한 것으로 생각되는 「연희식(延喜式)」의 축사 속에는 황천상제(皇天上帝)나 삼극대군(三極大君)·일월성진(日月星辰)·팔방제신(八方諸神)에게 비는 주문이 나온다.[129] 황천상제나 삼극대군 등의 여러 신은 도교적인 색채를 짙게 풍긴다. 이들 신에게 비는 내용은 토착적인 왕부(王父)나 왕모 또는 오방오제신들을 같이 모시고, 재화를 제거하자는 것이었다. 그래야 황제의 수명을 연장시키고 만국이 만세토록 잘 다스려진다고 하였다.

아직기 등이 일본으로 간 진(晉) 무제 때에는 천사도가 중국 동북부 지역에 널리 전파되었다. 당시에 천사도 신앙이 백제에 들어왔을 가능성이 있다. 황천상제 등의 여러 신에게 재앙을 제거하기를 비는 신앙은 천사도와 연관된다. 그러나 그들이 전한 주술은 도교적인 잡술에 속한 것이다. 이와 곁들여 7세기 초에 백제 승려 관륵(勸勒)이 일본에 건너가 천문 · 역법 · 둔갑 · 방술에 관한 서적을 전한 사실을 유념할 필요가 있다.

둔갑은 갑자 · 갑진 · 갑오 · 갑신 · 갑술의 육갑일(六甲日)을 써서 행하는 복술법의 일종이다. 그리고 방술은 의약 · 복서(卜筮) · 점성 · 주술 등의 잡기를 포함하는데, 모두 도교적인 잡술에 속한 것이다. 백제 무왕 때에 관륵이 일본에 도교의 잡술에 관한 서적을 전했다면, 백제에는 그 이전에 이미 도교적인 서적이 전래되었던 것이 분명하다. 일찍이 백제 사회에는 도교가 전래되었고, 그 내용이나 방술 등 도교적인 잡술에 숙달한 사람들이 많았을 것이다.

22관부 가운데 내관에 소속된 약부(藥部)나 백제가 일본에 파견한 의박사와 채약사는 도교의 의술과 연관시켜 파악될 수 있다. 554년에 백제는 의박사인 왕유능타(王有凌陀)와 채약사인 반량풍(潘量豊) 및 정유타(丁有陀)를 일본에 파견하였다. 백제의 우수한 약재는 일찍부터 중국에 알려졌다. 중국 남조인 양의 도홍경(陶弘景)은 『신농본초경(神農本草經)』을 주석하였고, 『본초경집주(本草經集註)』도 저술하였다. 그 책 속에는 백제의 인삼이 고구려와 중국의 것보다 우수한 것으로 소개되었다.[130] 이러한 백제의 의술이나 약재는 도교의 선약(仙藥)과 이어질 수 있으며, 백제 도교에 신선사상이 내포되어 있는 모습을 보여준다.

그러나 정작 백제에 관한 중국 기록은 "승니(僧尼)나 사탑(寺塔)은 심히 많으나, 도사(道士)는 없다(『周書』 권49, 백제전)"라고 하였다. 이 기록은 백제 사회에는 중국에서와 같은 정식의 도사나 도관이 없었다는

것으로 이해된다. 정식의 도사는 없다고 할지라도 백제 사회에는 일찍
부터 도교사상이 전해졌을 뿐만 아니라, 여러 신과 연계한 토착신앙 속
에서 자리잡은 신선사상은 오히려 광범하게 퍼졌을 듯하다.

『주서』 백제전에 나오는 도사는 도교 교단에 소속된 사제 도사로 해
석되어야 한다. 『주서』 백제전에 보이는 위의 내용은 뜻만 통할 수 있
도록 간략하게 정리된 것이다. 이를 원래 의미대로 서술한다면 "승니나
사탑은 심히 많으나, 도사나 도관은 없다"라고 기록되어야 한다. 그렇
게 되면 사탑과 거기에 거주하는 승니가 많은데 비해 도관과 거기에 거
주하는 도사가 없다는 의미가 된다. 백제에 도관이 없음은 분명하다.

전주 만복사터 선인상. 신선사상과 연관되었다.

도교를 일찍이 접한 고구려에도
7세기에 이르기까지 도관이 없
기 때문에 보장왕은 한 방편으
로 절을 도관으로 바꾸었다. 고
구려에서의 실정이 이와 같은
데, 백제에 도관이 존재했을 까
닭이 없다.

백제 사회에 도관이 필요하지
않았던 것은 토착적인 무교신앙
의 전통이 오랫동안 지속된 데
에서 찾아진다. 이것은 개인 구
제를 갈망하는 대중의 종교적

욕구를 충족해 줄 수 있다. 무교신앙은 주술적인 성격을 강하게 지녔던 터라, 달리 도교나 도관이 수입될 필요가 없었다.[131] 도관이나 도교 조직이 성립되지 않았다고는 하더라도 도교의 방술을 익힌 수련 도사는 있었을 것으로 추측된다.[132] 그들이 도가사상을 얼마만큼은 수용하여 전승하였다. 아울러 도가의 노장사상은 상류의 지식인을 중심으로 전수되었다.

  도교의 방술을 이해하고 전파하는 수련 도사들은 반드시 도교 교단에 소속되어야 하는 것도 아니고, 제의를 주관하기 위한 신앙 도량으로서의 도관을 가져야 할 필요도 없었다. 백제 사회에서 도교의 방술이 치러졌다는 데서 일찍부터 도가사상이 전래되었을 것으로 짐작된다. 우선 다음 기록을 참고해 보기로 하자.

이에 앞서 고구려 國崗王 斯由가 친히 쳐들어 왔다. 근초고왕이 태자를 보내 이를 막게 하였다. (태자가) 半乞壤에 이르러 장차 싸우려 하였다. 고구려사람 斯紀는 본래 백제 사람인데, 잘못하여 國馬의 발굽을 상하게 하였다. (그는) 죄를 받을까 두려워서 고구려로 도망하였다. 이때 돌아와 태자에게 말하기를 "저쪽의 군사가 비록 강하기는 하나, 모두 숫자만을 채운 허약한 군사일 뿐입니다. 날래고 용감한 자들은 오직 붉은 깃발의 부대뿐입니다. 만일 이를 깨트리면, 그 나머지는 치지 않아도 저절로 무너질 것입니다"라고 하였다. 태자가 그 말을 쫓아 나아가 쳐서 크게 이기고는 도망쳐 달아나는 자를 추격하여 水谷城의 서북에 이르렀다. 장군 莫古解가 간하여 말하기를 "일찍이 도가의 말을 들으니, '만족할 줄 알면 욕되지 않고 그칠 줄 알면 위태롭지 않습니다' 라고 하였습니다. 지금 얻은 바도 많은데, 어찌 기필코 많은 것을 구하겠습니까?' 라고 하였다. 태자가 그 말을 옳게 여겨 추격하기를 중지하고 이에 돌을 쌓아 표지를 만들었다(『삼국사기』 권24, 근구수왕 즉위조).

근초고왕 때에 고구려가 침입하자, 태자를 보내어 이를 막아 물리쳤다. 장군 막고해는 도가의 말을 인용하여 뒤에 근구수왕이 된 태자에게 고구려군의 추격을 중지하도록 건의하였다. 막고해의 간청으로 전쟁을 끝낸 태자의 태도는 백제 사회에 도가사상이 폭넓게 수용되었음을 시사한다. 막고해가 태자에게 권한 말은 『노자』 제44, 명여신장(名與身章)에 나오는 구절이다. 명여신장의 내용은 노자가 당시 지배층 인사들의 자제할 줄 모르는 명리욕이 결국 자기 자신을 망치고, 국가 사회를 해치게 됨을 경고한 것이다.

명예를 너무 좋아하면 반드시 크게 손상을 당하고, 재물을 쌓아두면 큰 위험에 빠진다. 만족할 줄 알아야 욕을 당하지 않고, 그만 둘 줄 알아야 위태롭지 않아 장구한다. 이러한 노자의 자기 절제에 관한 교훈이 막고해의 입을 통해 태자에게 그대로 받아들여졌다. 만족하지 못하는 것보다 큰 재앙이 없고, 끝내 얻고자 하는 것보다 큰 허물이 없다. 만족할 줄 아는 데에서 얻는 만족이 영원한 만족이요 풍성함이다. 자기 절제를 으뜸으로 삼아야 하고, 이것이야말로 장생하면서 멀리 내다보는 길이다.

백제 사회에 도가사상의 절제 정신은 널리 퍼져 있었다. 오직 스스로를 절제하는 것만이 바로 도를 좇는 일이고, 이것이 두텁게 덕을 쌓는 방도이다. 덕을 쌓기가 두터우면 해내지 못할 일이 없고 막힐 데가 없다. 이는 바로 온전하게 사물을 거느리고 나라를 다스리는 첩경이다. 도가사상을 수용하는데 따라 나타나는 절제 정신은 백제문화의 한 특징을 이루면서 다른 사상에 영향을 주었을 뿐만 아니라 예술 작품 속에도 우아한 자연의 세계를 담아 내게 하였다.

2) 백제의 신선사상

구겸지가 오두미교를 개창하면서, 도교 속에 신선사상이 융합되었다. 이후 도교의 밑바닥에는 의례 신선술이 깔렸다. 신선 또는 선인(仙人, 옛날에는 僊이라 씀)은 산 몸으로 불로(不老)·불사(不死)를 얻은 사람이다. 이들은 때로 승천의 경지에 들기도 하였다. 신선술이란 인간이 신선에 들기 위한 방법을 닦는 일을 말한다. 신선사상은 토착신앙과 연관하여 도교 성립 훨씬 이전에 이미 틀을 갖추었다. 신선설 가운데 가장 오래된 기록은 『사기』의 「봉선서(封禪書)」에 나온다. 이는 연과 제나라의 방사들에 의해 고취되었다. 발해만에는 봉래(蓬萊)·방장(方丈)·영주(瀛洲)의 삼신산이 있고, 거기에 황금과 백석으로 만든 궁전이 자리하였다. 이 삼신산에는 많은 선인들이 살며, 불사의 약이 있다고 전한다.

선인을 만나려 한데는 불사의 약을 구하려는 목적이 있다. 진시황은 천하를 통일한 뒤 삼신산에서 선인을 만나 불사의 약을 구하고자 하였

부여 금동용봉봉래산향로의 봉황조각. 봉황은 신선사상
에서 숭배되었다(국립부여박물관 소장).

다. 이 같은 초기의 신선
설 배경에는 불사약을 구
하려는 의도가 깔려 있다.
전한시대에 이르면, 신선
을 만나기 위한 방도로써
단사(丹沙)를 황금으로 변
화시키는 연금술이 등장
한다. 황금으로 그릇을 만
들어 음식을 먹음으로써
수명을 더 연장하고, 봉래
산의 신선을 만날 수 있다
고 하였다. 그리고 이를 통해 장생·불사하는 경지에 도달할 것이라고
믿었다.

후한시대가 되면 도교의 교단이 바로 생긴다. 신선을 만나기 위한 예
비 과정인 연금술은 직접 장생불사의 신단(神丹)을 만드는 연단술(煉丹
術)로 바뀌었다. 연단술은 포박자에 의해 체계화되었고, 궁극적으로는
금단의 복용으로 사람이 신선으로 될 수 있다는 주장을 폈다. 송나라
때에 금단술[外丹]은 점차 쇠퇴하고, 내단(內丹)이 나타난다. 이는 비물
질적인 기(氣)를 기름으로써 신선이 되는 정신주의적 경향을 띠었다.
뒷날 구겸지는 복기(服氣) 등 양생술을 더하여 신선술을 체계화하였다.

방술의 일종인 신선술은 시대에 따라 변용되었지만, 그 원초적인 신

선사상은 계속해서 도교 속에 전승되었다. 백제의 도교사상 속에도 신선사상이 계속 나타난다. 백제의 도성(사비)에는 일산(日山) · 오산(吳山) · 부산(浮山) 등 세 영산이 있어 거기에 신인이 거처하였는데, 서로 날라 조석으로 왕래하였다. 부여의 3산인 부산 · 오산 · 일산은 지금의 부산(浮山) · 오산(烏山) · 금성산(錦城山)으로 각각 비정되기도 한다.

백제에는 산악숭배 신앙이 보다 더 강조되었던 듯하다. 백제의 산악숭배 신앙에 대해서는 "괄지지(括地志)에 기록하기를 오산은 나라의 북쪽 경계에 있는 큰 산인데, 초목과 조수가 중국과 같다. 또 나라 동쪽에는 계람산(鷄藍山)이 있고, 산의 남쪽에는 조조산(祖粗山)이 자리하였다. 나라의 남쪽 경계에는 영오산(靈五山)이 있는데, 그 산의 초목은 겨울이나 여름을 막론하고, 항상 번성하게 자랐다. 또 차염산(且鄐山)이 나라의 서쪽 경계에 있고, 산차산(山且山)과 예모산(禮母山)이 있는데 모두 나라의 남쪽 땅에 있다"(『翰苑』 蕃夷部, 백제전)라고 하였다.

중국인들에게까지 알려진 백제의 오산 · 계람산 · 조조산 · 영오산 · 산차산 · 예모산 등은 모두 영산이었다. 사비 도성의 3산과 같이 신인이 거주하여 제의의 대상이 되었다. 사비시대의 산악숭배는 토착사회의 지신, 곧 산신신앙에서 나온 것이지만, 한편으로 도가사상이 성행한 흔적으로 이해된다. 일산 · 오산 · 부산은 도가의 삼신산을 연상시킨다. 도가의 봉래 · 방장 · 영주의 삼신산은 본래 대여(岱興) · 정교(貞嶠)를 합쳐 5산이었으나, 이 두 산이 북극으로 흘러 바다에 잠김으로써 삼산이 되었다. 백제의 동 · 서 · 남 · 북에 산재한 계람산 · 영오산 · 산차산·조조산 등과 함께 사비도성의 삼산은 신선이 살았다는 면에서 뿐만 아니라 5산과 3산으로 이어지는 도가의 신선사상에 근접해 있다.

삼산에 거주한 신선은 무령왕릉에서 나온 방격규구신수문경(方格規矩神獸文鏡)에 보이는 다음의 명문을 통해 살펴볼 수 있다.

(거울) 위에 仙人이 있으니 늙지 않는다. 목마르면 玉泉을 마시고 베고프면 대추를 먹으니 목숨이 금석과 같아 영구하다.[135]

동경의 명문에 보이는 선인이 사비의 삼산에 거주하는 신인임은 분명하다. 선인은 옥천을 마시고 대추를 먹었는데, 이는 모두 도가에서 믿는 선약이다. 옥천을 마시면 불로장생하고, 대추는 봉래산에 거주한 선인인 안기생(安期生)이 먹던 과일이다. 동경을 제조한 백제 사람은 거울 속의 선인과 같은 불로장생을 염원하였다. 이는 삼산의 신선과 함께 백제 사회에 신선술을 추구하는 도가사상이 광범하게 퍼졌다는 사실을 알려준다.

사비시대의 백제에는 산악숭배 신앙이 골격을 잡았다. 무왕 35년(434)에는 궁성의 남쪽에 못을 파고 물을 20여 리나 끌어 들였다. 그리고 못의 언덕에 나무를 심고, 못 속에 섬을 만들어서 방장선산(方丈仙山)에 비겼다. 말하자면 백제는 도가적인 삼신산을 구축하였는데, 이는 보다 신선사상에 기반을 둔 정신문화의 소산이었다.[136] 무왕은 연못과 방장선산을 도가의 신선사상에 의거하여 조성하였다. 신라의 안압지도 그러한 예에 속하겠지만, 이미 중국의 경우 한 무제가 상림원(上林苑)을 만들었다. 그리고 북위의 선무제(宣武帝)가 화림원(華林園)을 조성하고, 거기에다 삼산이나 봉래산을 두었다.

백제의 무왕이 만든 방장선산이 상림원이나 화림원에 두었던 삼산이나 봉래산에 비교될 정도로 규모가 장대하였는지는 알 수 없다. 무왕은 634년에 연못과 방장선산을 조성하였는데, 2년 뒤에는 망해루(望海樓)에서 군신에게 잔치를 베풀었다. 또한 639년에는 무왕이 비빈과 함께 큰 못[大池]에 배를 띄우고 놀았다. 또 의자왕 15년(655)에는 왕궁의 남쪽에 망해정(望海亭)을 세웠다. 무왕이 조성한 연못을 바라보는 정자나 누각이 〈망해〉라고 불렸다. 이로 미루어 이들 조형은 장관을 이루었을 듯하다.

신선사상은 백제의 동경이나, 산경문전(山景文塼) 또는 금동용봉봉래산향로(金銅龍鳳鳳萊山香爐) 등의 유물에 만연되어 나타났다. 금동용봉봉래산향로는 중국의 박산로(博山爐)의 모습을 닮았다.[135] 아래

부여 금동용봉봉래산향로. 백제의 도교와 신선사상을 나타내주고 있다(국립부여박물관 소장).

받침 부분은 한 마리의 용을 조각하고, 뚜껑 위에는 봉황 모습의 꼭지를 만들었다. 향로의 옆 부분은 화려한 연꽃으로 장식되었고, 중첩된 산 모양을 이룬 뚜껑에는 5인의 주악상(奏樂像)을 비롯하여 여러 종류의 상서로운 동물과 신선으로 보이는 노인상을 조각하였다.

박산은 봉래산과 같이 사용되기도 한다. 신선사상 속의 삼산은 흔히 봉래산으로 대표되었다. 금동용봉봉래산향로의 뚜껑은 봉래산을 상징하였지만, 그 속에 산이 중첩된 모습은 봉래 삼산을 상징한 것이다. 이 향로에서 피운 연기는 자미(紫微)로 올라간다고 여겼는데, 이것은 자미궁 곧 천황제가 거주하는 궁궐이다. 중첩된 산의 사이사이에 수목과 동물·인간이 조각되었다. 동물 중에는 실제로 존재하는 것도 보이지만, 용·봉황·기린과 같은 동물 모양의 신들이 함께 노닌다.

백제 능산리 왕릉의 묘역에서 출토된 금동용봉봉래산향로는 토착신

무위자연의 도가사상을 나타내 주는 산수산경무늬 전돌(국립부여박물관 소장).　신선사상을 나타내 주는 산수봉황무늬 전돌(국립부여박물관 소장).

앙 속의 신화의 세계나 주역사상 등이 반영되었겠지만, 주로 도가사상의 영향을 받아 제작되었다. 백제 벽돌의 여러 문양 속에도 이러한 신선사상이 흡수되었다. 산경봉황문전(山景鳳凰文塼)이 이를 알려준다. 그 중의 하나는 원형의 연주문대(連珠文帶) 안에 한 마리의 봉황을 배치한 것이다.[136] 중첩된 산봉우리와 상서로운 구름을 배경으로 그 중심에 위치한 봉황새는 신격을 지닌 상상의 동물이다. 이렇듯 백제 사람들은 향로나 벽돌을 제작하면서, 그 속에 그들이 품어왔던 도가의 신선사상을 강하게 드러내 보였다.

2. 유학사상과 사서의 편찬

1) 유교사상과 예(禮)

(1) 유학의 전래와 예의 강조

지금의 한강 유역이나 서해안 지역에는 삼한시대부터 중국과의 교류가 빈번히 이루어졌다. 이에 따라 백제에서도 그들의 문물이나 제도 등에 이르기까지 여러 분야의 문화를 폭넓게 수용하였다. 한반도의 동남부에 치우쳐 후진성을 면치 못하던 신라는 백제를 통해 중국과 교류하였다. 초기 신라에는 문자가 없어서 나무에 새겨 신용을 삼았고, 언어는 백제를 매개로 하여 양(梁)나라와 더불어 서로 통하였다. 이처럼 백제는 남중국과의 통교에 주역을 담당하였고, 이 같은 교류에 따라 백제어가 자연스럽게 통용되었다. 일찍부터 백제는 중국 남조와 통교하는 과정에서 그 지역에서 발달한 유학 사상을 흡수하였다. 다음에서 이를 이해할 수 있다.

① 梁武帝 中大通 6년과 大同 7년에 수차 사신을 보내어 방물을 바치고, 아울러『涅槃經義』와 毛詩박사 및 工匠 畵師 등을 청하였는데 모두 보내 주었다(『양서』, 백제전).

② 양나라 때에 백제국에서 글을 보내어 講禮박사를 구하자, 陸詡를 가게 하였다 (『陳書』, 권33, 열전 27, 儒林傳, 陸詡條).

③ 백제국은 歲時에 伏臘日을 명절로 지내는 것이 중국과 같고, 서적은 五經 子史가 있으며, 表와 疏를 함께 쓰는 것이 중국의 법식과 같다(『唐書』, 백제전).

백제는 중국으로부터 오경이나 자사, 모시 등 주로 경전을 받아들였다. 백제 유학은 경학을 중시하는 특성을 지녔다. 그래서 중국 한대의 유학을 폭넓게 이해하였다.[137] 한대 초기에는 경학사상이 강조되었지만, 한대 학풍의 또 하나의 특징은 음양오행설(陰陽五行說)이었다. 그런데 백제 유학의 전통 속에는 음양오행사상이 짙게 드리워져 있다.[138] 오경 속에도 시경이 들어 있지만, 모시는 남조에서 중시된 것으로 남방적 한학(漢學)으로 이해된다.[139]

백제 사회에는 일찍부터『논어』가 전해졌다. 선문대학교 고고학 연구소의 이형구(李亨求) 소장은 백제가 쌓은 계양산성(인천시 계양구)에서 AD 4세기경의 것으로 추정되는 목간을 발굴하였다. 오각형 기둥 모양으로 깎은 목간은 길이 14cm로 각 면의 폭이 1.5cm이다. 종이가 귀하던 당시의 사람들은 나뭇조각에 문장을 기록한 뒤 다발로 엮어서 요즘의 책으로 이용하였다. 이 목간은 남한 지역에서 출토된 것으로는 가장 오래되었는데, 글씨는 맨눈으로 판독되지 않아 X선과 적외선 촬영으로 확인되었다.

목간에 적힌 내용은 『논어』 제5편 공야장(公冶長)의 일부이다. 이 내용은 제자를 대상으로 공자가 행한 인물평이 주를 이룬다. 곧 고금 인물의 어질고 어질지 않음과 얻고 잃음을 논하였다. 모시와 함께 남조 유학에서 강조된 예학에 대해 백제가 큰 관심을 보이면서, 이를 받아들였다. 백제 유학이 예학을 수용하게 되었던 것은 백제의 관제가 중국화하면서 비교적 일찍 조직적으로 정비되는 것과 연결된다.

백제의 6좌평(佐平) 제도는 국무를 분장한 정부의 부서로서 주례의 6관에서 연유한 육전을 모방한 것이다. 『주서』 백제전에는 16관품과 함께 내관으로 곡부(穀部)·육부(肉部)·내략부(內掠部)·외략부(外掠部)·마부(馬部)·도부(刀部)·공덕부(功德部)·약부(藥部)·목부(木部)·법부(法部)·후궁부(後宮部) 등이 나온다. 외관으로는 군부(軍部)·사도부(司徒部)·사관부(司冠部)·묵구부(默口部)·객부(客部)·외사부(外舍部)·주부(綢部)·일관부(日官部)·도시부(都市部) 등이 보인다. 이는 중앙집권적 통치 질서가 잘 짜졌음을 알려준다. 백제 사회에는 질서를 규율하는 금법(禁法)이 발달되어 제도를 비교적 일찍 세련되게 손질하였다. 엄격한 계율 통치가 이루어진 현상은 백제 유학이 〈예〉를 강조한 것과 연결시켜 이해해야 한다.

유교의 경학을 이해하는 수준이 높았을 뿐 아니라 예학이 강조되었다. 이 때문에 백제 사회의 문물과 제도는 중국인들이 보기에 자기네들과 비슷한 것으로 느끼게 하였다. 때문에 중국과 세시의 풍습이 같고, 표(表)와 소(疏)를 작성하여 올리는 내용이 비슷하게 보였다. 이런 면은 다음에서도 읽을 수 있다.

백제는 책을 좋아하는 습속이 있다. 그들 가운데 뛰어난 자는 글을 잘 지었으며, 혼인 예법이 대략 중국과 같다. 부모와 남편의 상을 당하면 3년 복을 입는다(『주서』, 백제전).

백제의 혼인 풍속은 중국과 같았고, 상법(喪法) 또한 중국과 유사했던 것이다. 중국인들이 백제의 풍속을 중국과 유사하다고 기록한 이유는 문화 기반에 유학이 차지하는 비중이 컸을 뿐만 아니라, 그 중에서도 특히 예학을 내세웠기 때문이다. 이러한 문화 기반으로 말미암아 중국인이 볼 때 백제 사람들은 책을 좋아하고, 뛰어난 글을 잘 짓는 것으로 비춰졌다.

백제 유학은 경전을 중시하였다. 이는 한대 유학의 특성을 강하게 견지한 것이었지만, 실제로는 남조와 교류하면서 예학을 중시하였다. 예학의 중시는 중앙집권적인 통치 질서에 유용한 것이었다. 그래서 일찍부터 백제는 고구려나 신라에 비해 제도를 깔끔하게 정비하였다. 그리하여 고이왕대에 율령을 반포한 것으로 적었으나, 중앙집권적인 귀족국가 체제는 이보다 후대인 침류왕 때를 전후하여 완비되었다. 백제의 6좌평 제도는 주례의 6관에 연유한 것이고, 신라에까지 영향을 준 남당(南堂) 제도는 『예기』의 명당(明堂)과 연관된다.[140]

중국 제도를 도입한 것이기는 하지만, 박사 제도의 존재는 백제 유학이 예를 강조하는 분위기 속에서 이해된다. 백제에서는 이미 근초고왕 때에 박사 제도가 성립되었다. 박사 고흥의 활동이 이를 알려준다. 중국에서는 한 무제 때에 동중서(董仲舒)의 건의를 받아들여 유교를 국교화하였다. 이에 따라 기본 경전으로 시 · 서 · 역경과 예기 · 춘추의 5경을 정하고, 이를 연구하여 황제의 자문에 응하는 오경박사를 두었다. 반드시 오경박사는 아닐지라도 이러한 박사 제도는 백제에서도 그대로 받아들인 듯하다.

성왕 때에 양으로부터 모시박사가 들어왔을 뿐만 아니라, 513년에 일본에 파견한 단양이(段楊爾) · 고안무(高安茂) 등은 모두 오경박사로 호칭되었다. 이후 554년에 일본으로 파견한 왕유귀(王柳貴)도 물론 오경박사로 기록하였다. 문자를 매개로 유교 경전의 연구와 더불어 문서 작성 · 역사 편찬 등을 담당한 사람을 박사로 불렀다. 그러다가 와(瓦) · 주종(鑄鐘)박사 등 기술직 전문가와 의(醫) · 산(算) · 율령 · 천문박사 등도 존재하게 되었다.[141]

백제 유학은 남조의 예학을 받아들이는데 적극적이었다. 백제가 양나라에 사신을 보내어 예기를 강론할 박사를 보내주도록 요청하니, 육후(陸詡)를 파견하였다. 이 점은 백제가 남조의 유학 중에 특별히 예학에 관심을 기울인 것으로 생각된다. 남조의 예학 중에는 상복례(喪服禮)가 중시되었다. 이유는 남조에 문벌제도가 성행하였으므로 상복례에 따른 가족간의 친소 관계를 뚜렷이 분별하려는 의도가 뒷받침되었기 때문이다.[142] 이와 연관하여 공주의 정지산 유적을 빌려 백제의 묘제와 상장의례를 밝히는 의견이 제시되었다.[143]

백제 사회에는 유학의 전래와 함께 중국의 예법, 특히 남조의 상복례 등이 행해졌다. 다음 기록을 참고해 보기로 하자.

> 반역자나 전쟁에서 퇴각하는 자 및 살인한 자는 사형에 처하고, 도둑은 유배시킴과 동시에 훔친 것의 12배를 배상시켰다. 또 부인으로서 간음한 경우는 남편의 집에 沒入하여 종으로 삼았다. 남녀의 혼례하는 법은 중국의 풍습과 거의 같다. 부모와 남편이 죽으면 3년 상을 입으며, 그 나머지 친족은 장례가 끝나면 탈복하였다(『주서』 권 49, 열전 41, 異域 상, 백제전).

부모와 남편이 죽으면 3년 상을 입지만, 나머지 친족들은 장례를 치르는 동시에 탈상하는 등 상장의례가 갖추어졌다. 이는 남조의 예법이 상복례를 중시한 경향과 연관된다.

백제의 결혼 예법도 중국과 같았고, 부인의 부정을 강하게 처벌하였다. 반역이나 살인 또는 도둑에 대해 처벌하는 등 윤리적인 것뿐만 아니라 국가적인 불충이나 불인(不仁)·불의 등을 규제하였다. 백제 유학의 예학 정신은 사회적 질서를 규율하는 것으로 나타났다. 백제 예학은 당시 엄격한 사회규범을 빌려 이해되어야 한다. 그리하여 백제는 유교적 예의사상을 구현하였다.

백제의 유학은 일본문화를 개발하는데 크게 기여하였다. 백제 근초고왕과 근구수왕 때에 아직기와 박사 왕인(王仁) 및 진손왕(辰孫王) 등을 일본에 보내어 경전과 유학을 전하였다. 처음 일본으로 건너간 아직기는 경전에 능통하여 응신천왕(應神天王)의 아들인 토도아낭자(菟道雅郞子)의 스승이 되었는데, 일본 왕에게 자기보다 나은 박사로서 왕인이 있다는 것을 알렸다. 일본 왕은 사신을 보내어 왕인을 초빙하자, 그는 『천자문』 1권과 『논어』 10권을 가지고 일본으로 건너가 유학을 진작시켰다.

백제는 무녕왕 13년에 오경박사 단양이를 일본에 파견하였고, 3년 뒤에는 오경박사 고안무를 파견하여 단양이와 교대하였다. 그런가 하면, 백제는 유학 이외에 역(易)·역(曆)·의박

일본에 전하는 백제의 금동미륵반가사유상.

사(醫博士)를 포함하여 재강녀(哉絳女)·직공(織工)·야공(冶工)·양조자(釀造者) 등을 일본으로 보내어 그 지역의 문화를 크게 개발하였다. 백제문화는 일본문화의 원류로서 그 문화의 수준을 끌어올리는 데 기여하였다.

(2) 충효와 절의사상

유학의 예학 정신은 백제 사람들의 윤리의식을 갖추게 하였다. 이는 왕실은 물론 지배층이나 일반 백성에게 영향을 주어 도덕정치의 이상을 실현하는데 기여하였다. 그리하여 백제 유학은 실천적인 성향을 드러낸다. 다음 기록을 참고해 보기로 하자.

> ① 의자왕은 무왕의 맏아들이다. 그는 용감하고 담대하여 결단성이 있었다. 왕은 무왕 재위 33년에 태자가 되었는데, 부모를 효성으로 섬기고 형제 사이에 우애가 있어서 당시 사람들이 해동의 曾子라고 불렀다(『삼국사기』 권28, 의자왕 즉위조).
> ② 왕은 州郡을 순행하면서 백성들을 위무하고, 죄수들을 재심사하여 사형수를 제외하고는 모두 석방시켜 주었다(『삼국사기』 권28, 의자왕 2년 2월조).

처음 의자왕의 정치는 수기(修己)하여 백성들을 돌보는 이를테면 도덕과 윤리 질서를 내세우는 경향을 보였다. 주군을 순행하는 가운데 백성들을 위무하는 내용이 이를 알려준다. 이러한 도덕정치는 중국의 선진 유학에서 강조하는 것으로 어느 시대에나 나타날 수 있다. 백제 사회에서는 이런 양상이 보다 강조되었다. 비류왕은 사신을 파견하여 백성들의 질고(疾苦)를 묻고, 홀아비나 과부·고아·자식 없는 늙은이 등 스스로의 힘으로 살 수 없는 사람들에게 한 사람당 곡식 3석을 하사하였다. 유독 백제에서 뿐만 아니겠지만, 이상적인 도덕정치를 실현하려는 것은 유교사상의 예학과 연관하여 이해된다.

의자왕은 태자가 되었을 때 부모를 효성으로 섬기고, 형제간에 우애가 있어서 당시 사람들이 해동증자로 불렀다. 백제 유학은 예를 중시함으로써 효행을 특별히 내세웠다. 유학에서 충성과 효행은 같은 논리 속에서 이해된다. 그러나 고대사회에서 실제로 이를 요구하는 시기는 달랐다. 이 가운데 중앙집권적인 귀족국가 체제를 정비할 당시에 먼저 요구된 것은 전자이다. 신라 사회의 경우 법흥왕 때에 체제가 정비되는 과정에서 충도(忠道)가 보다 강조되었다면, 통일신라 사회에서는 효도가 아울러 중시되었다.

신라하대에 효행의 모델로는 경덕왕 때의 향덕(向德)을 꼽았다. 그는 공주 사람으로 흉년이 들어 굶주리게 되자, 자기의 넓적다리 살을 베어 어머니께 드렸다. 비록 향덕의 이야기는 통일신라시대의 것이라 하더라도, 옛 백제 사회에 만연했던 효행의 전통을 계승한 미담으로 이해된다. 백제 사회에는 예학과 연관하여 효행이 보다 강조되었다.

백제 유학은 실천적인 성향을 지닌 가운데 효가 강조되었다. 그 결과 충절과 절의의 정신을 낳았다. 나당연합군을 맞아 국가가 위험에 처하였을 때 옥에 갇혔던 성충(成忠)은 왕에게 글을 올려 다음과 같이 말하였다.

충신은 죽어도 임금을 잊지 않는다 하니, 원컨대 한 말씀 드리고 죽겠습니다(『삼국사기』 권28, 의자왕 16년조).

의자왕은 뒷날 궁녀와 더불어 주색에 빠져 마음껏 즐기며 술 마시기를 그치지 않았다. 좌평 성충이 극력 간언하자, 왕은 노하여 그를 옥에 가두었다. 이로 말미암아 감히 간언하는 자가 없었다. 성충은 옥중에서 굶어 죽었는데, 죽을 때에 글을 올려 말하기를 "충신은 죽어도 임금을 잊지 않는 것이니 원컨대 한 말씀 드리고 죽겠습니다. 신이 항상 시세의 변천을 관찰하였는데, 반드시 전쟁이 일어날 것입니다. 무릇 군사를 쓸 때에는 장소를 가려야 하는데, (강의) 상류에서 적을 맞아야만 군사를 보전할 수 있습니다. 만약 다른 나라의 군사가 오면 육로로 탄현을 넘지 못하게 하고, 수군은 기벌포(伎伐浦) 언덕에 들어오지 못하게 막은 다음 험준한 지형에 기대어 방어하여야만 견딜 수 있습니다(『삼국사기』 권28, 의자왕 16년 봄3월조)"라고 하였다.

성충은 의자왕의 문란한 정치를 극렬히 간하였다. 그러한 간언은 죽음을 무릅쓴 것이었다. 그는 죽어서도 임금을 잊지 않는다는 충신론을 펴는 가운데 죽음에 임박하여 나라를 구할 방책을 올렸다. 성충이 나당 연합군을 물리치기 위해 올린 계책은 채택되지 않았다. 죽음을 무릅쓰고 신하로서의 도리를 다한 그는 지공무사(至公無私)한 마음으로 자기의 책임과 의무를 다하는 유학의 정신을 실현하였다.

성충의 충의 정신은 백제 말기의 충신이었던 흥수(興首)나 나당연합군을 맞아 비장한 최후를 맞는 계백(階伯)에게도 공통으로 나타났다. 흥수는 의자왕의 어지러운 정치를 간하다가 미움을 사서 귀양살이를 하였다. 마침 나당연합군이 쳐들어오자, 이를 격퇴하기 위한 방법을 의자왕에게 올렸다. 백강과 탄현은 백제의 중요한 길목이었다. 한 명의 군사와 한 자루의 창을 가지고 막아도 1만 명을 대적할 수 있는 전략적 요충지였던 것이다. 그래서 마땅히 용감한 군사를 뽑아 지키게 하면서, 당나라 군사가 백강에 들어오지 못하게 막는 동시에 신라 군사를 탄현에서 저지한 다음 적이 피로해 질 때 쳐서 깨트릴 수 있다고 하였다.

물론 흥수의 계책을 받아들이지 않았다. 성충과 마찬가지로 흥수도

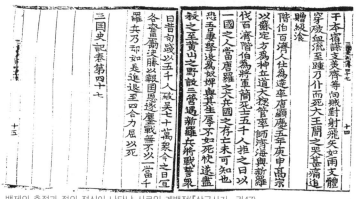

백제의 충절과 절의 정신이 나타난 사료인 계백전(『삼국사기』 권47).

오랜 귀양살이에도 불구하고 자신을 벌 준 왕을 원망하지 않은 채, 오직 진실되고 한결같은 마음으로 신하의 도리를 다하였다. 의자왕 20년(600)에 나당연합군이 백제를 공격하자, 계백은 5000명의 결사대를 이끌고는 황산벌 전투에서 장렬한 최후를 마쳤다. 다음 기록을 참고해 보기로 하자.

계백은 말하기를 "일국의 군사로써 당과 신라의 대군을 당해야 하니 국가의 존망을 알 수 없다. 나의 처자가 사로 잡혀서 노비로 될까 염려된다. 살아서 욕을 보는 것보다는 차라리 죽는 것이 낫다" 라고 하며, 드디어 가족을 모두 죽였다. 黃山 벌에 이르러 세 곳에 진영을 설치하고, 신라의 군사를 맞아 싸울 때에 뭇사람에게 맹서하기를 "옛날에 句踐은 5천명의 군사로써 吳나라의 70만 대군을 격파하였다. 오늘 마땅히 각자 용기를 다하여 싸워 이겨서 나라의 은혜에 보답하자" 라고 하였다. 드디어 힘을 다해 싸우니, 한 사람이 천명을 당해내었다(『삼국사기』 권47, 階伯전).

계백은 출전에 앞서 '살아서 치욕을 당하는 것보다는 차라리 통쾌하게 죽는 것이 낫다' 고 하면서 '나라의 은혜에 보답하자' 는 정신을 표출하였다. 이는 계백뿐만 아니라 백제 사람들 일반의 충절이나 도의 정신으로 이해된다.[140] 계백은 비굴하게 구차히 목숨을 잇기보다는 국가의 대의 앞에 스스로 목숨을 던졌다. 곧 신명을 바친 구국행위이다. 그가 출전에 앞서 가족을 죽이는 비장한 태도에서도 이런 정신을 읽을 수 있다.

명분과 절의를 중시하는 정신은 나라가 망할 당시에 집단으로 죽음을

부여 백마강과 낙화암. 백제 멸망시에 궁녀들이 몸을 던져 죽었다는 전설이 삼국유사 등에 기록되었다.

택한 백제의 궁녀에게도 나타났다. 타사암(墮死岩)의 전설이 그것이다. 타사암은 부여성 북쪽 귀퉁이에 자리한 바위인데, 그 아래 절벽 밑으로 백마강이 흐른다. 전해오는 말로는 의자왕이 여러 궁녀와 함께 최후를 면하지 못할 줄 알고는, 서로 말하기를 "차라리 자살할지언정 남의 손에 죽지 말자"라고 하면서. 서로 이끌고 이곳에서 강물에 뛰어들어 죽었다(『삼국유사』 권1, 태종춘추공조)고 한다. 사실을 떠나 이런 전설이 전한다는 것은 백제 사회에 유학의 절의와 명분 정신이 강인하게 전하였음을 알려준다.

　백제의 궁녀들은 비굴한 삶보다는 영광된 죽음을 더 소중하게 생각하

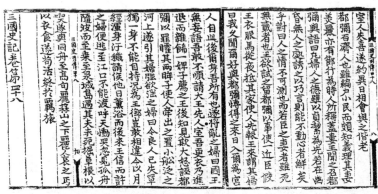

백제의 절의 정신이 나타난 사료인 도미전(『삼국사기』권48).

였다. 이는 성충 이래 백제 유학 속에서 강조되었으며, 특별히 계백에게서 강렬하게 표출하여 계승되었다. 백제의 궁녀들 조차 춘추의 대의 정신을 이었고, 한편으로 정절을 생명보다 더 중시하려는 윤리관과 충절 정신을 들어내었다. 이러한 정절과 충절은 절의 정신을 구체적으로 표현한 것이다. 백제의 유학사상 속에 흐르는 절의 정신은 시비나 선악을 판별하는 가치 기준을 제시하였다.

개로왕 때에 하찮은 신분인 도미(都彌)의 아내는 폭압적인 왕의 요구에 대항하여 정절을 지키고자 사력을 다하였다. 도미부인은 절조 있는 행실로써 당시 사람들의 칭찬을 받았다. 개로왕이 부인의 정절에 대해 부정적인 말투로써 험담을 하였다. 이에 대해 도미는 "무릇 사람의 정이란 헤아리기 어려운 것입니다. 그러나 저의 아내와 같은 사람은 비록 죽더라도 두 마음을 갖지 않을 것입니다(『삼국사기』권48, 都彌전)"라고 하였다. 이후 왕의 이들 부부에 대한 시험과 박해를 거치면서 도미는 눈이 머는 중형을 받고 멀리 쫓겨났지만, 그의 부인은 갖은 지혜로써 시련을 이겼다.

비록 죽더라도 두 마음을 갖지 않는다고 한 것은 도미가 그의 아내에 대한 믿음을 표현한 것이지만, 백제 유학사상이 충절과 절의 정신을 보편적으로 내세운 분위기 속에서 그의 신의가 확고하게 나타났다. 도미 부인의 정신이나, 나라가 망할 때 궁녀들이 절의를 지키면서 집단적으로 죽음을 택했던 모습에도 백제 유학의 절의 정신이 듬뿍 스며있다. 백제 여인들이 정절을 생명보다 더 중시하는 것은 예를 강조하는 유학의 윤리관에서 나왔으며, 충절로 이어지는 절의 정신과 통한다.

2) 사서의 편찬

백제 유학사상은 충절과 효도를 강조하는 성격을 함축하였다. 이에 곁들여 〈신(信)〉을 내세웠다. 신라나 고구려의 경우 화랑도나 견당(肩當)의 설치 역시 이 같은 정신에서 가능하였다. 백제 사회에서는 〈신〉을 내세운 뚜렷한 기록을 찾을 수 없지만, 화랑도와 비슷한 청년 조직이 존재했을 것이다. 그들은 특별히 유학 외에 불교의 미륵신앙과도 밀접한 관련을 맺었을 것이다. 〈충〉과 〈신〉의 강조는 국가가 상하는 물론 횡적인 청년 조직을 공동체 의식 속에 묶는 역할을 담당하였다. 바로 이런 분위기의 삼국 사회에 역사서가 편찬되었다.

계유명삼존천불비상. 뒷면에는 삼존천불비상을 건립하는 사유가 기록되어 있다(국립공주박물관 소장).

백제 사회에도 국가공동체 의식이 깔려 있었다. 계유명전씨 아미타삼존석불명(癸酉銘全氏阿彌陀三尊石佛銘)에는 "△정(正) 내말(乃末)과 전씨 등이 승려와 더불어 국왕·대신·칠세(七世) 부모 및 모든 중생을 위해 존경하는 마음으로 절 짓기를 바란다"라고 하였다. 또한 계유명삼존천불비불명(癸酉銘三尊千佛碑佛銘)에도 비슷한 내용이 들어가 있다. 계유년인 문무왕 13년(673)은 이미 백제가 멸망된 시기이지만, 그 내용은 부여를 중심으로 한 백제 사회의 정서를 담았음이 분명하다.

아미타 삼존석불이나 삼존천불비불상을 조상하면서, 자신의 부모를 포함해서 위로는 국왕과 대신은 물론이고 아래로는 모든 중생을 위해 불상을 만들었다. 불상은 국왕에서부터 자신의 부모를 포함한 중생에 이르기까지의 국가공동체 의식 속에서 조성되었다. 이렇듯 국가공동체 의식은 백제 사회는 물론 삼국 사회 전반에 광범하게 퍼져 있었다. 통일신라시대이긴 하지만, 김지전(金志全)은 감산사(甘山寺)에서 위로는

국왕과 이찬 개원(愷元)은 물론 자신의 죽은 아버지 등 친척과 아래로
는 모든 백성을 위해 아미타여래와 미륵불상을 만들었다. 이는 국가공
동체 의식이 백제는 물론 삼국 사회에 널리 퍼졌음을 알려주는 것이다.

백제의 유학사상이 심화되면서, 근초고왕 때에는 역사서를 편찬하였
다. 다음 기록을 유념하여 보기로 하자.

> 古記에 이르기를 '백제가 나라를 창건한 이래로 문자로서 일을 기록한 것이 없었는
> 데, 이때에 와서 박사 高興에 의하여 비로소 『書記』가 나오게 되었다'고 하였다. 그
> 러나 고흥의 이름이 일찍이 다른 서적에 나타난 일이 없으니, 그가 어떤 사람인지는
> 알 수 없다(『삼국사기』권24, 근초고왕 30년조).

근초고왕 30년(375)에 박사 고흥이 처음으로 『서기』를 편찬하였다. 근
초고왕 때는 백제가 정복국가 체제를 갖추어 중앙집권적 귀족국가를
확립한 시기였다. 이러한 시기에 백제의 역사서가 편찬되었다.

백제 『서기』의 출현은 근초고왕대가 그 이전의 사회와 비교하여 새로
운 체제를 구축하였다는 사실을 드러낸 것이다. 당시 역사 서술은 360
년마다 국가의 흥운(興運)을 맞는다는 한나라 양웅(楊雄)이 찬술한 『태
원경(太元經, 또는 太玄經)』계통의 사상에서 영향을 받았다.[145] 온조왕
이 개국한 이래 근초고왕의 즉위년까지는 약 360년이 되는 셈이다. 『서
기』는 근초고왕대를 전대 사회와 특별히 구별하면서, 중앙집권적 귀족
국가 체제를 확립한 백제 왕실의 전제화를 성립시키기 위한 목적에서

저술되었다.

『태원경』계통의 사상이 백제 등 삼국의 역사 편찬에 깊은 영향을 끼쳤다는 것은 금관가야국의 경우에 보다 분명하게 드러난다. 금관가야국의 제6대 좌지왕(坐知王)은 중앙집권적인 귀족국가 체제로의 개혁을 단행하면서 백성들을 안정시키는 정책을 폈다. 이 왕대에 복사(卜士)가 서(筮)를 얻어서 괘(卦)를 해석하고는, 그 글이 말하는 바를 적고 있다. 이는 역사 서술로 이해되거니와, 금관국에서 역사서가 편찬된 것으로 짐작되기도 한다. 그런데 좌지왕은 수로왕이 즉위한 해로부터 정확하게 360년이 지난 다음 해에 즉위하였다.[146]

고흥의 『서기』 이전에 백제의 역사를 기록한 사실이 전혀 없었다고 속단할 수는 없다. 다음에서 이에 대한 사정을 짐작할 수 있다.

① 文籍이 있고, 연월을 기록하는 것은 중국과 같다(『新唐書』, 백제전).

② 풍속에 騎射를 중히 여기면서 이를 겸하여 墳史를 사랑하였다. 그 특이한 자는 屬文을 해독하였다(『주서』, 백제전).

③ 풍속에는 騎射를 숭상하는 가운데 古書와 史書를 읽고, 관리의 일도 잘 보았다(『隋書』, 백제전).

백제에는 일찍부터 역사서를 많이 읽었던 것이 분명하다. 이는 주로 중국 역사에 관한 것이었고, 속문으로 기록될 정도의 고서였다. 이 밖에도 중국 정사가 들어와 있었다. 비슷한 시기의 고구려에는 『사기』와

『전한서』·『후한서』·『삼국지』는 물론『진양추(晉陽秋)』가 유입되었는데, 진(晉)나라 사람 손성(孫盛)이 편찬한『진양추』는 사관의 직필로 유명한 책이다. 백제에도 비슷한 성격의 중국 사서가 들어왔고, 이는 분사(墳史)나 역사서로 기록되었던 것이 분명하다.

　백제 유학은 속문으로 기록된 오래된 역사서를 해독할 정도로 발달하였다. 백제 사회는 역사서에 대한 이해의 수준이 높았다. 이와 함께 백제 사람들은 중국과 같은 방식으로 연월을 기록하였다. 연월의 기록은 단순히 천문만을 기재한 것 같지는 않다. 백제 사람들의 역사에 대한 이해 수준으로 보아 이는 천문 말고도 그것과 연관한 여러 사실을 함께 기록하였다고 생각한다. 이는 바로 역사 기록이었던 것이다. 이러한 연대기류라고 할 수 있는 역사 기록은 백제 사회에 일찍부터 나타났다. 그러다가 국가 체제의 정비나 왕실의 전통을 강조하면서, 왕권을 강화하려는 목적에서 처음으로 서술한 백제의 역사서가『서기』이다.

　삼국의 역사 편찬은 중앙집권적 귀족국가 체제의 성립과 연관하여 이루어졌다.[147] 신라의『국사』도 중앙집권적 귀족국가 체제의 확립과 더불어 편찬되었다. 고구려의 역사 편찬 또한 예외일 수 없다. 곧 소수림왕을 전후한 시기에 역사서가 편찬되었을 것으로 보아야 한다. 그렇다면『유기』100여 권은 이때 편찬된 역사서였던 것으로 판단된다. 영양왕 때에 편찬된『신집』은 처음으로 편찬된 것이 아니어서, 백제의『서기』나 신라의『국사』와는 성격을 달리하는 역사서로 생각된다.

　삼국의 중앙집권적 귀족국가 체제의 확립과 더불어 편찬된 역사서의 성격은 당시의 국가공동체 의식과 밀접하게 연관되었다. 이는 왕권의 전제화를 위한 왕실의 전통이 강조되었다. 전통을 내세우는 설화가 역사 서술의 중심을 이루었다. 삼국이 처음 편찬한 역사서에는 전통을 내세운 토착문화를 강조하였다.

근초고왕 때에 처음으로 편찬된 『서기』는 백제 왕실의 전통을 강하게 내세운 것이 특징이었다. 왕실 전통에 관계된 토착적인 신화나 설화 등을 광범하게 수집하였기 때문에 방대한 분량으로 편찬되었다. 이후 왕정의 득실을 논하는 성격을 가려 편찬했기 때문에 역사서의 분량은 줄어들었다.

고구려의 『신집』은 이전에 편찬되었던 역사서를 줄인 것이다. 국초에 비로소 문자를 사용하면서 서술된 역사서가 『유기』 100여 권인데, 이를 줄여서 5권의 『신집』을 꾸몄다. 물론 『신집』과 『유기』 한 권의 분량이 꼭 같다고는 할 수 없다. 그러나 권수만을 생각한다면, 『유기』는 『신집』의 20배에 이른다. 삼국의 역사서는 처음에 방대한 분량으로 편찬되었다. 그 이유는 사료를 통해 문화를 취사선택한 것이 아니라, 왕실의 전통에 관계된 자료를 수집하는데 역점을 두었기 때문이다.

『유기』가 『신집』으로 편찬되면서, 수집된 사료의 취사선택이 이루어졌다. 신라의 『국사』 편찬에 관한 다음 내용을 살펴보기로 하자.

『국사』는 君臣의 선악을 기록하여 萬代에 그 襃貶을 보이는 것인데, 역사를 修撰하지 않으면 후대에 무엇으로 보이겠는가(『삼국사기』 권4, 진흥왕 6년조).

임금과 신하의 선악을 중점적으로 기술하면서, 자연 사료의 취사선택이 이루어졌다. 역사서는 왕정의 득실을 논하기 위해 편찬되었다. 위의 내용은 고려 유학자들의 사관을 반영한 가운데 기록되었고, 진흥왕 때에 처음으로 편찬되었던 역사서로 보기는 어렵다. 중앙집권적 귀족국가에서는 전제왕권이 성립되었지만, 국왕의 덕으로 인(仁)을 강조하였다. 일단 편찬되고 난 후에 다시 쓰는 역사서에는 바로 이 같은 점이 반영되었다.

　중앙집권적 귀족국가 체제에서도 국왕의 덕치(德治)에 대한 관념은 중시되었고, 이는 유학이나 중국 역사서의 영향을 받으면서 왕정의 득실을 논하는 역사의식으로 발전하였다. 『서기』 출현 이후 백제의 역사 기술도 단순히 왕실의 전통을 강조하는 경향에서 벗어나, 역사의 표품(標品)을 지향하는 계감(戒鑑)으로서의 성격을 지녀 갔다.

맺는 글

　백제 사람들의 정신세계를 밝히려는 작업은 다소 막연한 느낌을 주는 것은 사실이다. 이는 일상생활에서 그들이 느끼고 생각한 바가 추구되어야 하기 때문이다. 백제 사람들의 신앙 습속이나 사상에 대한 접근은 이런 문제를 다소 해결해 줄 것이다. 이 같은 관점에서 백제의 불교나 유교·도교사상의 이해는 중요할 수밖에 없다. 그런데 백제 사람들이 지녔던 신앙 습속의 범위를 확정하는 것은 그리 쉽지 않다. 편의상 그들의 토착신앙이나 무교신앙을 다루고자 하였다. 주로 백제 초기의 소도신앙과 연관한 조상숭배 신앙이나 제천의례 및 그것이 건국신화로 갖추어지는 과정을 천착해서 밝혔다.

　소도신앙은 백제 초기 사회에 별읍(別邑)이 성립되는 것과 표리가 되어 형성되었다. 삼한 사회는 강력한 왕권 중심의 연맹왕국이 성립되지는 않았으나, 만여 가(萬餘 家)에 이르는 대국은 소연맹국(小聯盟國)을 이루었다. 소연맹국 체제 내에 편입된 읍락이나 작은 성읍국가들은 별읍을 이루었다. 소도신앙은 읍락인 부락공동체 중심으로 치렀던 부락제에서 분화·발전한 것이다.

소도신앙의 대상은 천신도 포함되기는 했지만, 주로 귀신으로 이해되는 여러 신들이다. 천신을 받든 자는 천군(天君)이었는데, 국읍(國邑)에서 선임하였다. 소도에서는 시조신이라 할 수 있는 지신들이 주로 경배되었다. 백제 초기 사회에서 이는 씨족적 전통을 강하게 드러낸 토템신의 경배 단계에서 출발하였다. 그러다가 조상숭배와 연결된 성읍국가의 시조신의 경배로까지 점차 발전하였다.

별읍사회가 성립된 소연맹국의 신앙·의례 내지 관념 형태가 소도신앙으로 나타났다. 이미 삼한 사회에서는 제정이 분리되었고, 별읍과 소

공주 공산성의 서문인 금서루.

연맹국은 정치적으로 막연하나마 결속하였지만, 독자의 종교 신앙이나 의례를 치렀다. 소연맹국이나 별읍에서 치른 종교 의례를 모두 소도신 앙으로 부를 수 있다. 그렇지만 이는 소연맹국 단위로 치렀다기보다는 종전의 성읍국가나 읍락 단위로 이루어졌다. 이 점이 소도신앙 이후에 성립되는 제천의례와 다른 면이다. 제천의례에서는 천신과 지신이 함께 제사되었으나, 소도신앙에서는 읍락 별로 따로 제사되었다.

백제 초기 사회에서 받든 귀신은 천신과 지신이었다. 이는 성읍국가나 읍락에서 받들었던 조상신이다. 백제 왕실은 부여계 천신을 조상신 으로 재정립하였다. 백제 건국신화 속에 온조와 비류는 신성을 갖지 못한 것으로 비춰졌다. 그들은 신의 아들이 아니며, 주몽을 통해 신의 가계로 이어졌다. 다만 시조 도모는 일신(日神)이 강령한 것으로 신앙되었다. 도모는 추모(鄒牟) 곧 주몽을 가리킨다. 백제 건국신화는 동명형의 영웅전승적 성격을 지녔고, 내용상으로는 주몽신화와 연결되었다. 백제와 고구려는 범부여계에 속한 부족집단에 의해 건국되었다. 주몽 신화로 이어지는 백제 건국신화는 범부여계 신화와 연결된다.

백제 건국신화 중 천신족 신앙은 온조나 비류 집단이 남쪽으로 내려 오면서 부여족의 태양숭배 신앙과 연관되었다. 이는 뒤에 변질되면서 온조의 신성이 많이 누락되어 설화 형태로만 남았고, 나머지 부분은 정치적 공적으로 기록되었다. 백제 건국신화 속에 지신족 신앙은 누락되어 잘 나타나지 않는다. 온조와 비류의 어머니인 월군녀나 연타발(延陀勃)의 딸인 소서노는 지모신앙을 가진 것으로 생각되지만, 신의 계보로 연결되지 않는다.

백제 건국신화 속에서 지모신 신앙의 양태를 보다 강하게 드러낸 것은 비류 시조전승의 소서노이다. 온조와 비류가 모시고 남쪽으로 내려온 소서노는 월군녀와 비교하여 대우혼을 치르는 등 모계제적 유풍을 많이 지녔다. 온조와 비류의 어머니는 백제 건국신화 속에 빠져나간 지모신 신앙의 모습을 쉽게 떠올리게 한다. 백제 초기에 국모묘(國母廟)가 갖춰진 데서 백제 건국신화 속의 지모신 신앙이 자리했다는 사실을 알려준다.

백제 무왕은 홀로된 어머니가 남쪽 못에 사는 용과 사통하여 낳은 아들이다. 무왕이 태어나는 설화는 그 내용의 많은 부분이 탈락되어 민담이나 전설로 보이지만, 백제 왕실의 신화로 추정되며 오늘날 구전되는 야래자(夜來者) 설화이기도 하다. 견훤의 탄생 설화도 백제 왕실의 전통과 연결되는 상징적 의미를 갖는다. 견훤의 탄생 설화에 나온 야래자인 큰 지렁이는 수신이지만 담장 밑에 살았다. 곧 동굴신이 연상된다. 백제 건국신화의 수신도 동굴신과 인연이 닿았던 듯하다. 공주의 웅진사(熊津祠)는 백제의 건국신화 속에 동굴신이 존재했을 것으로 추측하게 한다.

백제 사회의 토착부족은 각각 시조전승을 소유하였다. 그들의 시조신앙은 백제 사회에 광범하게 퍼진 지신족 신앙에 속하였다. 한강 유역의 성읍국가인 백제나 미추홀의 개국신화는 왕실의 조상신인 천신과 토착민 중 유력한 부족의 조상신인 지신이 결합하는 모습을 갖추었다. 천신과 지신으로 나타난 여러 부족의 조상신은 백제 건국신화로 체계화되면서, 국가적인 제천의례 속에 포함되었다. 중앙집권적인 귀족국가 체제가 성립된 후 제천의례는 국가적인 제례로서 천신을 제사하였다. 이때 제사 속에는 다양한 양태의 여러 지신들을 함께 모셨다.

백제 초기 사회에서 받든 조상신은 천신 외에 여러 부족의 지신으로 나타났다. 조상신에 대한 제사는 귀신을 섬기는 것이다. 백제 초기 사회는 별읍 단위로 각각 수많은 조상신을 제사지냈다. 백제 건국신화 속에 지신신앙이 분명하게 나타나지 않는 것은 왕실에서 받드는 천신에 대응할 뚜렷한 지신을 설정하기가 어려웠기 때문이다. 백제 건국신화 속에 부각되지 못한 지신신앙은 왕족과 연합한 유력 부족의 세력 기반이 미비하여 그들의 조상신을 부각시키지 못했다는 것을 의미한다. 별읍 사회에서 각 부족이 제사지내던 조상신은 여러 양태로 다양하게 존재하였다. 이렇듯 백제 토착부족의 조상신들은 건국신화나 국가적 제사조직 속에 체계화되지 못하였던 것이다.

백제 왕실만이 천신에게 제사를 드렸던 것은 아니다. 백제 초기에는 그 연맹권 내에 복속된 소연맹국이 다소 존재하였고, 그들의 지배자들도 천신에 대해 제사를 드렸다. 이럴 경우 왕실은 천신을 제사지내는 천군을 따로 세워 여러 명의 천군이 존재하였다. 백제 연맹왕국 내에서 왕권이 강화되자, 여기에 숭천사상이 가미되어 제천의례로 서서히 자리잡기 시작하였다. 이에 따라 연맹왕국 내에 복속된 소연맹국의 지배자들이 지녔던 조상신인 천신의 개념은 희박해졌다.

백제에서는 〈제천사지〉의 의례를 치르었다. 〈제천사지〉 의례는 중국 천자의 교사(郊祀)를 그대로 모방한 것처럼 보인다. 백제의 의례는 〈제천〉이 아닌 〈제천사지〉로 표현한 데에 특수한 면이 보인다. 제천의례의 내용도 〈제천사지〉인데, 백제에서는 굳이 국가적 제의를 〈제천〉 외에 〈사지〉를 넣어 불렀던 이유는 지신에 대한 제의의 대상이 막연한 데서 찾아진다. 백제의 국가적 제의에는 지신의 실체가 분명히 드러나지 않는다. 소도를 형성한 백제의 토착사회가 그 다음 단계로 발전하는 과정에서, 천신족 신앙과 혼합된 지신족 관념을 제대로 형성시키지 못하였던 것이다.

3세기 중엽 경에 백제가 한강 유역의 여러 성읍국가나 별읍의 맹주적 지위를 차지하면서 서서히 제천의례를 성립시켰다. 백제가 중앙집권적인 귀족국가로서의 체제를 정비하는 시기는 근초고왕 이후 침류왕대이다. 이때가 되면 백제 왕실은 복속된 영역에 군대를 보내 통치하였고, 흡수된 성읍국가나 읍락의 지배자들은 귀족으로 등장하게 되었다. 왕실은 자신의 조상신인 천신에 대해 제사를 드리는 범위를 넘어서서, 복속된 여러 성읍국가나 읍락의 지배자들의 조상신인 지신도 함께 제사하였다.

아신왕과 전지왕 때에는 정월에 시조인 동명묘를 배알하고는 남단에서 천지를 제사하였다. 백제왕은 일 년에 4번의 제천의례와 함께 시조묘에 제사를 드렸다. 제천의례는 웅진시대에 이르면서 더욱 발전되어 정례화한 모습을 보여준다. 그리하여 국가의 정기적인 사전(祀典)으로 자리 잡았다. 제천의례는 국가적 사전으로 정비되면서, 성읍국가나 읍락 당시의 여러 지배자들의 조상신이 지신 곧 산천신으로 편제되었다. 제천의례가 정비되면서 국가적 제의를 주관할 일관(日官) 등이 등장했지만, 국왕은 이를 주관하는데 능동적으로 개입하였다.

백제의 제천의례나 조상신에 대한 제사를 주관한 사제자는 원래 부족장이었다. 백제 초기 사회의 무당은 예지자(豫知者) 내지 예언자로서의 기능을 소유하였다. 예언자인 무당은 미지의 세계를 미리 내다보는 점복적(占卜的)인 기능을 가졌다. 무당은 국가 사회가 위기에 처했을 때 이를 해결하는 방도를 제시하였고, 천변지이 등 자연적 징후로써 길흉을 점치기도 하였다. 그리고 다음에 나타날 사태에 대처할 능력도 겸비하였다.

백제에서는 국가의 정책 결정에 무당이 깊이 개입하였다. 이 같은 유풍은 정사암(政事巖) 신앙을 낳았다. 부여의 천정대(天政臺) 아래에는 정사암이라는 바위가 있었다. 국가에서 장차 재상을 뽑을 때에는 3·4명의 후보자 이름을 써서 상자에 넣고 봉하여 여기에 놓아두었다. 얼마 후에 갖다 보고 이름 위에 도장이 찍힌 사람을 재상으로 삼았다.

정사암에서 재상을 선택하는 과정은 무교신앙의 신이한 모습을 떠올리게 한다. 이는 제정이 미분화되었을 때의 재상을 선택하는 데에 제사장 곧 무당이 깊이 관여한 풍속에서 유래한 것이다. 무당은 재난을 물리치는데 관여하였을 뿐만 아니라 재상의 임명이나 전쟁의 수행 등 국가의 중요 정책을 결정하는데 참여하였다. 이러한 기능으로 말미암아 무당은 뒤에 일관으로 임명되어 국가의 정책 자문에 응하면서, 앞으로 일어날 사태에 대해 능동적으로 대비하였다.

무교신앙의 내용은 당시의 사람들이 지녔던 정신세계의 한 단면을 적나라하게 보여준다. 노구가 남자나 또는 여우로 변하거나, 호랑이가 도성으로 들어와 싸우는 것은 요상한 징조로 여겼다. 이에 따라 좋지 않은 일이 일어날 것이 예고되었다. 반면 왕궁의 우물이 갑자기 넘치는 것은 백제의 왕실이 흥성할 징조였고, 왕궁에 기러기가 모여드는 것은 이웃 나라의 백성이 몰려올 징조로 보기도 하였다.

왕도로 밀려오는 물결은 상서로운 징조로 이해되었다. 그러나 왕도의 우물이 핏빛이 되거나, 큰 물결을 따라 배의 돛이 들어오는 것은 길사(吉事)가 아니다. 백제에서 정상이 아닌 모습으로 등장하는 동물은 대체로 흉사를 예고하였다. 붉은 말이나 흰 여우·사슴 같은 모양의 개

부여 금동용봉봉래산향로의 기마인 조각(국립부여박물관 소장).

등이 곧 그것이다. 길이가 3장이나 되는 여자 시체가 떠오르거나, 왕도에 여러 개가 모여 짖는 모양도 같은 맥락으로 이해되었다. 벼락이 치는 등 비정상적인 자연 재해는 재앙을 알리는 징조로 여겼지만, 무교신앙 사회에서는 비교적

합리적인 사고로서 이를 예방하였다.

　무당이 자연의 재해에 대해 대처하는 방식이나, 제의를 주관하는 형식 등은 부족이나 읍락 단위로 운영되었다. 무교신앙에서 자연의 재해나 그 징후에 대해서는 부족이나 읍락 단위의 신앙권 별로 각기 달리 해석되었다. 백제는 보름달과 같고 신라는 초승달과 같다는 문구의 내용에 대해서도 해석이 달라졌다. 처음 이 글을 본 무당은 백제가 망하고 신라가 새로 일어날 징조로 해석하였다. 이와는 달리 백제는 왕성하고 신라는 미약할 징조라고 해석한 사람도 또한 무당이었다.

　서로 다른 신앙권에서 각기 달리 해석된 무교신앙은 절대적인 것이 될 수 없다. 부족이나 읍락공동체 등 신앙권 별로 무교신앙은 독자적인 이해 체계를 갖추었다. 이는 같은 신앙권 내에서도 달리 해석될 소지를 가졌다는 것을 의미한다. 그리하여 재난을 가져올 징후를 고쳐 좋은 형국으로 바꾸어 놓기도 하였다. 그 이유는 무교신앙 내에 절대적인 가치 기준이 설정되지 않은 데에서 찾아진다. 길함과 불길함은 정해진 것이 아니라, 오로지 사람들 신념에 따라 좌우되는 것으로 이해하였다.

　백제 시조에 관해서는 여러 설이 있다. 그 중 가장 자세한 것은 온조와 비류 시조전승이다. 온조왕의 아버지는 추모(鄒牟) 혹은 주몽인데, 어머니는 부여왕의 둘째 딸이며, 혹은 월군녀(越郡女)라고도 한다. 비류왕의 아버지는 우대로서 북부여왕 해부루의 서손이고, 어머니는 소서노(小西奴)로 졸본 사람 연타발(延陀勃)의 딸이다. 소서노는 처음에 우대와 결혼하여 두 아들을 낳았는데, 장자는 비류이고 차자는 온조이다. 우대가 죽어 홀로 된 소서노는 다시 주몽과 혼인하였다. 이 밖에도 간략하지만, 도모 시조전승과 구대 시조전승이 따로 전한다. 백제 태조 도모대왕은 일신의 강령으로 일찍이 부여에서 개국하였다. 또한 동명의 후손인 구대가 처음으로 대방의 고지에 나라를 세웠다.

백제 초기 왕실 내에 지배세력이 교체되면서, 이에 따라 건국신화의 내용에도 변화가 일어났다. 백제가 미추홀을 병합하여 백제 연맹왕국을 성립시킬 때에, 온조신화가 중심을 이룬 가운데 비류 시조전승을 포함한 건국신화가 형성되었다. 온조 시조전승과 비류 시조전승은 처음에 별개의 시조신화였다. 그런데 비류 시조전승이 더 오래되었다. 온조와 비류는 모두 부계적 전통을 갖는 유이민 집단을 거느렸기 때문에 두 시조신화가 백제 건국신화 속에 포함되었다. 그래서 마치 6가야국의 시조가 알로 연결된 것과 같은 막역한 연고 관계를 가졌다.

백제 시조신화 중 온조와 비류가 형제라는 사실은 퍽 중요하다. 그러나 바로 이 부분이 뒤에 윤색하여 부각되었고, 아울러 비류 시조전승이 독립하여 전해졌다. 왕실의 지배세력이 분명하게 교체된 시기는 고이왕대이다. 고이왕은 실질적인 백제 국가의 시조로 인식되었다. 이에 따라 고이왕계는 건국 초기 비류계 세력의 재등장으로 이해된다. 온조신화 속에 포함된 비류 시조전승은 고이왕대에 와서 재음미되었거나, 또는 독자의 시조전승으로 체계화하였다.

온조 시조전승이 정착하여 기록되는 시기는 근초고왕대이다. 이때에는 고이왕계와는 다른 혈연집단인 근초고왕계가 등장했는데, 이들은 스스로를 온조-초고왕계와 연결시켰다. 근초고왕대에 『서기』가 편찬되면서 문자로 정착된 온조 시조전승은 백제 건국 초기의 온조신화와 비교하여 상당한 차이가 있었다. 이 같은 차이로 우선 비류가 온조의 형으로 기록된 점과 지모신 신앙이 약하게 나타난 점을 들 수 있다.

제의나 신화를 포함한 무교신앙은 제정일치 시대의 윤리가 체계를 이루면서 형성되었다. 무당은 부족공동체의 기반을 가진 부족장이었고, 제사장으로서의 기능을 함께 소유하였다. 연맹왕국이 성립되면서 부족장들은 연맹왕 밑의 신하로 등장하였지만, 사실은 독립적인 부족적 기반을 그대로 지닌 세력이었다. 그들은 왕과 동등한 무교신앙을 소유하였다. 왕실이 부족장들을 중앙의 귀족으로 편제하면서, 강력한 전제왕권을 수립하려고 할 때에 무교신앙과는 다른 관념의 불교 수용을 모색하였다.

원시불교는 왕자(王者)계급 중심의 종교이다. 그래서 정복국가의 이념에 합당한 면을 비교적 많이 가졌다. 원시불교 경전 속에 자주 나타나는 전륜성왕의 관념이 그것이다. 전륜성왕 관념은 통일국가로의 지향을 의미하거니와, 강대국을 중심으로 통일 사업을 진척하려는 정치 이념의 사상적 뒷받침이 되었다. 원시불교는 작은 성읍국가가 합쳐져서 중앙집권적 고대 정복국가를 성립시킨 사회변화 과정 속에서 확립되었다. 이것은 소국가 내지 부족 사이의 통합 능력을 가졌고, 삼국사회 역시 이러한 성격의 불교를 받아들여야 할 정도로 국가 체제가 변화한 상태였다.

고구려와 신라에는 공인 이전에 이미 불교가 전래되었다. 소수림왕 이전에 불교를 받아들인 고구려의 승려 망명은 도림으로부터 공사상을 터득하였다. 도림은 동진(東晉) 곧 남방 불교에 영향을 준 인물이다. 두 나라에 비해 해상 교류가 잦은 백제에 불교가 늦게 알려졌는지는 의문이다. 당시의 남방 불교는 지리적으로 교류가 더 빈번했던 백제에 알려졌다. 불교는 침류왕 이전에 들어와 있었다.

 백제의 초전 불교는 공인 이전에 대륙을 통해 고구려를 거쳐 전래될 수도 있지만, 바다를 통해 직접 수입되었다. 한성시기 백제 사회에 전남의 영광 지역으로 불교가 처음 전래되었다는 주장이 있다. 나주 불회사(佛會寺)의 대법당 상량문에는 마라난타가 마한의 고승으로 백제 불교의 초조이며, 불회사를 창건하였다는 기록이 있다.

 불회사의 초창주가 마라난타라거나, 불갑사가 마라난타와 연관되는 것은 백제의 불교가 공인되기 전에 바다를 통해서도 전해졌을 가능성을 보여준다. 금관가야국 호계사(虎溪寺)에 세운 파사석탑(婆娑石塔)은 수로왕비 허황후가 AD 28년에 아유타국(阿踰陀國)으로부터 싣고 온 것이라 한다. 가야국에 전해진 불교에서 백제 사회에 들어온 공인 이전의 불교를 짐작할 수 있다.

 백제 사회의 불교는 고구려로부터 유입되기도 하였다. 이것은 중국의 북방 불교였다. 고구려 승려 보덕화상이 정치적 박해를 우려해서 백제로 들어왔다. 초기의 고구려 불교는 북방 불교의 특색을 지녀서 왕즉불 사상을 형성하였고, 백제 불교에까지 영향을 주었다. 백제의 초전 불교는 왕실 중심으로 수용되었다. 처음에는 왕즉불사상을 내세웠지만, 점차 전륜성왕 관념을 포용하였다.

정복국가 체제를 갖추어 중앙집권적인 귀족국가를 형성하면서, 왕권이 점차로 강화되는 가운데 귀족과의 상하관계는 보다 견고해졌다. 이러한 때에 불교는 왕실을 통하여 수용되었다. 현실적으로 상하의 지배질서를 성립시킨 왕실은 관념적으로 우월성을 모색하면서, 불교신앙을 홍포하였다. 귀족들은 불교의 공인을 반대하였다. 그들은 종래의 무교신앙을 고수하는 가운데 제사를 담당하면서, 자신들의 전통을 견지하였다.

불교의 공인은 왕실 중심으로 수용한 초전 불교를 귀족이나 일반 백성에게까지 홍포하려는 것이었다. 그런 과정에서 왕실에 유용했던 불교는 귀족들의 반대로 공인이 어려웠다. 실제로 신라에서는 귀족들의 반대로 말미암아 법흥왕의 측근인 이차돈이 순교하는 저항에 부딪혔다. 귀족들의 저항은 고구려나 백제에서도 마찬가지로 나타났다. 그러나 백제 사회에서는 왕실의 불교 공인에 대한 반발이 극심하였던 것 같지는 않다.

남방에서 해양을 통해 백제에 전해진 불교는 왕즉불사상에서 물러나 전륜성왕 사상을 다소 포용하였다. 왕은 부처가 아닌, 전륜성왕이라는 것이다. 귀족들에 의해 거부된 불교가 공인되는 것은 그 사상이 귀족들의 입장에서도 용납되는 면을 얼마만큼은 지닌 데에서 찾아진다. 불교 공인 후 미륵신앙이 유행하여 미륵과 전륜성왕 신앙 내지 미륵과 석가

불을 함께 믿거나, 같이 모시기도 하였다. 전륜성왕이나 석가불이 왕권을 상징한 것이었다면, 미륵보살은 귀족이 받드는 것으로 이해되었다. 그래서 불교는 신앙면에서 왕권과 귀족세력이 조화를 이루었다.

남중국은 양나라 때에 이미 국가불교적 색채를 강하게 지녔다. 북중국의 왕즉불사상에 대해 양 무제(武帝) 때에는 황제보살(皇帝菩薩) 내지 구세보살(救世菩薩) 사상이 유포되었다. 구세보살은 진불이 될 수 있을지라도 현재는 결코 부처일 수 없다. 구세보살 사상에서는 황제를 수도 과정의 보살과 같은 동급으로 보았다. 이런 면은 백제 불교에도 그대로 나타나 왕이 전륜성왕으로 관념되었다.

익산 왕궁리 오층석탑. 부여 정림사지오층탑과 함께 목탑형식을 계승한 전형적인 백제의 석탑이다.

대승불교의 정신을 가장 보편적으로 제시한 경전은 법화경이다. 불교의 모든 경전이 부처의 말씀이 아닌 것이 없지만, 석가가 설법한 내용을 바로 수록하였기 때문에 법화경은 불교사상의 근본을 담았다. 이 경은 방편을 제시하여 불성을 깨닫게 하고, 삼승인이 모두 성불에 이르게 하는 내용을 담았다. 법화경의 이러한 회삼귀일(會三歸一) 사상은 일심삼관법(一心三觀法)의 논리로 전개되면서 천태사상을 성립시켰다. 법화경을 통해 수행을 내세우는 보현행원(普賢行願) 외에 관음보살의 영험신앙이 포용되었고, 정토(淨土)신앙이 추구되었다.

백제 혜관(惠觀)은 수덕사(修德寺)에서 법화경을 염송하고, 강설하는 것을 업으로 삼았다. 그는 강남(江南)의 달라산(達拏山)으로 가서 거기서 운명하였다. 사람들이 시체를 관속에 안치했더니, 호랑이가 그 유해를 다 먹어버리고 오직 해골과 혀만을 남겼다. 3년이 지나도록 혀는 붉고 부드러웠는데, 후에 자주 빛으로 변하여 돌처럼 보였다. 사람들이 이를 공경하여 석탑 속에 넣어 간직하였다.

백제 출신으로 법화삼매관(法華三昧觀)을 닦았던 현광(玄光)이 있다. 그는 중국에 들어가 진(陳)나라의 남악(南岳) 혜사(慧思)로부터 법화경「안락행품(安樂行品)」의 법문을 은밀히 전수받고는 정진 수행하여 법화삼매를 증득(證得)하였다. 현광이 고국에 돌아와 활동하였던 시기는 위덕왕대 후반이거나, 또는 법왕과 무왕대 전반기였을 것으로 추측된다.

사택지적은 642년에 그의 아들과 함께 일본에 사신으로 가서 활약한 인물이다. 그는 몸이 늙음을 안타까워하면서, 절을 창건하고 보탑을 세웠다. 이때 세운 절은 백제의 법화사상과 연결하여 이해된다. 백제 법화사상은 실천 수행적인 성격을 띠었다. 공주에 세운 대통사의 창건은 법화사상이 넓게 퍼졌던 백제 불교계의 실상을 알려준다.

무왕 때의 고승 혜현(惠現)은 법화신앙의 철저한 수행자였다. 그래서 늘 법화경을 독송하였다. 그는 백제의 법화신앙이 염송적인 성격으로 흐르게 하는데 큰 역할을 한 인물이지만, 한편으로는 삼론(三論)에도 뛰어난 학자였다. 무왕 3년(602)에 일본으로 건너가 역서(曆書)와 천문·지리 및 둔갑·방술 등을 전하고, 최고의 승정(僧正)이 되었다는 백제의 고승 관륵(觀勒)은 삼론사상을 깊이 탐구하였다. 백제에서도 삼론학이 연구되었던 것이 분명하다.

의자왕대 말에 일본으로 건너간 백제 승려 의각(義覺)은 반야심경을 독송하였다. 의자왕 2년(656)에 북악니(北岳尼) 법명(法明)은 일본으로 건너가 유마힐경을 독송하면서 일본 대신의 병을 고쳤다. 의자왕 때에 일본으로 건너가 법문의 영수로서 존경을 받았다는 도장(道藏)은『성실론소(成實論疏)』16권을 저술하였는데, 법상(法相)과 구사(俱舍) 및 삼론 등에 밝은 학승(學僧)이었다. 백제에서 이미 유마경에 대한 독송뿐만 아니라 유식에 대한 이해가 깊었다.

백제 승려 의영(義榮)은『약사본원경소(藥師本願經疏)』1권과『유가론의림(瑜伽論義林)』5권을 지었다. 백제 불교가 귀족불교로 성숙하면서, 여러 경전을 폭넓게 이해하는 수준에 도달하게 되었다. 이는 반야나 삼론의 공사상에서부터 유가론 등 유식사상에 이르기까지 불교사상 전반에 대한 이해의 통로를 열어주었다. 열반경을 통한 불성론이 이해되는 기반은 바로 이러한 백제 불교계의 분위기에서 찾아진다. 중국 남조와의 정치적·문화적 교섭이 빈번했던 백제는 양나라로부터 열반경에 관한 장소를 쉽게 구하였다.

법명(法明)은 일본에 유마경을 전하였다. 백제 사회에 퍼진 유마경 사상은 백제 불교가 상주하는 불성을 찾으려는 자각으로 연결된다. 열반경 사상은 백제 불교가 불성론을 포용하는 근간이 되었다. 이는 법화경이나 유마경 사상과 연결하여 성립되었지만, 그 외에 반야나 삼론 등의 공관이나 유식사상을 이해하는 여러 경전의 사상에서도 영향을 받았다. 열반경 사상의 형성은 백제 사회가 당시까지 성립된 중국 불교의 전반을 이해한 증거이기도 하다.

백제 불교에는 전래 당시부터 신이신앙이 비교적 분명하게 나타난다. 백제 불교를 공인하는데 기여한 마라난타에게서도 신이한 행적이 보인다. 그는 여환삼매(如幻三昧)를 얻어 물에 들어가도 젖지 않으며, 불에 들어가도 타지 않는다고 하였다. 그리고 능히 금이나 돌을 무궁하게 변화시키는 재주를 지녔다. 공인 이후 백제 불교의 신이신앙은 귀족불교로 정립되면서 더 뚜렷하게 나타났다. 백제 불교는 여러 경전의 사상을 이해하는 기반을 구축하면서, 한편으로는 토착신앙을 흡수하는 등 신이사상을 앞세우기도 하였다.

무왕 때에 활동한 지명(知命)은 미륵사의 창건에 깊이 간여하였다. 그런데 지명은 신이신앙을 지녔던 인물로 보인다. 그는 서동이 캔 금과 선화공주의 편지를 신력으로 신라의 진평왕에게 전하였다. 또한 하룻밤 사이에 산을 헐어다가 못을 메워 평지를 만들고 미륵사를 창건하였다는 설화는 유명하다. 신이신앙 속에는 토착신앙이 반드시 흡수되었다. 이는 백제 불교가 귀족불교로 발전하면서, 한편으로 대중화하는 양상을 드러낸 것이다.

백제 불교에는 신이신앙이 내포되었을 뿐 아니라 법화경을 중시함으로써 관음신앙이 유행하였다. 관음보살은 세상의 모든 음성을 관(觀)하기 때문에 서민 대중은 소소한 모든 서원을 관음보살에게 빌었다. 관음보살이 서민 대중의 서원을 해결할 때는 신이한 영험이 뒤따른다. 백제 사회에 관음신앙이 유행하게 된 것은 신이신앙이나 법화사상에서만 비롯한 것은 아니다. 백제 불교는 애초 해양을 거쳐 들어오는 과정에서 관음신앙이 강조되었다.

관음의 정토는 동북방에 위치한 진단국 또는 지나나 다사유국이었다. 그 나라에 자리한 성주산을 실리모달리라 불렀는데, 여기에 관세음보살의 궁전이 있다고 하였다. 이때 동북방에 위치한 진단국을 마한과 연결시켜 백제국으로 인식한 것은 자못 흥미롭다. 관음보살의 정토는 바닷가의 성주산 또는 월악에 있다. 이렇듯 백제는 관음보살의 정토와 연관되었고, 관음보살이 상주한다는 신앙을 간직하였던 것이다.

백제에 법화신앙이 유포되었던 사실을 알려 주는 자료는 『관세음영흠기』이다. 관음신앙이 널리 퍼진 백제에서는 관음경이 독송되었다. 백제 무령왕 때의 승려 발정(發正)이 중국에 가서 공부하고는 30여 년 만에 귀국 길에 올랐는데, 월주(越州)에서 관음 영험의 도량을 목격하였다. 관음신앙 외에도 백제 사회에는 사방불(四方佛) 신앙이 유행하였다. 사방불 신앙은 호국신앙으로 나타난 사천왕 신앙과도 연관된다. 백제 사회에서도 미약하지만 사천왕 신앙이 존재하였다.

웅진시대 이후 백제 불교에는 미륵신앙이 강하게 나타났으나, 이전에
도 상당히 유행하였다. 백제의 수도 웅진은 삼국사회에서 미륵신앙의
중심지라는 상징적 의미를 가졌다. 신라 승려 진자(眞慈)가 미륵선화를
구하기 위해 공주의 수원사(水源寺)로 나갔다는 것은 이를 뒷받침한다.
사비시대에 무왕이 미륵사를 창건하였다. 미륵사 뒷편의 용화산(龍華
山)은 미륵이 사람들을 위해 세번 설법하는 용화수(龍華樹)를 상징한다.
미륵사의 창건과 연관된 사자사(師子寺)는 도솔천 내의 사자보상(師子
寶床)을 말하는 것이다. 그런데 여기서 천중(天衆)을 위해 설법한 미륵
이 화생하고 있다.

익산 미륵사지탑. 선화공주와 무왕이 연못에서 미륵삼존이 출현하는 것을 보고 건립하였다.

무왕대의 미륵사 창건은 백제에 미륵 이상세계를 건설하려는 현실적 욕구를 반영한 것이다. 백제 불교에서 강조한 계율은 미륵신앙의 독특한 성격으로 이해된다. 미륵사 창건에 깊이 관여한 법왕은 살생을 금하는 가운데 고기잡이나 사냥도구를 불태웠고, 새매를 놓아 방생하였다. 이는 백제 불교가 형식에 흐를 정도로 엄격한 계율을 중시했다는 증거이기도 하다. 성왕 때에 겸익은 계율을 구하기 위해 중부 인도에 이르렀다. 그는 귀국할 때에 인도 승려 배달다삼장(倍達多三藏)과 함께 범본(梵本) 오부율(五部律)을 가지고 들어왔고, 흥륜사(興輪寺)에서 이를 번역하여 율부(律部) 72권을 저술하였다.

백제 미륵신앙 속에 나타난 계율의 성격은 백제 불교의 전통을 이었다고 생각되는 진표(眞表)의 교학에서 유추된다. 진표는 금산사에서 망신참(亡身懺)을 닦을 정도로 가혹한 계행(戒行)을 수행하였다. 이는 미륵으로 부터 계를 받기 위해서였다. 처음 지장으로부터 계를 받았으나, 이에 만족하지 않고 정진하였다. 미륵신앙을 내세운 진표는 특별히 미륵이 내린 계율을 중시하였다. 이러한 진표의 교학은 미륵신앙의 계율주의를 내세우는 백제 불교의 전통에서 비롯한 것이다. 백제 미륵신앙에서 내세운 계율은 미륵이 설주(說主)인 유가보살계(瑜伽菩薩戒)와 일맥상통하다. 이를테면 출가하여 득도한 보살이 지켜야 할 계만큼이나 엄격한 것이었다.

도교사상은 도가 곧 노장사상을 기반으로 성립하였다. 노자나 장자·열자(列子)로 이어지는 도가사상은 무위자연(無爲自然)을 내세운다. 무위는 '억지로 행하지 않는다' 는 뜻이다. 인위적으로 행하는 일을 부정한다는 것이어서, 이는 자연에 맡겨 유순하게 행한다는 의미이기도 하다. 도교는 도가사상의 밑바탕에 신선술을 깔고 성립되었다. 노자나 장자 · 포박자(抱朴子) 등 도가사상가들이 끊임없이 신선사상을 주장하였다. 특히 『노자상이주(老子想爾注)』의 내용은 신선술을 가미한 도교의 생활 규범을 제시하였다.

신선술이 가미된 도가사상은 처음에 조직된 교설을 갖추지 않고, 교조가 없이 지속되었다. 동진 말부터 남북조시대 초기에 이르면서, 교법과 교단을 총괄하는 도교를 갖추었다. 중국 최초의 도교 교단은 장각(張角)의 태평도(太平道)와 장능(張陵) · 장형(張衡) · 장로(張魯)의 3대에 걸쳐 이루어진 오두미교(五斗米敎)이다. 천사도(天師道)를 말하는 세칭 오두미교의 교법은 질병을 치유하는 것을 목적으로 조직되었다. 천사도가 남조에서 흥행하자, 화북지방에서는 구겸지가 신천사도를 만들었다. 그는 신선술을 채택하였으나 재공(齋功)을 쌓아 선행을 닦은 다음 신으로부터 구결(口訣)을 받거나, 약을 얻어야 장생에 이른다고 하였다. 그의 교법은 천사도에 비해 노군을 표면에 내세웠다.

우리나라에 정식으로 도교가 전래된 시기는 고구려의 보장왕 때이다. 당시 고구려 사람들은 다투어 오두미교를 신봉하였다. 이러한 정식의 도교가 전래되기 이전에도 고구려에는 도가사상이 일찍이 들어와 있었다. 백제에도 도가사상은 전해졌겠지만, 도교가 정식으로 전래된 기록은 알려지지 않았다. 백제는 여러 가지 문물을 일본에 전해주었고, 그 속에 방술 내지 도교의 성격을 농후하게 띤 것이 많다. 일본에 건너간 아직기(阿直岐) 등이 황천상제 등 여러 신에게 재앙을 제거해 주게끔 비는 신앙은 천사도 신앙과 연관된다. 7세기 초에 백제 승려 관륵(勸勒)이 일본에 건너가 천문·역법·둔갑·방술에 관한 서적을 전한 사실은 유념되는 부분이다.

근초고왕 때에 고구려가 침입하자, 태자를 보내어 이를 막아 물리쳤다. 당시 장군 막고해는 도가의 말을 인용하여 뒤에 근구수왕이 된 태자에게 고구려군의 추격을 중지하도록 건의하였다. 막고해가 태자에게 권한 말은『노자』제44, 명여신장(名與身章)에 나오는 구절이다. 명여신장의 내용은 지배층 인사들의 자제할 줄 모르는 명리욕이 결국 자기 자신을 망치고 국가 사회를 해치게 된다는 사실을 경고한 것이다. 백제 사회에 도가사상의 절제 정신이 광범하게 퍼졌다. 스스로를 절제하는 것만이 바로 도를 좇는 일이고, 이를 두텁게 하는 것이 덕을 쌓는 방도이다. 도가사상을 수용하여 나타난 절제 정신은 백제문화의 한 특징을 이루면서 다른 사상에 영향을 주었다. 그 뿐만 아니라 예술 작품 속에도 우아한 자연의 세계를 담게 하였다.

백제의 도교사상 속에도 신선사상이 나타난다. 백제의 도성(사비)에 자리한 일산(日山)·오산(吳山)·부산(浮山) 등 세 영산에는 신인이 거처하였는데, 서로 날라서 왕래하는 일이 조석으로 끊이지 않았다. 무왕 35년(434)에는 궁성의 남쪽에 못을 파고, 물을 20여 리나 끌어 들였다. 그리고 못의 언덕에 나무를 심고, 못 속에 섬을 만들어 방장선산(方丈

봉황무늬전돌. 봉황은 신선사상에서 숭배되었다(국립부여 박물관 소장).

仙山)에 비겼다. 무왕은 연못과 방장선산을 도가의 신선사상에 따라 조성하였다. 신선사상은 백제의 동경이나 산경문전(山景文塼) 또는 금동용봉봉래산향로(金銅龍鳳蓬萊山香爐) 등의 유물에 반영되었다.

금동용봉봉래산향로의 뚜껑은 봉래산을 상징하여 만들어졌다. 그 속에 산이 중첩된 모습은 봉래 삼산을 조성한 것인데, 중첩된 산악 사이사이에 수목과 동물·인간이 조각되었다. 동물 중에는 실제로 존재하는 것도 있으나, 용·봉황·기린과 같은 동물 모양의 신들이 함께 노닌다. 또한 백제 벽돌의 여러 문양 속에도 신선사상이 흡수되었다. 산경봉황문전(山景鳳凰文塼) 등이 그것이다.

백제는 중국 남조와 통교하는 가운데 그 지역에 발달한 유학 사상을 흡수하였다. 중국으로부터 오경이나 자사, 모시 등 주로 경전을 받아들였다. 백제 유학은 경학을 중시한 특성을 드러낸다. 중국 한대의 유학을 폭넓게 이해하였던 것이다. 백제 사회에는 일찍부터『논어』가 전해졌다. 백제가 쌓은 계양산성(인천시 계양구)에서 AD 4세기경의 것으로 추정되는 목간이 발굴되었는데, 거기에 적힌 내용은 『논어』 제5편 공야장(公冶長)의 일부이다. 백제는 양 나라에 사신을 보내어 예기를 강론할 수 있는 박사를 보내주도록 요청하였다. 모시와 함께 남조 유학에서 강조된 예학에 대해 백제가 큰 관심을 보였다.

예학은 중앙집권적인 통치 질서에 유용한 것이어서, 일찍부터 백제는 고구려나 신라에 비해 세련된 제도를 정비하였다. 중국 제도를 도입한 것이지만, 박사 제도에서는 백제 유학이 예를 강조하는 분위기가 묻어난다. 백제에서는 이미 근초고왕 때에 박사제가 성립되었다. 성왕 때에 양으로부터 모시박사가 들어왔을 뿐만 아니라 513년 일본에 파견한 단양이(段楊爾)·고안무(高安茂) 등을 모두 오경박사라 불렀다. 이후 그 뒤 554년에 일본으로 파견한 왕유귀(王柳貴)도 오경박사이다.

백제 유학의 예학 정신은 사회적 질서를 규율하는 것으로 나타났다. 예학에 기초한 백제 유학은 실천적 성향을 띠었다. 의자왕은 태자가 되었을 때 부모를 효성으로 섬기고, 형제간에 우애가 대단하여 당시에 해동증자로 칭송되었다. 백제 유학은 예를 중시함으로써 효행을 특별히 내세웠다. 유학에서 충성과 효행은 같은 논리의 범주에 든다. 백제 유학은 실천적인 성향을 띤 가운데 효를 강조하였다. 그 결과 충절과 절의의 정신을 낳았다.

나당연합군을 맞아 국가가 위험에 처하였을 때 옥에 갇혔던 성충(成忠)은 죽음을 무릅쓰고 의자왕의 문란한 정치를 극렬하게 간하였다. 그는 죽어서도 임금을 잊지 않는다는 충신론을 가졌으며, 나당연합국이 침입했을 때는 나라를 구할 방책을 올렸다. 성충의 충의 정신은 백제 말기의 충신이었던 흥수(興首)나 나당연합군을 맞아 비장한 최후를 맞는 계백(階伯)에게도 공통으로 나타났다. 명분과 절의를 중시하는 정신은 나라가 망할 당시에 집단으로 죽음을 택한 백제의 궁녀에게도 나타났다. 백제의 궁녀들은 춘추의 대의 정신을 잇는 한편, 정절을 생명보다 더 중시하려는 윤리관과 충절 정신을 드러내었다.

백제에서는 일찍부터 역사서를 많이 읽은 것이 분명하다. 이는 중국 역사에 관한 것이었으며, 속문으로 기록될 정도의 고서이다. 이 밖에도 중국 정사가 들어와 있었다. 백제 유학의 발달은 속문으로 기록된 오래된 역사서를 해독할 정도였다. 백제 사람들은 중국과 같은 방식으로 연월을 기록하였다. 이러한 연월의 기록은 단순히 천문만을 기재한 것 같지는 않다. 이것은 천문과 연관된 여러 사실을 함께 다루어, 바로 역사 기록 그 자체였다.

국가 체제의 정비와 왕실의 전통을 강조하고, 왕권을 강화하기 위한 목적에서 처음으로 서술한 백제의 역사서가 『서기』이다. 근초고왕 30년(375)에 박사 고흥에 의해 처음으로 『서기』가 편찬되었다. 근초고왕 때의 백제는 정복국가 체제를 갖추어 중앙집권적 귀족국가가 확립되었다. 이러한 시기에 백제의 역사서가 편찬되었다. 백제『서기』의 출현은 근초고왕대가 이전의 사회와 비교하여 새로운 체제를 구축한 시대였다는 사실을 의도적으로 드러낸 것이다.

『서기』는 백제 왕실의 전통을 강하게 내세우는 성격을 띠었다. 왕실의 전통에 관계된 토착적인 신화나 설화 등을 광범하게 수집하였기 때문에 방대한 분양으로 편찬되었다. 중앙집권적 귀족국가 체제에서도 국왕의 덕치(德治)에 대한 관념 만큼은 중시하였다. 이는 유학이나 중국 역사서의 영향을 받으면서 왕정의 득실을 논하는 역사의식으로 발전하였다. 『서기』 출현 이후 백제의 역사 기술은 단순히 왕실의 전통을 강조하는 경향에서 벗어났다. 이에 따라 왕정의 표폄을 내세우는 계감으로서의 성격을 지니게 되었다. 자연 역사서의 분량도 줄어들었다.

백제 사람들의 정신세계는 일상생활 속에서 파악되어야 한다. 그러나 사료의 한계로 그런 모습을 구체적으로 끌어내기는 쉽지 않다. 현재 전하는 백제의 미술 자료나 고고학의 유물 속에서 그들의 삶을 추출할 수밖에 없다. 한편으로 고구려나 신라는 물론 비슷한 시기의 중국이나 일본의 신앙습속이나 사상을 백제의 그것과 비교 고찰할 수도 있다. 어떻든 백제 사람들은 투박하면서도 생동감 넘치는 토착신앙의 세계로부터 세련된 철학 체계를 수립하기에 이른다. 그리하여 마침내 우아하고 단아한 정신세계를 이룩하였고, 이는 백제 사람들이 지닌 내면적 심성이기도 하였다.

각주

1. 丁仲煥, 廉斯鑰說話考 -加羅前史의 試考로서-(『痴菴申奭鎬古稀紀念論叢』, 1973, p.72).
   廉斯鑰의 착(鑰)은 〈치〉로도 발음되는데, 그것은 2인칭 대명사로서 족장의 의미로 쓰였다.
2. Marshall D. Sahlins, Tribesmen(Prentice Hall, 1968, INC, p.97).
3. Jane E. Harrison, Acient Art and Ritual (Maruzen Co, 1961, pp.29~32).
4. 金貞培, 「소도의 정치사적 의미」(『歷史學報』 79, 1978, p.5).
5. 김두진, 「檀君古記의 이해방향」(『韓國學論叢』 5, 1982, p.24).
6. E.E. Evans-Pritchard, Theories of Primitive Religion, Oxford At The Clarendon Press, 1965(김두진 역, 『원시종교론』, 탐구당, 1976, p.67).
7. 孫晋泰, 「蘇塗考」(『民俗學』 4-4, 1932 ; 『朝鮮民族文化의 연구』, 乙酉文化社, 1948)이나 그 후 許回淑, 「소도에 관한 연구」(『慶熙史學』 3,

1972)와 김정배, 앞의 논문 등의 연구는 대체로 천군을 主祭者로 파악하였다.

8. 李種旭, 『新羅國家形成史研究』(일조각, 1982, p.71).

9. 손진태, 앞의 논문(『조선민족문화의 연구』, pp.218~219). 여기서 소도에서 받들어진 신은 '부족적 邑落의 境界神'이라 하고, 그 성격은 '읍락과 부락의 수호신'이라 하였다.

10. 손진태, 「조선의 累石壇과 蒙古의 鄂博에 就하여」(『조선민족문화의 연구』, pp.173~175).

11. 니오라쩨 著, 李弘稙 譯, 「시베리아 諸民族의 원시종교」(『新丘文庫』 46, 1976, pp.93~102).

12. Sir. J.G. Frazer, The Golden Bough(Mentor Books, 1959, pp.87~94).

13. 村上正雄, 「魏志韓傳に見える蘇塗の一解釋」(『朝鮮學報』 9, p.300).

14. 손진태, 「소도고」(앞의 책, p.247).

15. 김철준, 「한국 고대정치의 성격과 中世政治사상의 성립과정」(『東方學志』 10, 1969 ; 『한국고대사회연구』, 지식산업사, 1975, p.275).

16. 김철준, 「東明王篇에 보이는 神母의 성격」(『柳洪烈博士華甲紀念論叢』, 1971 ; 『한국고대사회연구』, p.37).

17. 三品彰英, 「古代朝鮮における王者出現の神話と儀禮について」(『史林』 18-1·2·3, 1936 ; 『三品彰英論文集』 5, 平凡社, 1973, pp.538~545).

18. 이병도, 「삼한문제의 新考察」(『진단학보』 1~8, 1934~1937 ; 『한국
    고대사연구』, 박영사, 1976, p.282).

19. 이병도, 위의 논문(『한국고대사연구』, p.266).

20. 韓炳三, 「선사시대 農耕文靑銅器에 대하여」(『考古美術』 112, 1971,
    pp.12~13).

21. 한병삼, 위의 논문, pp.11~12.

22. 李奎報, 「東明王篇」(『동국이상국집』 권3).

23. 노명호, 「백제의 東明神話와 東明廟 −동명신화의 재생성 현상과 관
    련하여−」(『역사학연구』 10, 1981, p.55).

24. 李鍾泰, 「고구려 太祖王系의 등장과 朱蒙國祖 의식의 성립」(『국민대
    석사학위논문』, 1986, p.78).

25. 盧重國, 「백제 왕실의 南遷과 지배세력의 변천」(『韓國史學』 4, 한국
    정신문화연구원, 1972, pp.23~25).

26. 徐大錫, 「백제의 신화」(『진단학보』 60, 1985, p.243).

27. 崔常壽, 『韓國民俗傳說集』(通文館, 1958, pp.120~122).

28. 『新增東國輿地勝覽』 권17, 公州牧 祠廟 熊津祠조.

29. 『韓國民俗調査報告書』 충남편(1975, 국립문화재연구소, pp.728~729).

30. 李道學, 「사비시대 백제의 四方界山과 호국사찰의 성립」(『백제연구』
    20, 1989, p.120).

31. 이종욱, 『신라국가형성사연구』(일조각, pp.246~247).

32. 김두진, 「삼한 別邑사회의 소도신앙」(『한국고대의 국가와 사회』, 일

조각, 1985, pp.103~111).

33. 김두진, 「고구려 초기 동명제의의 소도신앙적 요소」(『한국학논총』 18, 1996 ; 『한국고대의 건국신화와 제의』, pp.103~106).

34. 姜英卿, 「한국 고대사회의 여성 -삼국시대 여성의 사회활동과 그 지위를 중심으로-」(『淑大史論』 11 · 12합, 1982, p.171).

35. 백제의 제의로써 〈祭天祀地〉를 주목한 논문은 다음과 같은 것이 있다.
洪淳昶, 「고대 韓民族의 穀物崇拜에 대하여」(『東洋文化』 9, 영남대 東洋文化研究所, 1969).
차용걸, 「백제의 祭天祀地와 정치체제의 변화」(『한국학보』 11, 1978).

36. 차용걸, 위의 논문,(『한국학보』 11, p.58 또는 p.62).

37. 노명호「백제의 동명신화와 동명묘」(앞의 책, p.61)에서 〈祭天地〉라 함은 〈天神-太陽神〉과 〈水神-地母神〉에 대한 제의라 하였다.

38. 차용걸, 「백제의 숭천사상」(『百濟의 宗敎와 思想』, 충청남도, 1994, p.14).

39. 任東權, 「한국 원시종교사」(『한국문화사대계』 권4, 종교철학사, 1970, p.50).

40. 李弘植, 「백제 건국설화에 대한 재검토」(『國史上의 諸問題』 6, 1960 ; 『韓國古代史의 연구』, 新丘文化社, 1971)에서는 그것을 신화로 분석하지는 않았다.

41. 백제 시조전승을 신화로서 고찰한 것은 다음과 같다.

盧明鎬, 「백제의 동명신화와 동명묘」(『역사학연구』 10, 1981).

徐大錫, 「백제의 신화」(『진단학보』 60, 1985).

42. 이병도, 「백제의 건국문제와 馬韓 중심세력의 변동」(『韓國古代史研究』, 博英社, 1987, pp.467~481)에서 이미 백제 건국에 관한 溫祚·沸流·都慕·仇台傳承을 각각 들었다.

43. 『북사』 동이열전 백제전 참조.

같은 기록이 『수서』 동이열전 백제전이나 『삼국사기』 백제본기에도 나타나 있다.

44. 이병도, 「백제의 건국문제와 마한 중심세력의 변동」(앞의 책, pp.472~476).

45. 김철준, 「백제건국고」(『百濟硏究』 13, 충남대 백제연구소, 1982, p.8).

46. 千寬宇, 「삼한의 국가형성(下)」(『한국학보』 3, 1976.여름, 一志社, p.133).

47. 『續日本紀』 권40, 延曆 9년 秋7월조.

48. 차용걸, 「백제의 제천사지와 정치체제의 변화」(『한국학보』 11, 1978)에서 백제의 〈祭天祀地〉에 대해 주목하였다.

49. 김두진, 「백제 건국신화의 復元試論 - '祭天祀地'의 의례와 관련하여-」(『국사관논총』 13, 1990, pp.77~80).

50. 서대석, 「백제의 신화」(앞의 책, p.243).

51. 김두진, 「신라 昔脫解神話의 형성 기반 -영웅전설적 성격을 중심으로-」(『한국학논총』 8, 1985, p.6).

52. 盧重國, 『百濟政治史研究 -국가형성과 지배체제의 변천을 중심으로-』(일조각, 1988, p.61).

53. 이병도, 『한국사』 고대편(진단학회, 을유문화사, 1959, pp.340~341).
천관우, 「삼한의 국가형성(下)」(앞의 책, p.114).

54. 金泰植, 「6세기 전반 伽倻 남부 諸國의 소멸과정 고찰」(『韓國古代史研究』 1, 1988, 한국고대사연구회, 지식산업사, p.191).
尹錫曉, 『伽倻史』(1990, 民族文化社, pp.26~36).

55. 김두진, 「신라 건국신화의 神聖族 관념」(『한국학논총』 11, 1988, pp.33~38).

56. 이병도, 「백제의 건국문제와 마한 중심세력의 변동」(앞의 책, pp.472~476).

57. 李基東, 「백제 왕실 交代論에 대하여」(『백제연구』 12, 1981, 충남대 백제연구소, pp.23~24).

58. 李基白 「백제 왕위계승고」(『역사학보』 11, 1959, p.10, 주 15) 참조.

59. 천관우, 「삼국의 국가형성(하) -三韓攷 제3부-」(『한국학보』 3, 1976, 일지사, p.114 혹은 pp.134~137).
노중국, 『백제정치사연구』, pp.71~74.

60. 천관우, 「目支國考」(『한국사연구』 24, 1979, pp.29~30).

61. 천관우, 「삼한의 국가형성(하)」, p.137.

62. K.J.H.Gardiner, The Early History of Korea(Australian National University Press, 1969, p.4 ; 이기동, 「백제 왕실 교

대론에 대하여」『백제연구』 12, 1981, p.26에서 재인용).

63. 천관우, 「目支國考」(『한국사연구』 24, 1979, p.26).

64. 이기동, 「백제 왕실 교대론에 대하여」(앞의 책, p.27).

65. 김두진, 「고대의 문화의식」(『한국사』 2, 고대 민족의 성장, 국사편
    찬위원회, 1978, p.285).

66. 이기백, 「백제 왕위계승고」(앞의 책, p.31).
    백제왕의 왕비는 겨우 5명이 나타났는데, 그 중 전설로 전하거나 타
    국인으로 나타나는 경우를 제외하면, 근초고왕비인 阿爾夫人과 腆
    支王女인 八須夫人 만이 나타날 뿐이다.

67. 水野弘元, 『釋尊の 生涯』(春秋社, 1976, p.17).

68. 이기영, 『석가』(知文閣, 1967, p.14).

69. 金煐泰, 「彌勒仙花攷」(『불교학보』 3·4合, 1966, p.145).

70. 『장아함경』 제6의 제2분 「사성경」에 "今我親族釋種 亦奉波斯匿王"이
    라 하였다.

71. 이기영, 앞의 책, pp.253~254.

72. 伊與田圓止, 『南方民族の 宗敎』(寶雲舍, 東京, p.113).

73. 김두진, 「신라 상고대 말 초전 불교의 수용」(『千寬宇선생환력기념
    한국사학논총』, 正音文化社, 1986, p.269).

74. 김영태, 「고구려 불교사상 —初傳 성격을 중심으로—」(『崇山朴吉眞華
    甲紀念 한국불교사상사』, 원광대학교 출판국, 1975, pp.3~5).

75. 조경철, 「백제 한성시기 영광 불법초전 전설의 비판적 검토」(『향토

서울』 65, 2005, pp.82~84).

76. 栢庵 性聰, 「江南潭陽法雲山玉泉寺事蹟」(『한국불교전서』 권8, 동국대
   학교, 1987, p.479)에 "又胡僧摩羅難陀自晋來馬韓"이라 하였다.

77. 의천, 「孤大山景福寺飛來方丈禮普德聖師影」(『대각국사문집』 권17).

78. 李能和, 『朝鮮佛敎通史』 권상(新文館, 1919, pp.33~34)에 인용된
   「彌勒佛光寺事蹟」 참조.

79. 김철준, 「신라 상대사회의 Dual Organization, 下」(『역사학보』 2,
   1952, p.92).

80. 이기백, 「신라 初傳佛敎와 귀족세력」(『진단학보』 40, 1975 ; 『신라
   사상사연구』. 1986. 일조각, pp.87~88).

81. 高埼直道, 「古代インドにおける身分と階級」(『古代史講座』 7, 學生社,
   1963, 第四章 古代 專制國家 成立期의 階層構造, 참조).

82. 이기백, 「삼국시대 불교수용과 그 사회적 의의」(『신라사상사연구』,
   pp.51~52).

83. 山崎宏, 『支那中世佛敎의 展開』(東京, 淸水書店, 1942, p.129).

84. 비유왕 3년(429)에 사신을 宋에 보냈다. 같은 왕 4년에는 송으로부
   터 사신이 왔으며, 같은 왕 14년에 다시 사신을 송에 파견하였다.
   그런가 하면 개로왕은 북방의 魏에 사신을 파견하였지만, 그것은
   실패로 끝났다.

85. 山崎宏, 위의 책, p.133.

86. 이기영, 『釋迦』, pp.253~254.

87. 우리나라에 靈鷲山이 위치한 곳은 경기도 開城과 경남의 梁山·蔚州·昌寧·密陽 및 전남의 順天 등이다.

88. 『삼국유사』 권5, 惠現求靜條.
    道宣, 『續高僧傳』 권17, 習禪篇 2, 隋 天台山國淸寺 釋智越傳 附波若傳.

89. 道宣, 위의 책, 같은 전에 "初到佛壟寺 淨人見三白衣擔鉢從 須臾不見"이라 하였다.

90. 『삼국유사』 권5, 惠現求靜條에 "現不西學 靜退以終 而乃名流諸夏 立傳在唐聲著矣夫"라고 하였다.

91. 玄光은 『宋高僧傳』 권18, 感通篇 제6의 1과 志盤, 『佛祖統紀』 권19, 諸祖旁出世家 제5의 1, 南岳傍出世家條에는 신라 승려로 나와 있으나 『法華經現應錄』에는 高麗 승려로 기록되어 있다.

92. 김영태, 「法華信仰의 전래와 그 전개」(『韓國佛敎學』 3, 1977, p.22).

93. 『송고승전』 18, 陳新羅 玄光傳(『신수대정장경』 권50, pp.820~821).
    『佛祖統紀』 9, 南岳傍出世家(『신수대정장경』 권49, p.196).

94. 趙景徹, 「백제의 지배세력과 법화사상」(『한국사상사학』 12, 1999, pp.14~17).

95. 『本朝高僧傳』 1, 法本 1, 百濟國沙門 觀勒傳에 "釋觀勒 百濟國人 硏究三淪 旁通外學…"이라 하였다.

96. 김영태, 「백제 불교신앙의 특성」(『백제의 종교와 사상』, p.420).

97. 『元亨釋書』 권18, 願雜 尼女條.

98. 『東域傳燈目錄』 1, 衆經部(『신수대정장경』 권55, p.1152, 중).

99. 안계현, 「백제 불교에 관한 제문제」(『백제 불교문화의 연구』, 충남대 백제연구소, 1994. p.192).

100. 안계현, 위의 논문(『백제 불교문화의 연구』, p.189).

101. 『朝鮮寺刹史料』 권상(韓國文化開發社, 1772, pp.244~248), 玉果縣 成德山 觀音寺事蹟條.

102. 『신수대정장경』 권20, pp.34~38에 수록되어 있다. 『請觀世音菩薩消伏毒害陀羅尼呪經』을 줄여 『請觀音經』이라 한다.

103. 김영태, 「백제 불교신앙의 특성」(『백제의 종교와 사상』, pp.429~430).

104. 조경철, 「백제의 지배세력과 법화사상」(『한국사상사학』 12, 1999, pp.18~21).

105. 길기태, 「백제의 사천왕신앙」(『백제연구』 39, 충남대 백제연구소, 2004, pp.133~135).

106. 洪思俊, 「虎岩寺址와 王興寺址考」(『百濟研究』 5, 1974, pp.149~150).

107. 金周成, 「武王의 사찰 건립과 전제권력 강화」(『百濟 사비시대 정치사연구』, 1990, 全南大 박사학위 청구논문, p.92).

108. 田村圓澄, 「百濟の彌勒信仰」(『馬韓·百濟文化』 제4·5합집, 1982, p.26).

109. 『觀彌勒上生經』(『신수대정장경』 권14, p.419.下)에 "時兜率天七寶臺內 摩尼殿上 師子床座 忽然化生 於蓮華上結可趺坐"라고 하였다.

110. 金三龍, 「백제 미륵신앙의 역사적 위치」(『한국 미륵신앙의 연구』,

1983, 同和出版社, p.12).

111. 김영태, 「삼국시대의 미륵신앙」(『한국 미륵사상 연구』, 1987, 불교 문화연구소, p.42).

112. 이능화, 『조선불교통사』 권상(1919, 新文館, pp.33~34).

113. 김삼룡, 「백제 미륵신앙의 특성과 그 역사적 전개」(『한국 미륵신 앙의 연구』, p.122).

114. 김영태, 「삼국시대의 미륵신앙」(『한국미륵사상연구』, p.38).

115. 김삼룡, 「미륵사 창건의 彌勒信仰的 요인」(『한국 미륵신앙의 연 구』, pp.132~133).

116. 이기백, 「진표의 미륵신앙」(『신라사상사연구』, 1986, 일조각, p.270).

117. 金暎遂, 「五教兩宗에 대하여」(『진단학보』 8, 1937, p.92).

118. 김영태, 「신라 占察法會와 진표의 敎法硏究」(『불교학보』 9, 1972, p.99). 김영태, 「점찰법회와 진표의 불교사상」(『崇山朴吉眞博士華甲紀念 韓國佛敎思想史』, 1975, p.402).

119. 김삼룡, 「백제 미륵신앙의 특성과 그 역사적 전개」(앞의 책, p.101).

120. 이기백, 「신라 초기 불교와 귀족세력」(『신라사상사연구』, p.80).

121. 김두진, 「신라중고시대의 彌勒信仰」(『한국학논총』 9, 1986, p.19~24).

122. 김두진, 「궁예의 미륵세계」(『한국사시민강좌』 10, 1992, 일조각, p.31~32).

123. 김두진, 「고대의 文化意識」(『한국사』 2, 국사편찬위원회, 1977, pp.273~274).

124. 노중국, 『백제정치사연구』(일조각, 1988, pp.247~248).

125. 申東浩, 「백제의 도가사상」(『백제의 종교와 사상』, 1994, 충청남도, p.254).

126. 大淵忍爾, 「도교의 형성」(조성을 역, 『중국종교사』, 한울, 1996, p.47).

127. 酒井忠夫 외, 『도교란 무엇인가』(최준석 역, 民音社, 1990, p.45).

128. 大淵忍爾, 앞의 논문, pp.63~64.

129. 車柱環, 『한국도교사상연구』(한국문화연구소, 1978, pp.42~43).

130. 장인성, 「한성백제시대의 도교문화」(『향토서울』 65, 2005, pp.99~100).

131. 鄭璟喜, 『한국고대사회문화연구』(일지사, 1990, p.211).

132. 신동호, 앞의 논문, p.272.

133. 方格規矩神獸文鏡의 銘文에 "… 上有仙人不知老 渴玉泉 飢食棗 壽△ 金石兮"라고 하였다.

134. 姜仁求, 「백제의 역사와 사상」(『韓國思想史大系』 2. 1991, 한국정신문화연구원, p.66).

135. 尹武炳, 「백제 미술에 나타난 도교적 요소」(『백제의 종교와 사상』, p.230).

136. 윤무병, 위의 논문, p.243.

137. 金吉洛, 「백제 유학사상에 관한 小考」(『백제의 종교와 사상』, p.150).

138. 權寧遠, 「백제의 崇文精神으로 본 扶餘世家와 儒·佛·仙 三敎思想」(『백제의 종교와 사상』, p.54).

139. 강인구, 「백제의 역사와 사상」(앞의 책, p.56).

140. 김길락, 「백제 유학사상에 관한 소고」(『백제의 종교와 사상』, pp.151~152).

141. 金昌錫, 「한성기 백제의 유교문화와 그 성립 과정」(『향토서울』 65, 2005, 서울특별시사 편찬위원회, pp.41~43).

142. 장인성, 「남조의 喪葬의례 연구」(『백제의 종교사회』, 2001, 서경, pp.161~162).

143. 권오영, 「挺止山 유적과 백제의 喪葬의례」(『정지산』, 국립공주박물관, 1999, pp.367~371).

144. 宋寅昌, 「백제 유교에 나타난 도의 정신」(『백제의 종교와 사상』, p.179).

145. 김철준, 「백제 사회와 그 문화」(『武寧王陵發掘踏査報告書』, 1973 ; 『한국고대사회연구』, 1975, 지식산업사, p.49).

146. 坐知王 앞의 首露王은 158년, 居登王은 55년, 麻品王은 32년, 居叱彌王은 55년, 伊品王은 60년동안 재위하였다. 곧 좌지왕이 즉위하기까지 5대 360년이 경과하였다.

147. 이기백, 「백제왕위 繼承考」(『역사학보』 11, 1959, p.3).